narr BACHELOR-WISSEN.DE

Übersetzungswissenschaft

W0171011

narr BACHELOR-WISSEN.DE

narr BACHELOR-WISSEN.DE ist die Reihe für die modularisierten Studiengänge

▸ die Bände sind auf die Bedürfnisse der Studierenden abgestimmt

▸ das fachliche Grundwissen wird in zahlreichen Aufgaben vertieft

▸ der Stoff ist in die Unterrichtseinheiten einer Lehrveranstaltung gegliedert

▸ auf **www.bachelor-wissen.de** finden Sie begleitende und weiterführende Informationen zum Studium und zu diesem Band

Holger Siever

Übersetzungs-
wissenschaft

Eine Einführung

narr\f
ranck
e\atte
mpto

PD Dr. Holger Siever lehrt an der Johannes Gutenberg-Universität Mainz in Germersheim am Fachbereich Translations-, Sprach- und Kulturwissenschaft. Seine Arbeits- und Forschungsschwerpunkte sind: Translationswissenschaft, Translationstheorie, Translationsdidaktik, Interkulturelle Kommunikation und Semiotik.

Idee und Konzept der Reihe: **Johannes Kabatek**, Professor für Romanische Philologie mit besonderer Berücksichtigung der iberoromanischen Sprachen an der Universität Zürich.

Bibliografische Information der Deutschen Nationalbibliothek

Die Deutsche Bibliothek verzeichnet diese Publikation in der Deutschen Nationalbibliografie; detaillierte bibliografische Daten sind im Internet über http://dnb.dnb.de abrufbar.

© 2015 · Narr Francke Attempto Verlag GmbH + Co. KG
Dischingerweg 5 · 72070 Tübingen · Deutschland

Das Werk einschließlich aller seiner Teile ist urheberrechtlich geschützt. Jede Verwertung außerhalb der engen Grenzen des Urheberrechtsgesetzes ist ohne Zustimmung des Verlages unzulässig und strafbar. Das gilt insbesondere für Vervielfältigungen, Übersetzungen, Mikroverfilmungen und die Einspeicherung und Verarbeitung in elektronischen Systemen.
Gedruckt auf chlorfrei gebleichtem und säurefreiem Werkdruckpapier.

Internet: www.bachelor-wissen.de
E-Mail: info@narr.de
Satz: Informationsdesign D. Fratzke, Kirchentellinsfurt
Printed in the EU

ISSN 1864-4082
ISBN 978-3-8233-6942-4

Inhalt

Teil 6: Neuland

Verzeichnis der Rubrik „Zum Weiterdenken"

Vorwort

Sinn und Zweck des Buches | 0.1

Der vorliegende Band wendet sich vornehmlich an Studierende der Translationswissenschaft ab dem ersten Semester und an alle Interessierten, die sich einen **Überblick über die Theorieentwicklung** im Bereich Übersetzen seit Mitte des 20. Jahrhunderts verschaffen wollen.

Es handelt sich um eine leicht verständliche Einführung in die Übersetzungswissenschaft, die Anfängern und Fortgeschrittenen einen kompakten und strukturierten Überblick über die unterschiedlichen Theorien und Ansätze bieten will. Die Einteilung in Themenblöcke und Paradigmen sorgt dafür, den Überblick angesichts der verwirrenden Vielzahl von Übersetzungstheorien nicht zu verlieren. Das **Paradigmenkonzept** (siehe Abschnitt 0.2) wird hier zum ersten Mal systematisch für eine einführende Darstellung in die Übersetzungswissenschaft genutzt.

Der Band eignet sich sowohl zum **Selbststudium** wie auch als **Begleitlektüre** für einführende Vorlesungen zur Translationswissenschaft. Lehrende an übersetzungswissenschaftlichen Ausbildungsstätten können den Band zur Orientierung ihres eigenen Unterrichts verwenden.

Am Ende jeder Einheit finden sich ein Abschnitt mit Fragen und Aufgaben, die zur Überprüfung des gelernten Stoffs bearbeitet werden können. Die Lösungen sind auf der Website des Narr Verlags unter www.bachelor-wissen.de abrufbar. Dort befindet sich auch ein **Downloadbereich** mit zusätzlichen Materialien für Lehrende und Lernende, die sukzessive ergänzt werden.

Materialien unter www.bachelor-wissen.de

Um der von Lawrence Venuti beklagten Unsichtbarkeit der Übersetzer entgegenzuarbeiten, haben wir uns entschlossen, Fotos der wichtigsten Übersetzungstheoretikerinnen und Übersetzungstheoretiker – soweit uns dazu das Recht zugestanden wurde – abzudrucken. Auf diese Weise hoffen wir auch, der »grauen Theorie« ein Gesicht zu geben, auch wenn es aus drucktechnischen Gründen bei einem schwarzweißen Abbild bleiben musste.

In diesem Band wird das generische Maskulin verwendet, wenn von *Funktionen* – wie z. B. der des Übersetzers – die Rede ist, da es keinen Sinn ergibt, Funktionen ein biologisches (Sexus) oder soziokulturelles (Gender) Geschlecht zuzuordnen. Wenn auf *Menschen* Bezug genommen wird, kommen genderspezifische Formulierungen zum Tragen.

Fettgedruckte Worte und Passagen stammen – auch in Zitaten – ausschließlich vom Autor dieses Bandes und dienen dazu, wesentliche Begriffe und Aussagen hervorzuheben, damit die Leserinnen und Leser (a) sich besser an sie erinnern können und (b) bestimmte Themen schneller wiederfinden.

fettgedruckte Worte und Passagen

Anführungszeichen In diesem Band werden zwei Arten von **Anführungszeichen** verwendet, nennen wir sie die deutsche und die französische Art. Die deutschen Anführungszeichen („") werden ausschließlich für Zitate benutzt, während die französischen Anführungszeichen (»«) alle sonstigen metasprachlichen Verwendungsweisen markieren.

In den Abschnitten zur verwendeten und weiterführenden Literatur und im Literaturverzeichnis am Ende des Buches sind jeweils bestimmte Werke fettgedruckt. Hierbei handelt es sich um **Lektüreempfehlungen** zu den einzelnen Theorien. Im Literaturverzeichnis sind wesentliche Referenzwerke für ein vertiefendes Studium übersetzungswissenschaftlicher Fragestellungen aufgeführt. Die Lektüreempfehlungen sind durch ein Buchsymbol am Rand zusätzlich hervorgehoben.

0.2 | Das Paradigmenkonzept

Die Geschichte des übersetzerischen Denkens – und darin eingeschlossen der Übersetzungswissenschaft – zeichnet sich durch zwei grundlegende
vorwissenschaftliche Perioden aus: Zum einen die **vorwissenschaftliche Periode**, die ungefähr
Periode bis zum Ende des Zweiten Weltkriegs andauerte, und die **wissenschaftliche**
wissenschaftliche **Periode**, die um ca. 1950 begann und bis heute andauert.
Periode

In der vorwissenschaftlichen Periode finden wir über die Jahrhunderte verstreut nur wenige theoretische Werke, die ausschließlich dem Übersetzen gewidmet sind; die meisten Zeugnisse übersetzerischen Denkens sind Rechtfertigungen der eigenen übersetzerischen Vorgehensweise von Denkern, die *auch* übersetzerisch tätig waren. Mit vorwissenschaftlicher Periode ist nicht gemeint, dass die Autoren jener Zeit »unwissenschaftlich« gearbeitet hätten; vielmehr galt das Übersetzen bis weit ins letzte Jahrhundert hinein nur als praktische Tätigkeit, aber nicht als wissenschaftliches Fach, das eine eigene – gar universitäre – Ausbildung verdient hätte.

Bei der Unterscheidung zwischen wissenschaftlicher und vorwissenschaftlicher Periode geht es darum, den Aufschwung – und den damit einhergehenden Bewusstseinsumschwung – zu akzentuieren, mit dem sich die Übersetzungswissenschaft – nach zarten Anfängen in der Zwischenkriegszeit – mit voller Wucht erst nach dem Ende des Zweiten Weltkriegs als wissenschaftliche Disziplin zu etablieren beginnt. Dies findet seinen Ausdruck (a) in der Institutionalisierung von Studiengängen, die primär dem Übersetzen und/oder Dolmetschen gewidmet sind, und (b) in der Einrichtung von entsprechenden übersetzungswissenschaftlichen Professuren. Dieser Prozess findet in den wichtigsten europäischen Staaten seinen Abschluss in den 1990er Jahren.

Innerhalb der fast siebzigjährigen Geschichte der wissenschaftlichen Periode lassen sich die folgenden **sieben Paradigmen** unterscheiden:

- ► Das linguistische Paradigma
- ► Das verstehenstheoretische Paradigma
- ► Das handlungstheoretische Paradigma
- ► Das semiotisch-interpretationstheoretische Paradigma
- ► Das systemisch-kultursemiotische Paradigma
- ► Das machttheoretische Paradigma
- ► Das systemtheoretische Paradigma

sieben Paradigmen

In den verschiedenen wissenschaftlichen Disziplinen wird der Ausdruck *Paradigma* in der Regel verwendet, um sich auf ein Modell, Beispiel oder Muster zu beziehen. Der Wissenschaftstheoretiker Thomas Kuhn (1967) gab dem Ausdruck *Paradigma* seine aktuelle, theoriebezogene Bedeutung, als er damit die Gesamtheit von theoretischen Grundannahmen, Begriffen, Praktiken und Methoden bezeichnete, die eine wissenschaftliche Disziplin oder eine wissenschaftliche Theorie während eines bestimmten Zeitraums definieren.

Jedes übersetzungswissenschaftliche Paradigma vereint verschiedene Ansätze oder Theorien, die derselben Grundidee im Hinblick darauf verpflichtet sind, was Übersetzen ist oder worin es bestehen sollte. Darüber hinaus teilen sie im Großen und Ganzen dieselben Begriffe und dieselbe Methodologie.

Ich bevorzuge den Paradigmabegriff, um die verschiedenen übersetzungswissenschaftlichen Theorien zu ordnen und zu klassifizieren, im Gegensatz zu Klassifikationen, die sich an einzelnen Theorien, Ansätzen, Modellen oder Theoretikern orientieren. In diesem Sinne unterscheiden Neubert/Shreve (1992: 12–32) sieben Übersetzungsmodelle (critical, practical, linguistic, textlinguistic, sociocultural, computational, and psycholinguistic model), während Hurtado (2001: 130 f.) zu diesem Zweck den Begriff *Ansatz* (*enfoque*) verwendet. Stolze (1994/2011: 5–8) ordnet in ihrem vielgelesenen Buch die ausgewählten Theorien unterschiedlichen »Blicken« zu. So unterscheidet sie den Blick auf die Sprachsysteme, den Blick auf die Texte, den Blick auf die Disziplin, den Blick auf das Handeln und den Blick auf den Übersetzer.

Die begriffliche Entscheidung ist auch eine methodologische, denn sie hat Auswirkungen auf die Einordnung der jeweiligen Theorien. In der Klassifikation von Hurtado werden zum Beispiel Funktionalismus und *Manipulation School* in dieselbe Kategorie eingeordnet, während sie meines Erachtens zu zwei verschiedenen Paradigmen gehören, da – um nur einen Aspekt zu nennen – der Funktionalismus prozessorientiert, die *Manipulation School* hingegen produktorientiert ist.

Die übersetzungswissenschaftlichen Paradigmen sind nicht gleichzeitig entstanden, sondern aufeinander folgend. Sie folgen insofern einer bestimmten Chronologie. Sobald sie sich aber einmal etabliert haben, existieren sie nebeneinander her, auch wenn sie im Verlauf der Zeit von neuen Paradigmen »abgelöst« werden und damit im wissenschaftlichen Diskurs – entsprechend den Präferenzen des Zeitgeistes, wie man mit Nietzsche formulieren könnte – an Bedeutung verlieren, aber nicht völlig verschwinden. Auch ein Revival von aus der Mode gekommenen Paradigmen ist möglich.

Bevor wir uns der paradigmatischen Einteilung der modernen Übersetzungswissenschaft weiter widmen, müssen wir im ersten Kapitel noch in aller gebotenen Kürze auf die Entwicklungen während der vorwissenschaftlichen Periode eingehen. Dadurch gewinnen wir ein klares Verständnis der Ausgangssituation zu dem Zeitpunkt, als die wissenschaftliche Beschäftigung mit dem Übersetzungsthema einsetzt und allmählich deutlichere Konturen anzunehmen begann.

0.3 | Danksagung

Dieser Band ist im Frühjahr und Sommer des Jahres 2014 während eines Lehrfreisemesters entstanden, das mir die Johannes Gutenberg-Universität gewährt und durch das Gutenberg Lehrkolleg großzügig gefördert hat.

Die Inhalte des Buches basieren auf meinen Forschungen im Rahmen meines Habilitationsprojekts (Siever 2010) sowie ergänzenden Untersuchungen der letzten fünf Jahre. In meiner Habilitationsschrift habe ich zum ersten Mal das Paradigmenkonzept vorgestellt und zur Einteilung der verschiedenen Translationstheorien verwendet. Insofern gibt es hinsichtlich des zugrundeliegenden Materials und der Formulierung bestimmter – bereits allgemeinverständlich formulierter – Passagen einige Überschneidungen zwischen diesem Band und meiner Habilitation. Während letztere sich aber vor allem an eine translationswissenschaftlich informierte Leserschaft wendet, ist der vorliegende Band für ein breiteres Publikum gedacht, das Erstsemester und fachfremde Laien ausdrücklich einschließt. Im Hinblick auf die Studierenden einschlägiger Studiengänge wurden Gedankengang und Schreibstil vereinfacht sowie das Material ausgebaut und stärker didaktisiert. Außerdem wurde der theoretische Ansatz weitergeführt und aktualisiert.

In die Arbeit eingeflossen sind natürlich auch die vielen Gespräche mit meinen Kolleginnen und Kollegen an meiner Heimatuniversität, aber auch der fachliche Gedankenaustausch mit Wissenschaftlerinnen und Wissenschaftlern anderer Universitäten, so z. B. während meiner Aufenthalte als Gastdozent in Spanien oder Lateinamerika.

Zu großem Dank bin ich den jeweiligen Rechteinhabern an den hier abgedruckten Fotos der Übersetzungstheoretikerinnen und Übersetzungstheoretiker verpflichtet, dass sie uns die Genehmigung zur Verwendung der

jeweiligen Fotos gegeben haben. Für ihre wertvolle Unterstützung bei auf-
wändigen Recherchearbeiten zu diesem Band bin ich Frau Anna-Lena Müller
zu Dank verpflichtet.

Der größte Dank gebührt allerdings „meinen" Studierenden am FTSK,
die in den vergangenen Semestern in meinen Lehrveranstaltungen mit dem
Paradigmenkonzept und der entsprechenden Auswahl und Anordnung von
Übersetzungstheorien konfrontiert wurden und durch ihre nimmermüden
Nachfragen und klugen Diskussionsbeiträge dazu beigetragen haben, dass
das Konzept allmählich reifen konnte. Für die verbliebenen Inkonsistenzen
und Ungereimtheiten ist natürlich allein der Autor verantwortlich.

Verwendete Literatur | 0.4

Holmes, James (1972/1988): The Name and Nature of Translation Studies. In: Holmes 1988:
 67–88.

Holmes, James (1988): Translated! Papers on Literary Translation and Translation Studies.
 Amsterdam: Rodopi.

Hurtado Albir, Amparo (2001): Traducción y traductología. Introducción a la traductología.
 Madrid: Cátedra.

Kuhn, Thomas S. (1967/¹³1995): Die Struktur wissenschaftlicher Revolutionen. Frankfurt:
 Suhrkamp.

Siever, Holger (2010): Übersetzen und Interpretation – Die Herausbildung der Übersetzungswissenschaft als eigenständige wissenschaftliche Disziplin im deutschen Sprachraum im Zeitraum von 1960 bis 2000. Frankfurt: Lang.

Stolze, Radegundis (1994/⁶2011): Übersetzungstheorien. Eine Einführung. Tübingen: Narr.

Wilss, Wolfram (1977): Übersetzungswissenschaft. Probleme und Methoden. Stuttgart: Klett.

Zum Weiterdenken

Die disziplinäre Verortung der Übersetzungswissenschaft

Bemerkenswert ist, dass keine Einigkeit unter den Forscherinnen und Forschern besteht, welchen Status die Übersetzungswissenschaft hat: Ist sie ein Teilbereich einer anderen Wissenschaft? Und wenn ja, welcher? Oder ist sie eine eigenständige wissenschaftliche Disziplin?

Zu Beginn der wissenschaftlichen Periode in den 1950er Jahren galt die Übersetzungswissenschaft als **Teilbereich der Linguistik** und wurde zunächst als „Teildisziplin des synchron-deskriptiven Sprachvergleichs" gesehen (Wilss 1977: 9), um sie später in den 1970er Jahren als Teildisziplin der Angewandten Sprachwissenschaft zuzuschlagen.

Von James S. Holmes wurde 1972 der Vorschlag gemacht, die Forschung im Bereich Übersetzen als **disziplinenübergreifendes Feld** aufzufassen, das er unter der Bezeichnung *Translation Studies* zusammenfasste. Im englischen Sprachraum verdrängte diese Bezeichnung andere terminologische Vorschläge wie *Science of Translating*, *Science of Translation* oder *Translatology*. In den 1990er Jahren wurde diese Feldtheorie der Übersetzungsforschung – u. a. von Mary Snell-Hornby – mit dem Begriff **Interdisziplin** umschrieben.

Zu Beginn der 1980er Jahre vertraten Hans Vermeer und die Funktionalisten vehement die Auffassung, dass die Übersetzungswissenschaft eine **eigenständige wissenschaftliche Disziplin** sei. Besonders im deutschsprachigen Raum wurden daraufhin Maßnahmen zur Institutionalisierung getroffen, wie z. B. die Umbenennung von Instituten und Fachbereichen, die Einrichtung von Professuren für Übersetzungs-, Dolmetsch- bzw. Translationswissenschaft, die Habilitation mit der Venia (Lehrbefugnis) für Translationswissenschaft.

Während im deutschsprachigen Raum – und übrigens auch in Spanien – inzwischen die Auffassung vorherrscht, dass die Übersetzungswissenschaft eine eigenständige Wissenschaftsdisziplin ist, bevorzugt der angelsächsische Raum die Auffassung eines disziplinenübergreifenden Feldes im Sinne einer Interdisziplin.

Die vorwissenschaftliche Periode

1.1 | Einleitung

Die Übersetzungswissenschaft ist eine sehr junge Wissenschaft, die sich seit Mitte des 20. Jahrhunderts allmählich aus der Linguistik und Literaturwissenschaft heraus als eigenständige Disziplin entwickelt hat. Das Übersetzen ist aber – wie auch das Nachdenken über das übersetzerische Tun – sehr alt. Dementsprechend unterscheiden wir zwischen einer vorwissenschaftlichen Periode bis ca. 1950 und einer wissenschaftlichen Periode ab ca. 1950.

vorwissenschaftliche Periode

> Das Übersetzungsdenken während der vorwissenschaftlichen Periode war vor allem von zwei Gegensätzen geprägt:
>
> ► dem Gegensatz zwischen wortgemäßem und sinngemäßem Übersetzen
> ► dem Gegensatz zwischen richtiger und falscher Übersetzungsmethode

Wer sich in der vorwissenschaftlichen Periode mit dem Übersetzen beschäftigte, gehörte somit einer von zwei Fraktionen an: Die einen vertraten die Meinung, dass das richtige Übersetzungsverfahren nur ein wortgemäßes (wörtliches) sein könne; während sich die anderen vehement für das sinngemäße (freie) Übersetzen als das richtige Übersetzungsverfahren einsetzten. Als Kompromissformel bildete sich allmählich die klassische Übersetzungsregel heraus: »Übersetze so wörtlich wie möglich und so frei wie nötig.«[1]

Die Herausbildung der Übersetzungswissenschaft als eigenständiger Disziplin ist auch und gerade durch das Bemühen gekennzeichnet, sich von dieser klassischen Übersetzungsregel insofern loszusagen, als man versuchte allgemeine Regeln anzugeben, *wann* ein wörtliches, *wann* ein freies Vorgehen zielführend ist.

Die Anfänge des Übersetzens und des übersetzerischen Denkens verlieren sich im Dunkel der Frühgeschichte. Die ersten Übersetzungen, von denen wir Kenntnis haben, wurden in Mesopotamien (Sumerer, Assyrer, Babylonier) und Ägypten verfertigt. Es ist anzunehmen, dass die ersten Schriftgelehrten, die vor die Aufgabe gestellt wurden, Übersetzungen anzufertigen oder ihre Nachfolger „einzulernen", bereits über *die richtige Methode des Übersetzen* nachdachten. Aus dieser frühgeschichtlichen Phase besitzen wir jedoch keine im weiteren Sinne theoretischen Aufzeichnungen. Bezeugt ist lediglich, dass bereits im 3. Jahrhundert v. Chr. in Mesopotamien das Wort-für-Wort-Übersetzen praktiziert wurde (Vermeer 2000: 88).

Sichere Kenntnis von einem systematischen Nachdenken über das Übersetzen haben wir erst aus der römischen Antike. Einer der ersten Übersetzungstheoretiker *ante litteram*, dessen Überlegungen heute noch nachzulesen sind, war der römische Philosoph, Schriftsteller, Rhetor und Übersetzer

---

1 Interessierte seien auf die aufschlussreiche Erörterung dieser klassischen Übersetzungsregel im Kapitel „So treu wie möglich, so frei wie nötig" bei Albrecht (1998: 61ff.) verwiesen.

Cicero. Dementsprechend ist es sinnvoll, die vorwissenschaftliche Periode des übersetzerischen Denkens in der Antike beginnen zu lassen. Sie dauerte mehr als 2000 Jahre und wurde erst Mitte des 20. Jahrhunderts aufgrund der sich nach dem Zweiten Weltkrieg ergebenden politischen, gesellschaftlichen, kulturellen, wirtschaftlichen und technologischen Veränderungen durch die wissenschaftliche Periode abgelöst.

Die vorwissenschaftliche Periode lässt sich analog zu den bei Literatur oder Kunst üblichen Epocheneinteilungen in sechs Phasen gliedern. Für jede Phase werden wichtige Autoren genannt, deren übersetzungstheoretische Reflexionen typisch für ihre Zeit waren:

Phase	Vertreter
Antike (bis 500 n. Chr.)	Terenz, Cicero, Quintilian, Hieronymus, Boethius
Mittelalter (500–1450)	Gerhard von Cremona, Roger Bacon, Robert Grosseteste, Wilhelm von Moerbecke, Nicolas Oresme, Maimonides, Übersetzerschule von Toledo
Renaissance (1450–1600)	Niklas von Wyle, Heinrich Steinhöwel, Leonardo Bruni, Martin Luther, José Luis Vives, Fray Luis de León, Baltasar Céspedes, Joachim Du Bellay, Étienne Dolet, Jacques Amyot, Bernardo Davanzati
Barock (1600–1720)	John Dryden, François de Malherbe, Jean Baudoin, Perrot d'Ablancourt, Pierre Daniel Huet
Aufklärung (1720–1790)	Tytler, D'Alembert, Venzky, Gottsched, Bodmer, Breitinger, Wieland, Herder, Goethe, Jacques Delille
Romantik (1790–1850)	Novalis, Friedrich Schlegel, August Wilhelm Schlegel, Friedrich Schleiermacher, Wilhelm von Humboldt
Moderne (1850–1950)	Ulrich von Wilamowitz-Moellendorff, Wolfgang Schadewaldt, Walter Benjamin, José Ortega y Gasset, Francisco Ayala, Kornei Chukovsky, Valéry Larbaud

Tab. 1.1
Phasen und Vertreter der vorwissenschaftlichen Periode

Rückt man inhaltliche Aspekte in den Vordergrund, statt sich an gängigen historischen oder literarischen Epochen zu orientieren, kommt man zu einer Dreiteilung der vorwissenschaftlichen Periode. Von Stackelberg (1972) schlägt eine Periodisierung in Antike (Zeit der rhetorischen Übersetzung), Mittelalter (Zeit der pragmatischen bzw. inhaltlichen Übersetzung) und Neuzeit (Zeit der literarischen Übersetzung) vor.

Seele (1995: 107 f.) sieht hingegen den ersten Epochenbruch zwischen heidnischer Antike und christlicher Spätantike (also im 4. Jh. n. Chr.), als „das Wörtlichkeitspostulat der Bibelübersetzer auch die Maximen der Übersetzer weltlicher … Literatur" zu beeinflussen begannen. Den zweiten Epochenbruch verortet sie im 18. Jh. mit dem Einsetzen der Aufklärung, die „für die literarische Übersetzung erstmals verbindliche Regeln" festzulegen versucht (Seele 1995: 108).

Nach der Periodisierung von Stackelberg ist es der Schlüsselbegriff der **Treue** und die sich daran anschließende Debatte um das wörtliche oder freie Übersetzen, was *alle* Ansätze der vorwissenschaftlichen Periode miteinander verbindet. Nach der Einteilung von Seele ist hingegen von einer ersten Epoche in der heidnischen Antike auszugehen, in der zwischen *Bearbeitung* und *Übersetzung* noch nicht kategorisch unterschieden wird (Seele 1995: 102), der Übersetzer also eine sehr große Freiheit genießt, die durch keinerlei präskriptive Vorgaben eingeschränkt wird. Mit Cicero setzt dann die „Übersetzungsreflexion im engeren Sinne" ein (Seele 1995: 102), in deren Verlauf sich allmählich ein eigentlicher Übersetzungsbegriff herauszubilden beginnt, der andere Formen der Texttransformation ausschließt.

In der zweiten, christlich geprägten Epoche verbindet sich dieser enge Übersetzungsbegriff mit dem biblisch inspirierten Wörtlichkeitspostulats

Wörtlich-Frei-Debatte und mündet schließlich in die sattsam bekannte **Wörtlich-Frei-Debatte**. Die theoretischen Diskussionen dieser zweiten Epoche drehen sich vornehmlich um die Frage, mit welcher Methode die Treue der Übersetzung zum Original erreicht werden könne und – damit eng verbunden – um welche Art von Treue es denn gehe. Der Freiheit des Übersetzers wurden mit der Vorgabe, ein getreues Abbild zu schaffen, enge Grenzen gesetzt.

Mit der Aufklärung setzt dann die dritte Epoche ein, die zu einer weiteren Einengung der übersetzerischen Freiheit führte. Neben die Treue als Zielvorgabe gesellten sich seit dem 18. Jh. verbindliche Regeln, die der Übersetzer bei seiner Tätigkeit zu befolgen hatte. Erst in der wissenschaftlichen Periode haben Skopostheoretiker wie Vermeer und Dekonstruktivisten wie Derrida die kategorische Grenzen zwischen Übersetzung und Bearbeitung wieder einzureißen versucht, um die Freiheit des Übersetzers wiederherzustellen.

1.2 | Übersetzen in der Antike

Im europäischen Kontext setzt das erste systematische Nachdenken über das Phänomen Übersetzen – soweit wir es aufgrund der Quellenlage nachvollziehen können – in der römischen Antike ein. „Sie ist die erste historisch greifbare Übersetzungsepoche" (Seele 1995: 4). Dabei galt ein zielsprachenorientiertes Übersetzen als selbstverständlich (Seele 1995: 7).

Mounin (1967: 23 f.) stellt fest, dass „die erste systematische Beschäftigung mit der Kunst und dem Handwerk des Übersetzens … in Rom zu beobachten" ist, wo „die Literatur praktisch aus der Übersetzung oder wenigstens aus der Adaptation entstanden ist". Römische Autoren haben philosophische, wissenschaftliche und literarische Werke aus dem Griechischen ins Lateinische übersetzt. Der erste bekannte römische Übersetzer ist Livius Andronicus (gest. ca. 207 v. Chr.), der Homers *Odyssee* ins Lateinische übertragen hat.

Die Dokumente, die uns aus der Antike erhalten geblieben sind, zeigen, dass die Übersetzungspraxis zunehmend reflektiert und von Beginn an kontrovers diskutiert wurde. Wir finden Dokumente, die (1) das eigene übersetzerische Tun begründen; die (2) das Übersetzen als rhetorische Übung empfehlen; die (3) Beschreibungen legitimer Übersetzungsverfahren aufführen; die (4) ein normatives Übersetzungsideal rechtfertigen; und die (5) Ansätze zu einer normativen Übersetzungskritik enthalten (Seele 1995: 89 ff.).

In der ersten, archaischen Periode der römischen Literaturgeschichte wird zwischen Übersetzung und freier Bearbeitung noch nicht kategorisch unterschieden. Erste rudimentäre Zeugnisse einer Übersetzungsreflexion finden wir in den Prologen des Komödiendichters **Terenz** (ca. 184–158 v. Chr.). Er tendiert in seinen Übersetzungen „zu einer freien Adaptationsweise", die er – modern gesprochen – mit dem „Postulat der Wirkungsäquivalenz" rechtfertigt (Seele 1995: 7). Der Umgang mit Fremdheit wurde dadurch natürlich zum Problem: Einige Autoren (wie Terenz) suchten aus ihren Übersetzungen „alles Fremde auszuschalten bzw. abzumildern", während andere (wie Plautus) den Plot „in eine irreale Welt" entrückten und so noch zusätzlich verfremdeten (Seele 1995: 84).

Bei Terenz (1986: V. 9–11) taucht übrigens im Prolog zu den *Adelphen* zum ersten Mal in der Geschichte der römischen Literatur „die *verbum-de-verbo*-Formel auf, die zusammen mit der *sensum-de-sensu*-Formel die Grundantithese der Übersetzungsgeschichte bis in unsere Tage bildet" (Seele 1995: 85).

> Das übersetzerische **Motto von Terenz** könnte lauten: **Eine allzu wörtliche Übersetzung führt zu schlecht geschriebenen Stücken.**

Motto von Terenz

Der bedeutendste Übersetzer und wichtigste Übersetzungsdenker der klassischen römischen Antike war **Cicero**. Seine, vom Konzept der **konkurrierenden Nachahmung** (*aemulatio*) geprägten Übersetzungen zeichnet ein starker literarischer „Gestaltungs- und oft Überbietungswillen" aus (Seele 1995: 8). Bei der *aemulatio* geht es nicht um die sklavische Nachahmung des originalen Wortlauts. Deshalb empfiehlt Cicero auch, dass man nicht *verbum pro verbo* – also *Wort für Wort* – übersetzen solle, sondern „plädiert statt dessen für sinngemäße Wiedergabe der Vorlage" (Seele 1995: 9).

Cicero
(106–43 v. Chr.)

> Spätestens mit Ciceros übersetzerischer Selbstreflexion setzt die **Debatte über die Wörtlichkeit der Übersetzung** ein, die die folgenden zweitausend Jahre Übersetzungsgeschichte prägen sollte und als Wörtlich-Frei-Debatte bekannt ist.

> Man kann Cicero bereits entnehmen, wie unsinnig die landläufige Unterscheidung zwischen »wörtlichem« und »freiem« Übersetzen ist, insofern die »freie« Übersetzung sinn- und formgetreuer sein kann als die »wörtliche«. Der Römer spricht als Redner. Sein Übersetzungsideal ist rhetorisch. (von Stackelberg 1972a: 3)

In der römischen Antike galt das Übersetzen als rhetorische Übung, um die eigene literarische Ausdruckskraft zu verbessern. Diese Ansicht finden wir bei Cicero, Quintilian oder Plinius dem Jüngeren. Neben der „Auswahl optimaler Äquivalenzen aus dem Bereich potentieller Äquivalenzen" ging es dabei auch um die Schöpfung von Neologismen und Etablierung von Übersetzungslehnwörtern (Seele 1995: 76), um den Wortschatz der eigenen Sprache zu erweitern (ein Motiv, das in der frühen Neuzeit wiederkehrt). Besonders Plinius meint, dass das Übersetzen eine nützliche Übung zur „lexikalischen und stilistischen Erfindungsgabe" sei (Seele 1995: 77). Die Aufgabe des Übersetzens besteht demzufolge (1) in der inhaltlichen Vermittlung für andere und der sprachlichen Schulung für den Übersetzer selbst (von Stackelberg 1972a: 3).

Der Gedanke, durch die Übersetzung das Originalwerk oder den Originalautor entweder an Sachgenauigkeit oder an poetischer Ausdruckskraft zu übertreffen, lag den römischen Autoren sehr nahe; es war geradezu „eine *conditio sine qua non* des römischen Übersetzerehrgeizes, die sich aus dem literarkritischen Konzept der *aemulatio* herleitete" (Seele 1995: 79).

Quintilian
(35–96 n. Chr.)

Der Rhetoriker **Quintilian** steht in der Tradition Ciceros und sieht ebenfalls in der Übersetzung ein Schulungsmittel für den Gebrauch der eigenen Sprache. Er unterscheidet zwischen *Übersetzung* (Beibehaltung der literarischen Gattung) und *Paraphrase* (Änderung der literarischen Gattung), in der er „nicht bloß eine Deutung", sondern einen „Wettstreit um die Darstellung derselben Gedanken" sah (Quintilian 1974: 101). Ausdrücklich stellt er fest, dass „das nicht Ausgesprochene ergänzt und das breit Ausgeführte kürzer gefaßt werden" kann (Quintilian 1974: 101). Und falls in der eigenen Sprache kein treffender Ausdruck zuhanden ist, so mag der „nächstbeste" genügen (Quintilian 1974: 103).

Fasst man die Empfehlungen Ciceros und anderer römischer Autoren an den Übersetzer zusammen, so sollte er bei formbetonten Texten (Lyrik) auf stilistische Äquivalenz achten, bei inhaltsbetonten Texten (Philosophie) auf inhaltliche Äquivalenz und bei Bühnenwerken auf Wirkungsäquivalenz (Seele 1995: 88). Ähnlich sieht auch Vermeer (1992: 1.198) für die Antike drei grundlegende Übersetzungsmaximen, bei denen es je nach Textvorlage darum geht, (a) möglichst wörtlich zu übersetzen, (b) das Original zu übertreffen oder (c) eine rhetorische Wirkung zu erzielen.

Eine weitere große Übersetzerfigur jener Zeit war der aus Stridon in Dalmatien stammende Kirchenvater **Hieronymus**, der gegen Ende des 4. Jahrhunderts die heute unter dem Namen *Vulgata* bekannte Bibelübersetzung ins Lateinische schuf. Er ist der erste wichtige Übersetzungsdenker der christlichen Spätantike. Außerdem ist er auch der Schutzpatron der Übersetzerzunft.

Hieronymus
(347–420 n. Chr.)

Während Cicero und die anderen römischen Übersetzer vor allem vor dem Problem standen, die klassischen Werke der griechischen Autoren für die römische Kultur zu erschließen und fruchtbar zu machen, musste sich der heilige Hieronymus keiner geringeren Herausforderung stellen, als das Wort Gottes zu übertragen, ohne es dabei zu verfälschen. In Bezug auf die Bibel ist er laut eigener Aussage ein Verfechter des wörtlichen Übersetzens:

> Ich gebe nicht nur zu, sondern bekenne es frei heraus, daß ich bei der Übersetzung griechischer Texte – *abgesehen von den Heiligen Schriften*, wo auch die Wortfolge ein Mysterium ist, nicht ein Wort durch das andere, sondern einen Sinn durch den anderen ausgedrückt habe. (Hieronymus 1973: 1; Hervorh. H. S.)

Hieronymus führt hier einen bemerkenswerten, neuen Gedanken ein:

Die zu wählende Übersetzungsmethode ist abhängig von der Art des zu übersetzenden Textes.

Die Bibel ist wörtlich zu übersetzen, alle anderen Texte können frei übersetzt werden. Er plädiert also dafür, dass es nicht nur die eine richtige Übersetzungsmethode gibt, sondern dass der Übersetzer die für seinen Text angemessene Methode wählen muss.

Zur Rechtfertigung seines übersetzerischen Vorgehens bei nicht-biblischen Texten greift Hieronymus (1963: 1) in seinem *Brief an Pammachius* auf den Ausdruck *Sinn* zurück, als er behauptete: *Non verbum e verbo sed sensum exprimere de sensu* – man solle nicht ein Wort durch ein anderes wiedergeben, sondern Sinn durch Sinn ausdrücken. Die Rede vom »freien« Übersetzen wird dadurch näher spezifiziert. Abweichungen vom Wortlaut waren zulässig und sogar erwünscht, solange die Treue zum Sinn des Ausgangstextes gewahrt blieb. Insofern spricht man auch vom *sinngemäßen Übersetzen*.

Für Hieronymus steht sowohl das wörtliche als auch das sinngemäße Übersetzen unter dem **Gebot der Treue**, worunter er das „dauernde Bemühen" versteht, „alles, was im fremdsprachigen Text vorgefunden wurde, zu bewahren. Wenn dies nicht möglich ist, muß das Sinnganze bewahrt werden" (Klöpfer 1967: 34). Die von Hieronymus praktizierte sinngemäße Übersetzungsmethode, die Vermeer spezifischer „kotextsensitiv" (ohne „n", kontextsensitiv ist etwas anderes, nämlich: freies Übersetzen) nennt, berücksichtigt nur Wörter und Phrasen „bis hinauf zum Satzrang", aber keine transphrastischen Einheiten oder gar den Gesamttext (Vermeer 2000: 88).

Gebot der Treue

Vermeer stellt fest, dass Hieronymus auch bei seiner Bibelübersetzung nicht so wörtlich übersetzt, wie das obige Zitat vermuten lässt, sondern auch dort die sinngemäße Übersetzungsmethode anwendet:

> Er übersetzt nicht wörtlich …, nicht genus- und numeruskonstant, also nicht »morphematisch«, … nicht die Wortform nachbildend, sondern ad sensum, das heißt bei ihm aber nicht: frei und souverän …, sondern auf der Ebene der

> jeweils minimalen (autonomen) Sinneinheit, im wesentlichen auf der Wort
> ebene, also von der Kontextbedeutung eines Wortes/einer Phrase her …
> Hieronymus' Übergang vom verbum zum sensus ließe sich im Deutschen
> dann eventuell als Übergang von den Wörtern zu den Worten beschreiben.
> (Vermeer 1992: 1.301 f.)

Die Diskussion der hieronymianische Übersetzungsmethode zeigt zweierlei:
Erstens, dass Ausdrücke wie wörtliches, sinngemäßes und freies Übersetzen
von jedem Autor etwas anders ausgelegt werden und man angesichts der über
zweitausendjährigen Übersetzungsgeschichte nicht davon ausgehen kann,
dass zwei Autoren mit demselben Ausdruck auch dasselbe meinen. Zweitens
zeigt sie, dass man als kritischer Leser die Selbstaussagen von Übersetzern
hinsichtlich der von ihnen angewandten Methoden nicht einfach unhinterfragt übernehmen sollte.

Für die Geschichte des Übersetzens bleibt zum einen festzuhalten, dass
spätestens seit Hieronymus die Unterscheidung zwischen isolierter Wortbedeutung (*verbum*) einerseits und kotextueller Bedeutung (*sensum*) andererseits in der Übersetzerpraxis nachweisbar ist (Vermeer 2000: 93). Zum
anderen können wir resümieren, dass bereits in der Antike – wenn auch in
anderer Begrifflichkeit – ein Zusammenhang zwischen Übersetzungsmethode und Textgattung postuliert wurde.

Mit den Grundgedanken von Cicero und Hieronymus ist der Rahmen
des übersetzerischen Denkens abgesteckt, der sich über Jahrhunderte kaum
ändern sollte. Mit dem Verfall des Römischen Reiches Ende des 5. Jahrhunderts, dem Niedergang der spätantiken Stadtkultur und dem gravierenden
Rückgang der Bildung ab ca. 550 erstarrte auch das übersetzerische Denken
im westlichen Abendland.

1.3 | Übersetzen im Mittelalter und in der Renaissance

Im Mittelalter und in der Renaissance führten zwei voneinander unabhängige
Entwicklungen zu einem neuen Bedarf an Übersetzungen. Zum einen bestand
die Notwendigkeit, sich mit der wissenschaftlich überlegenen islamisch-arabischen Kultur auseinanderzusetzen, die zunächst im Zuge der Reconquista
in Spanien (718–1492), dann durch die Kreuzzüge (ab 1095) und schließlich
durch den Fall Konstantinopels 1453 ins Blickfeld des Abendlandes geraten
war. Zum anderen entstand durch die allmähliche Herausbildung europäischer Nationalsprachen das Bedürfnis, die auf Lateinisch oder Griechisch
verfassten Werke auch auf Italienisch, Französisch, Spanisch, Englisch oder
Deutsch verfügbar zu haben. „Literarische Übersetzungen aus der Volkssprache in das Lateinische waren vergleichsweise seltener" (Vermeer 2000: 78).

Nach der Rückeroberung Toledos fand dort in der Zeit von etwa 1130 bis
1284 eine zunächst von Raymond, dem Erzbischof von Toledo, inspirierte,

später während der Regentschaft von König Alfons dem Weisen fortgeführte rege Übersetzungstätigkeit statt. Neben den Texten arabischer Wissenschaftler wurden auch einige, im Westen für verloren gehaltene Werke des Aristoteles und anderer griechischer Autoren aus dem Arabischen ins Lateinische übersetzt. Im 19. Jh. etablierte sich dafür die Bezeichnung **Übersetzerschule von Toledo**. Das Wort *Schule* meint hier allerdings weniger eine Lehrinstitution, als vielmehr ein Netzwerk an Gelehrten, die sich mit Fragen des Übersetzens praktisch und theoretisch auseinandersetzten. Zu den Gelehrten zählten Juden, Moslems und Christen, die aus allen Teilen Europas stammten.

Übersetzerschule von Toledo

Der bedeutendste Übersetzer war **Gerhard von Cremona** (1114–1187), der in rund 40 Jahren mehr als 70 philosophische und naturwissenschaftliche Werke aus dem Arabischen ins Lateinische übersetzt hat, darunter die *Physik* von Aristoteles. Dabei ging er zumeist so vor, dass ein mozarabischer Assistent den Text mündlich aus dem Arabischen ins mittelalterliche Kastilische übertrug und Gerhard danach den Text auf Lateinisch niederschrieb. Er hat also mit Hilfe einer Relaissprache übersetzt.

Gerhard von Cremona

Weitere wichtige Übersetzer aus dieser Zeit sind der Engländer Robert Grosseteste (1170–1253), der Flame Wilhelm von Moerbecke (1215–1286) und der Franzose Nicolas Oresme (1330–1382), die als Geistliche vorwiegend Werke der antiken Philosophie übersetzt haben. Da im Mittelalter kaum literarische, sondern vornehmlich philosophische und wissenschaftliche Werke übersetzt wurden, hatte das Übersetzen für sie eine vorbereitende Funktion: Sie diente der Aneignung fremden Gedankenguts und der Vermittlung faktisch-nutzbarer Kenntnisse (von Stackelberg 1972a: 6).

Aus übersetzungstheoretischer Sicht ist vor allem **Roger Bacon** (1214–1292) zu nennen, der den meisten als erster Verfechter empirischer Methoden in der Wissenschaft bekannt sein dürfte. Er war auch Übersetzer und stellte als erster die – für uns heute fast selbstverständliche – Forderung auf, dass der Übersetzer über dreierlei Kenntnisse verfügen müsse: Kenntnis der Muttersprache, Kenntnis der Fremdsprache und Kenntnis des Sachgebiets, von dem der zu übersetzende Text handelt. Dieselbe Forderung findet sich dann später auch bei anderen Autoren, zum Beispiel bei dem spanischen Humanisten **Baltasar Céspedes** (vor 1583–1615), der sie anscheinend als erster im spanischsprachigen Raum vertreten hat (Céspedes 1600/1965; Calero 1990: 457).

Baltasar Céspedes

Den Übersetzern des Mittelalters wurde in späteren Epochen, vor allem von den Humanisten (Noe 1993: 39), der Vorwurf gemacht, sie hätten zu wörtlich übersetzt. Zur oft geübten mittelalterlichen Übersetzungsstrategie gehörte jedoch auch, den Ausgangstext formalen Änderungen zu unterziehen, so etwa wurde „paraphrasiert, kommentiert, aktualisiert und dabei aufgeschwellt oder gekürzt" (Vermeer 2000: 77; vgl. Vermeer 2000: 122). Insofern ist für das Mittelalter festzuhalten, dass sich zwei Tendenzen überlagern:

Zum einen der Hang zur strikten Worttreue und zum anderen der Hang zum freien Umgang mit dem Ausgangstextmaterial.

Aber wir finden im Mittelalter auch die Meinung vertreten, dass das sinngemäße dem wortgemäßen Übersetzen vorzuziehen sei. Ein Vertreter dieser Auffassung ist der in Córdoba geborene jüdische Philosoph und Arzt **Maimonides**. In einem seiner Briefe an seinen Übersetzer Schmuel Ibn Tibon findet sich die folgende Auffassung vom Übersetzen, die der **Maxime der Verständlichkeit** verpflichtet ist:

Maxime der Verständlichkeit

Maimonides
(1135–1204)

> Wer aus einer Sprache in eine andere übersetzen will und sich dabei vornimmt, jeweils ein gegebenes Wort nur durch ein anderes wiederzugeben, der wird große Mühe haben und eine zweifelhafte und verworrene Übersetzung liefern. So sollte man nicht vorgehen. Vielmehr muß ein Übersetzer zunächst einmal den Gang der Gedanken erfassen, dann muß er ihn auseinanderlegen und so vorführen, daß er in der neuen Sprache verständlich und klar wird. Das erreicht man mitunter nur, indem man das, was voraufgeht, und das was folgt, mit ändert; indem man ein Wort durch mehrere wiedergibt und mehrere durch ein einziges; indem man einige Ausdrücke fallen läßt und andere hinzufügt – bis die Entwicklung der Gedanken völlig klar und übersichtlich und der Ausdruck verständlich und der Sprache, in die man übersetzt, gemäß wird. (Maimonides, zit. n. Mounin 1967: 27)

Nach 1453 kamen viele, vor den osmanischen Eroberern fliehende byzantinische Gelehrte nach Italien und brachten weitere, bisher im Westen unbekannte Schriften griechischer Autoren u. a. von Platon mit, die übersetzt werden mussten (Vermeer 2000: 91). Diese Übersetzungen trugen wesentlich erst zur Aristoteles-Rezeption, dann zur Platon-Rezeption bei und führten im Endeffekt zur Ausdifferenzierung von Theologie und Philosophie in der beginnenden Neuzeit.

Der Pendelumschlag im Übergang vom Mittelalter zur Renaissance betrifft weniger die Dichotomie von wörtlichem und sinngemäßem Übersetzen als vielmehr die zunehmende Verpflichtung zur getreulichen Abbildung der Oberflächenstruktur des Ausgangstexts (Vermeer 2000: 123). Mit Pendelumschlag ist gemeint, dass während der Renaissance keine eigenständigen, neuen Übersetzungsstrategien verfochten werden (Vermeer 2000: 121), sondern lediglich auf Altbewährtes zurückgegriffen wird.

Niklas von Wyle

Heinrich Steinhöwel

Während der frühhumanistische Schriftsteller und Übersetzer **Niklas von Wyle** (oder Nicolaus von Weil, 1410–1478) als Vertreter des wörtlichen Übersetzens gilt, verficht sein Zeitgenosse **Heinrich Steinhöwel** (oder Steinhäuel, 1412–1483) – auf Hieronymus zurückgreifend – das sinngemäße Übersetzen. Denn er habe, wie er in der Vorrede zu seiner Übersetzung von Petrarcas[2]

---

2 Die Erzählung *Griseldis* entstammt ursprünglich Boccaccios *Dekamerone* und wurde von Petrarca ins Lateinische übersetzt. Diese lateinische Fassung lag Steinhöwel als Ausgangstext vor.

16

Griseldis formuliert, „nit von wort zu wort, sunder von sin zu sin getütschet" (zit. n. Fischer-Heetfeld 1992: 671).[3] Bei Steinhöwel finden wir dann auch erste Überlegungen zum „Übersetzen transphrastischer bis textrangiger Einheiten" (Vermeer 2000: 89).

Mit *Sinn* bzw. **sinngemäßem Übersetzen** ist in der gesamten vorwissenschaftlichen Periode häufig nur gemeint, dass der Übersetzer sich nicht an isolierten Wörtern, sondern an zusammenhängenden Syntagmen oder ganzen Sätze als Übersetzungseinheiten hält. Aus heutiger Sicht erscheinen sinngemäße Übersetzungen der damaligen Zeit immer noch sehr stark an der syntaktisch-semantischen Oberfläche des Ausgangstexts orientiert und alles andere als frei. Dementsprechend kann Vermeer (2000: 122) – den Selbstzeugnissen eines Steinhöwel zum Trotz – konstatieren, dass wir „in der Renaissancezeit häufig ein extrem wörtliches Übersetzen" vorfinden.

sinngemäßes
Übersetzen

Der italienische Humanist **Leonardo Bruni** (1369–1444) gilt als einer der bedeutendsten Übersetzer der Renaissance; allerdings übersetzte er aus dem Griechischen nicht ins Italienische, sondern ins Lateinische. Er steht in der Tradition Ciceros und betont in seiner kleinen Schrift *De interpretatione recta* aus dem Jahr 1420, dass das Übersetzen eine Kunst sei, bei der es sowohl auf eine kunstvolle Wiedergabe der Form als auch auf die sinngemäße Wiedergabe des Inhalts ankomme. Neu bei ihm – gegenüber Cicero – ist die Forderung nach einer stiladäquaten Wiedergabe, für die neben vollkommener Sprach- und Sachkenntnis besonders „Belesenheit, literarische Bildung und sprachkünstlerische Fertigkeit" erforderlich seien (von Stackelberg 1972a: 8).

Leonardo Bruni
(1369–1444)

> Die Gewalt der Sprache reißt den Übersetzer hin zur Ausdrucksweise desjenigen, den er übersetzt. Und den Sinn kann nur der richtig wiedergeben, der sich mit den Eigenheiten seiner Sprache und dem Abbild seiner Rede in Inhalt und Umfang seiner Vorlage gänzlich anpaßt und anschmiegt. Denn die beste Übersetzung ist diejenige, die die Form des Urtextes am besten bewahrt, so daß weder den Worten der Sinn, noch der Sprache die kunstvolle Form fehlt. (Bruni, zit. n. von Stackelberg 1967: 70)

Obwohl die Renaissance – auch in Fragen des Übersetzens – zu den antiken Ursprüngen zurück wollte, dauerten mittelalterliche Übersetzungspraktiken gemildert fort (Vermeer 2000: 76). Durch das Aufweichen klarer Translationsnormen „entstand ein translatorisches Dilemma" (Vermeer 2000: 76), für das sich drei Lösungen anboten:

1. Die meisten Übersetzer jener Zeit favorisierten es, „möglichst an der Ausgangstextoberfläche entlang zu übersetzen", da so angeblich am wenigsten schiefgehen könne. Aus heutiger Sicht bringt „gerade dieses Verfahren die Gefahr einer Sinnänderung mit sich".

---

3 Steinhöwel nennt seine Übersetzung übrigens *translatze*.

2. Die wort-wörtliche Übersetzung wurde vor allem als didaktische Methode eingesetzt. Bei ihr war der Sinn zweitrangig und „mitunter gar nicht mehr leicht zu erkennen".

3. Das freie kultursensitive Übersetzen, das Freiheit mit Verantwortung zu verbinden suchte, gewann zwar allmählich die Oberhand, wurde aber damals wie heute „weithin als *infidèle* geschmäht". (Vermeer 2000: 77)

Martin Luther
(1483–1546)

Aus deutscher Sicht ist natürlich **Martin Luther** (1483–1546) aufgrund seiner Bibelübersetzung der wichtigste Übersetzer der Renaissance bzw. des Humanismus. Mit seinem *Sendbrief vom Dolmetschen* (Luther 1963) gehört er außerdem epochenübergreifend zu den einflussreichsten Übersetzungstheoretikern. Luther knüpft an Hieronymus an und übersetzt „ausgangstextorientiert", indem er bei seiner Übersetzung von der „Ausgangstextoberflächenstruktur" ausgeht (Vermeer 2000: 89). Allerdings berücksichtigt auch er die Bedeutung nur bis zum Satzrang.

Luther wollte die Bibel als Wort Gottes *lebendig* übersetzen. Dazu musste er die zeitliche Kluft von rund 1500 Jahren und die räumliche Kluft von einigen Tausend Kilometern zwischen dem Nahen Osten und Europa überbrücken. Die fremde Vorstellungswelt der Bibel wollte er in Sprachbildern zum Klingen bringen, die den damaligen Deutschen geläufig waren. Zu diesem Zweck empfiehlt Luther, die Mutter im Hause, die Kinder auf der Gasse und den gemeinen Mann auf dem Markt zu befragen „und denselbigen auf das Maul zu sehen, wie sie reden und darnach dolmetschen", damit „es eine völlige, deutsche, klare Rede wird" (Luther 1963: 21).

Luther wendet bei seiner Bibelübersetzung sowohl die Methode des wörtlichen als auch des sinngemäßen Übersetzens an, wobei letztere Methode überwiegt. Für beide Vorgehensweisen gibt Luther selbst Beispiele. Den lateinischen Satz *ex abundantia cordis os loquitor* könnte man wörtlich mit *Aus dem Überfluss des Herzens redet der Mund* übersetzen. Luther aber meint:

> Welcher Deutsche verstehet solches? Was ist Überfluß des Herzens für ein Ding? Das kann kein Deutscher sagen, …, sondern *so* redet die Mutter im Haus und der gemeine Mann: Wes das Herz voll ist, des gehet der Mund über. Das heißt gutes Deutsch geredet, … (Luther 1963: 21)

Luther vermag seinen Vorsatz, in gutes und verständliches Deutsch zu übersetzen nicht immer durchzuhalten, denn die lateinischen Worte „hindern über die Maßen sehr, gutes Deutsch zu reden" (Luther 1963: 22). Und so gibt er im *Sendbrief* auch ein Beispiel, wo er „nicht allzu frei" vom Wortlaut abgewichen ist (Luther 1963: 25). Gemeint ist die Stelle Johannes 6,27, die Luther recht wörtlich übersetzt: *Diesen hat Gott der Vater versiegelt.* Auf alternative Formulierungen wie *diesen hat Gott der Vater gezeichnet* oder *diesen meint Gott der Vater* hat Luther verzichtet, denn er habe „eher wollen der deutschen Sprache Abbruch tun, denn von dem Wort weichen" (Luther 1963: 25).

Obwohl Luther in der einschlägigen Literatur für das „Prinzip des Verdeutschens" oder die sinngemäße Übersetzungsmethode steht (Koller 2011: 33), ist festzustellen, dass auch er bei seinen Übersetzungsentscheidungen zwischen Wortgemäßheit und Sinngemäßheit schwankt.

Joachim Du Bellay hat in seinem sprachpolitischen Manifest *Défense et illustration de la langue française* eine strikte Vorstellung der Übersetzung vertreten und sie von der freieren Form der *Imitatio* (hier im Sinne von Nachdichtung) unterschieden. Während die Übersetzung nur zur Vermittlung von Stoff tauge, bestehe der Vorzug der *Imitatio* darin, auch die Formqualitäten wiedergeben zu können. Dies führt ihn letztlich zu der Überzeugung, dass das – inhalts- und formgetreue – Übersetzen von Dichtung unmöglich sei. In seiner Tätigkeit als Übersetzer erweist er sich als Anhänger des freieren, sinn- und formadäquaten Übersetzens (von Stackelberg 1972a: 19), denn mit einer wörtlichen Übersetzungsweise könne man allenfalls den Schatten des Originals einfangen.

Joachim du Bellay
(1522–1560)

Von Du Bellay stammt auch die **Theorie der verschobenen Entsprechung**, die später besonders für die Praxis der *belles infidèles* prägend war. Gelingt es dem Übersetzer nicht an der einen Stelle die Stilqualität des Originals angemessen wiederzugeben, dann sollte er dies dadurch kompensieren, dass er die Stilqualität an einer anderen Stelle (wo sie im Original nicht zu finden war) hinzufügt.

Theorie der verschobenen Entsprechung

Der Franzose **Étienne Dolet** ist der bekannteste Übersetzungstheoretiker der französischen Renaissance. Er vertrat in seinem Werk *La Manière de bien traduire d'une langue à autre* die Ansicht, dass nur Narren Zeile für Zeile oder Vers für Vers übersetzen, vielmehr bestehe das Übersetzen wesentlich darin, die Äußerungen eines Autors durch Neuanordnen der Worte zu reformulieren. Allerdings hat er ein trauriges Schicksal erlitten, da er von der Theologischen Fakultät der Sorbonne wegen seiner Übersetzung eines Platon-Dialogs zum Tode verurteilt wurde. Er ließ darin Sokrates sagen, dass nach dem Tode nichts mehr käme, und habe – so seine Richter – damit die Unsterblichkeit der Seele geleugnet. Bevor er starb, hat Dolet aber noch in seinem Werk *Von der Art und Weise, gut aus einer Sprache in eine andere zu übersetzen* **fünf Grundregeln** den Übersetzern an die Hand gegeben:

Étienne Dolet
(1509–1546)

1. Sinn und Stoff des Autors, den man übersetzen will, völlig verstehen;
2. sowohl Ausgangssprache als auch Zielsprache völlig beherrschen;
3. sich nicht an den Wortlaut klammern;
4. sich vor Latinismen hüten und sich an die gute französische Umgangssprache halten;
5. sich um einen guten, glatten, eleganten, unprätentiösen und vor allem gleichmäßigen Stil bemühen. (Dolet, zit. n. Mounin 1967: 33)

fünf Grundregeln

Jacques Amyot
(1513–1593)

Ein weiterer Franzose, **Jacques Amyot** (1513–1593), hatte mit seinen Übersetzungen großen Einfluss auf die weitere Entwicklung der Übersetzungspraxis. Er wollte nicht nur den Sinn, sondern auch den Stil und die Sprechweise des Originals wiedergeben, und zwar so, dass es einen flüssig und leicht zu lesenden Zieltext ergibt. Amyots interpretative Übersetzung zeichnet sich durch sechs Punkte aus:

1. exakte Wiedergabe des Sinns;
2. schamhafte, im Rahmen der Schicklichkeit bleibende Wiedergabe sexuell expliziter Stellen;
3. Tendenz zur Verdeutlichung von Ausdrücken und Sachverhalten;
4. Tendenz zur Einbürgerung von Personen- und Ortsnamen, Titeln, Dienstgraden usw.;
5. Tendenz zur Verchristlichung heidnischer Bezeichnungen;
6. Tendenz zur künstlerischen Formung, einschließlich der Verwendung plastischer, volkstümlicher Wendungen.

Die Wirkung von Amyots Übersetzungsweise bestand in einer „Ermutigung zum eigenen Sprechen und Schreiben" (von Stackelberg 1972a: 28). Sie wurde zum Vorbild der sogenannten *belles infidèles* – der schönen, aber untreuen Übersetzungen, die seither vor allem – aber nicht nur – in Frankreich gepflegt wurden. So kann u. a. die Tacitusübersetzung des Italieners **Bernardo Davanzati** (1529–1606) mit ihrer Einbürgerungs- und Modernisierungstendenz und ihrem Hang zur bildhaften Volkssprache als Beispiel für eine italienische *belle infidèle* gelten.

Bernardo Davanzati

Man beachte, dass das Übersetzen im Mittelalter und in der Renaissance vor allem dem Zweck diente, das kulturelle Erbe der Antike für das Abendland zu erschließen. Übersetzt wurden philosophische, wissenschaftliche und literarische Texte. Die Übersetzung juristischer Texte, die in der Regel ohnehin auf Latein – der damaligen Sprache der Kirche, der Staatsverwaltung, der Wissenschaft und der Gebildeten insgesamt – abgefasst wurden, oder anderer Gebrauchstexte blieb die Ausnahme, zumindest waren sie kaum Gegenstand der übersetzerischen Reflexion.

Während sich die Intellektuellen im Mittelalter erst mühsam ihre Kenntnisse des Griechischen oder Arabischen – teilweise durch den Übersetzungsprozess selbst – aneignen mussten, da es kaum brauchbare Wörterbücher oder Grammatiken gab, konnten die Humanisten der Renaissance schon auf bessere Hilfsmittel zurückgreifen, so dass ihre Sprachkenntnisse profunder als die ihrer Vorgänger waren. Dies führte zu einem vertieften Verständnis der Ausgangstexte, was es ihnen erleichterte, den Sinn zu erfassen, ohne sich sklavisch an die Ausgangstextformulierungen zu klammern. Deshalb verwundert es kaum, dass sich in der Renaissance der **Hang zur einbürgernden Übersetzung** – bis hin zu deren Extremform der *belles infidèles* – zu etablieren beginnt. Das Ausmaß der fremdsprachlichen Kompetenz

Hang zur einbürgernden Übersetzung

beeinflusst also sehr stark die vom Übersetzer gewählte Übersetzungsmethode.

So wichtig die in dieser Zeit angefertigten Übersetzungen für die kulturelle Entwicklung Europas auch waren, sie änderten nichts an der Stagnation des Übersetzungsdiskurses. Während der Renaissance entwickelten zwar Autoren wie Martin Luther, die spanischen Humanisten **Juan Luis Vives** (1492–1540) und **Fray Luis Ponce de León** (1527–1591), Étienne Dolet und andere zwar ihre eigenen Gedanken zum Übersetzen, verblieben aber innerhalb des in der Antike von Cicero und Hieronymus abgesteckten Rahmens. Die grundlegende Dichotomie zwischen wortgemäßer und sinngemäßer Übersetzung blieb der Referenzpunkt ihres Denkens. Vor allem aber gingen sämtliche „bis zur Renaissance genannten Übersetzungsstrategien" – von wenigen Ausnahmen abgesehen – „kaum jemals über den Satzrang hinaus" (Vermeer 2000: 89).

Während der Renaissance und des Barock waren es vor allem die präskriptive Anweisungspoetik und die Grundüberzeugung, dass jegliche Übersetzung eine spezielle Form der Nachahmung (*imitatio*) sei, die eine Öffnung des Übersetzungsdenkens hin zu grundlegend neuen Einsichten verhinderten.

Darüber hinaus bestand ein wesentlicher Zweck des Übersetzens in der Zeit der Renaissance und des Barock vor allem darin, die einzelnen Volkssprachen zu Literatur- und Wissenschaftssprachen zu entwickeln bzw. zu perfektionieren. Das Interesse an einer (wörtlich oder sinngemäß) getreuen Wiedergabe fremdsprachlicher Texte nahm dementsprechend in dieser Zeit ab.

Übersetzen im Barock und in der Aufklärung 1.4

Die Übersetzungsgeschichte war bis ins 16. Jahrhundert hinein geprägt von Übersetzungen aus dem Griechischen und Arabischen ins Lateinische oder aus dem Lateinischen in die modernen europäischen Nationalsprachen. Erst im 17. Jahrhundert treten Übersetzungen aus dem Italienischen, Spanischen oder Englischen ins Französische oder aus dem Französischen ins Deutsche, Englische und andere moderne Sprachen hinzu.

Die Übersetzungen, die von der Renaissance bis zur Aufklärung angefertigt wurden, hatten einen nicht zu unterschätzenden Anteil an der Herausbildung der modernen europäischen Nationalsprachen und der entsprechenden Nationalliteraturen. Allerdings wird diese wesentliche Funktion der Übersetzung oftmals verschwiegen (Meschonnic 1973: 410). Seit dem 18. Jahrhundert kommt den Übersetzungen noch eine erhebliche Bedeutung „bei der Herausbildung der modernen Denkweisen und Kunstformen" zu (von Stackelberg 1972a: 58).

Zu den wichtigsten Vertretern in der Barockzeit gehören John Dryden, François de Malherbe, Jean Baudoin und Perrot d'Ablancourt.

Juan Luis Vives
Fray Luis Ponce de León

Abgrenzungsdebatte

John Dryden
(1631–1700)

In dieser Zeit gewann die **Abgrenzungsdebatte** an Bedeutung. Lange Zeit, „bis etwa ins 13. Jh." hinein, war nämlich die „Grenze zwischen Übersetzung, Bearbeitung und Originalproduktion fließend" (Schreiber 2001: 110; vgl. Delisle/Woodsworth 1995: 36). Der englische Schriftsteller und Übersetzer **John Dryden** schlug z.B. vor, zwischen Metaphrase, Wort-für-Wort-Übersetzung, Paraphrase und Imitation zu unterscheiden (Dryden 1950). Seit Dryden kamen unzählige Unterscheidungen – mit gleicher oder ähnlicher Begrifflichkeit – hinzu, bis die Debatte in der Romantik mit Schleiermachers (1813/1963: 45 ff.) weithin akzeptierter Einteilung in Übersetzung, Paraphrase und Nachbildung langsam abebbte.

Diese Abgrenzungsversuche haben den Nachteil, dass sie oft zu einem Widerspruch zwischen Theorie und Praxis geführt haben. So gibt Dryden im Vorwort zu seiner Ovid-Übersetzung zu, dass er „transgressed the rules which I have given; and taken more liberty than a just translation will allow" (Dryden 1680/1950b: 155). Mit anderen Worten: Er hat zwar übersetzt, aber eigentlich doch nicht, weil er sich dabei mehr Freiheiten erlaubt hat, als es seiner Meinung nach definitorisch gesehen einer Übersetzung geziemt.

Während auf *theoretischer* Ebene die Abgrenzungsdebatte mit dem Versuch geführt wurde, das eigentliche Übersetzen von anderen Formen der Textbearbeitung exakt zu unterscheiden, gingen die Übersetzer in der *Praxis* sehr frei mit den Texten um: „Nur ausnahmsweise stellten Übersetzer sich auf den Standpunkt der Originaltreue" (von Stackelberg 1972a: 11). Die „Rücksicht auf den Leser" galt ihnen mehr als die „Verantwortung gegenüber dem Original" (von Stackelberg 1972a: 11). Man könnte also von einer rezipientenorientierten Übersetzungsmethode sprechen.

Im Zeitalter des Früh- und Hochbarock (ca. 1600–1720) wurde – vor allem in Frankreich – das Ideal der **belles infidèles** verfochten. Dabei ging es den französischen Übersetzern in der Regel vor allem darum, den fremden Autor zu »französieren« und so passten sie ihn dem geltenden strengen Stilideal und dem daran orientierten Publikumsgeschmack an. Das Ergebnis waren sehr stark einbürgernde Übersetzungen (Albrecht 1998: 75). Der Übersetzer ging relativ frei mit seinem Original um, so dass man von einer willkürlichen Nutzung des Ausgangstextes als schieres Informationsangebot sprechen könnte, die keinerlei ausgangstextorientierten Zwängen unterlag.

Bei Übersetzungen, die dem Ideal der *belles infidèles* entsprachen, erfolgte eine „Anpassung des historischen Umfelds der Texte an die Lebenswelt der Leser", und es „wurde unbekümmert in die Makrostruktur von Texten eingegriffen. Es wurde gestrichen, umgestellt, hinzugefügt" – alles natürlich, um aus »unlesbaren« Originalen »genießbare« Texte zu machen (Albrecht 1998: 79).

François de Malherbe

Die Seneca-Übersetzung von **François de Malherbe** weist als eine der ersten fast alle Merkmale der *belles infidèles* auf. Stilistisch orientiert sich Malherbe allerdings nicht an der Volkssprache, sondern am Geschmack des französischen Königshofes, was den Schutz der empfindlichen adligen Ohren vor einer zu drastischen Ausdrucksweise einschließt. Seine umfassende Rezipientenorientierung verlangte „den Umbau der Sätze, die Herstellung von fließenden Übergängen, die Streichung überflüssiger Wörter, die Erklärung des Sinnes, die Erläuterung von Anspielungen sowie die Milderung allzu kühner Redefiguren" (von Stackelberg 1972a: 37). Malherbes Übersetzungsweise mit ihrer rhetorischen Klarheit und Rücksichtslosigkeit gegenüber dem Stil des Originals wurde für die Übersetzer des 17. Jahrhunderts zum bewunderten Vorbild (von Stackelberg 1972a: 38).

François de
Malherbe
(1555–1628)

Weitere wichtige Übersetzer dieser Epoche sind **Jean Baudoin** (1590–1650) und **Perrot d'Ablancourt** (1606–1664), die mit ihren einbürgernden Übersetzungen den von Malherbe eingeschlagenen Weg fortsetzten. Sie zeichnen sich durch eine starke Rhetorisierung, Modernisierung und Nobilitierung sowie eine rationalisierende und explikative Tendenz aus (von Stackelberg 972a: 46). Als letzter großer Vertreter der Richtung der *belles infidèles* gilt **Jacques Delille** (1738–1813), der schon zum Zeitalter der Aufklärung zählt. Auch wenn Delilles Übersetzungen oft negativ beurteilt wurden, gilt es positiv hervorzuheben, dass er „nicht ängstlich Vers für Vers" übersetzt hat, vielmehr überblickt er „längere Passagen und gibt sie in eigener Regie als Ganzes wieder" (von Stackelberg 1972a: 57).

Im Zeitalter der Aufklärung (ca. 1720–1800) und verstärkt nach der Durchsetzung des Klassizismus als ästhetische Norm erfolgt die langsame Abkehr vom Ideal der *belles infidèles*. Während es in Frankreich im Laufe des 18. Jahrhunderts zu einer „zweiten Blütezeit der *belles infidèles*" (Albrecht 1998: 77) kam, begannen besonders in Deutschland aufklärerische Autoren wie **Georg Venzky** (1704–1757), **Johann Jakob Bodmer** (1698–1783), **Johann Jakob Breitinger** (1701–1776) oder **Christoph Martin Wieland** (1733–1813) ab Mitte des 18. Jahrhunderts die „unbedingte Treue zum Original" (Sdun 1967: 23) zu verfechten.

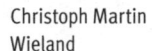

Christoph Martin
Wieland

In den anderen europäischen Ländern vertraten Autoren wie **Alexander Tytler** (1747–1813), **Jean-Baptiste le Rond d'Alembert** (1717–1783) und der Aufklärungsphilosoph **Voltaire** (1694–1778) ähnliche Ansichten.

Voltaires zeilengenaue Hamlet-Übersetzung gilt als „eine der frühesten großen »getreuen Häßlichen«" (von Stackelberg 1972a: 68). Mit ihr spricht sich Voltaire für eine wörtliche und stiladäquate Übersetzungsmethode aus. Ansonsten weisen die französischen Übersetzungen jener Zeit allerdings zwei typische Merkmale auf: zum einen den Hang zur Vermeidung unangemessener Worte (*mots bas*) und zum anderen den Hang zur Explikation.

Der schottische Professor für Universalgeschichte **Alexander Fraser Tytler** stellte drei Grundsätze guten Übersetzens auf, die Nida (1964: 19) wie folgt zusammenfasst:

Alexander Fraser
Tytler (1747–1813)

23

drei Grundsätze
guten Übersetzens

1. The translation should give a complete transcript of the idea of the original work.
2. The style and manner of writing should be of the same character with that of the original.
3. The translation should have all the ease of the original composition.

Ideal der original-
getreuen Über-
setzung

Der aufklärerische Übersetzer durfte sich nie die Freiheit nehmen, vom Wortlaut des Originals abzuweichen (Breitinger 1740: 136–199). **Das Ideal der originalgetreuen Übersetzung** entsprach den rationalistischen Grundannahmen jener Epoche. Damit verbunden war der „Glauben an die Möglichkeit eines fast mechanischen Umsetzens der Texte" (Sdun 1967: 23). Diese Auffassung erinnert natürlich stark an das Rekodierungsprinzip der linguistischen Übersetzungstheorien.[4]

Gegen Ende der Aufklärung wurde deutlich, dass die Dichotomie wortgemäß vs. sinngemäß nicht ausreicht, um das Für und Wider in der Auseinandersetzung um das Ideal der *belles infidèles* angemessen zu beschreiben. Die aufklärerischen Autoren führten eine neue Dichotomie in das übersetzerische Denken ein. Sie kritisierten an Übersetzern der *belles infidèles*, dass diese einer allzu freien und zu stark einbürgernden Übersetzungsmaxime gefolgt seien. Statt dessen sprachen sie sich wieder für das Ideal der treuen Übersetzung aus und propagierten die verfremdende Übersetzungsmethode. Seit der Aufklärung wurde es Usus zwischen der einbürgernden und der verfremdenden Übersetzungsmethode zu unterscheiden. Bei Goethe lesen wir:

> Es gibt zwei Übersetzungsmaximen: die eine verlangt, daß der Autor einer fremden Nation zu uns herüber gebracht werde, …; die andere hingegen macht an uns die Forderung, daß wir uns zu dem Fremden hinüber begeben. (Goethe 1963: 35)

An anderer Stelle erweitert Goethe dieses binäre Schema durch ein ternäres Schema und stellt neben die **einbürgernde und die verfremdende Übersetzungsmethode** noch als dritte jene Übersetzungsmethode, mit der „man die Übersetzung dem Original identisch machen möchte" (Goethe 1963: 36).

Für das Übersetzungsdenken der Aufklärungszeit war das **Ideal der Identität von Übersetzung und Original** bestimmend.

In der Aufklärungszeit sollten dem zielsprachlichen Lesepublikum Wort bzw. Sinn des Originaltextes näher gebracht werden. Die übersetzerischen Entscheidungen und deren Rechtfertigung orientierten sich also an der Verständlichkeit des Zieltextes für den zielsprachlichen Leser und an dessen Vorwissen. Paradigmatisch hierfür stehen die »rezipientenorientierten« Überset-

---

4   Zum Rekodierungsprinzip siehe Einheit 2.

zungen Wielands oder die Prämissen der einbürgernden Übersetzung von Gottsched (Marín 2005: 113). Zumal in Deutschland dienten Übersetzungen im 17. und 18. Jahrhundert auch dem Nebenzweck, ein angemessenes Selbstbild und ein genaueres Bild der eigenen Sprache und Literatur zu entwerfen (Fuhrmann 1987: 2).

Bemerkenswert ist, dass die übersetzungstheoretischen Überlegungen im 18. Jahrhundert im Rahmen der Philosophie und Ästhetik angestellt wurden. Das Übersetzen antiker Autoren galt in dieser Zeit für angehende Dichter als Vorstufe und poetologische Schule, bevor an das Abfassen eigener Gedichte zu denken war.

Mit **Friedrich Gottlieb Klopstock** (1724–1803) und vor allem **Johann Gottfried Herder**, der am vehementesten für das **verfremdende Verfahren** eintrat, wird die „Wende der Übersetzungsgeschichte in Deutschland" eingeleitet (Albrecht 1998: 78). Beide ersetzten die Forderung nach Worttreue durch die Forderung nach der Treue „zum Geiste des Originals" (Klopstock 1823: 55). Es bleibt allerdings festzuhalten, dass auch für Klopstock und Herder die Treue „der oberste Grundsatz beim Übersetzen" bleibt (Sdun 1967: 25) und sie keinesfalls der Freiheit des Übersetzers das Wort reden.

Johann Gottfried
Herder (1744–1803)

Übersetzen in der Romantik

|1.5

Im Hinblick auf das übersetzerische Denken gehört die Romantik zu den innovativsten Epochen in Europa. Dies gilt vor allem für Deutschland. Literaten und Übersetzer wie Novalis (1772–1801), Friedrich Schlegel (1772–1829), August Wilhelm Schlegel (1767–1845), Friedrich Schleiermacher (1768–1834) oder Wilhelm von Humboldt (1767–1835) vertraten eine „historisch-verfremdende Übersetzungsideologie" (Albrecht 1998: 79). Außerdem wird in der Romantik das Augenmerk vom Inhalt auf die Form gelenkt, die es nun beim Übersetzen ebenfalls zu beachten galt. Dies zeigte sich hauptsächlich bei den lyrischen Texten antiker und frühneuzeitlicher Autoren, für die Prosaübersetzungen abgelehnt wurden.

Der entscheidende Punkt beim Wechsel der vorherrschenden Übersetzungsmaxime von der Einbürgerung zu Verfremdung und vom Inhalt zur Form besteht darin, dass dadurch der Übersetzer vor ein **Paradox** gestellt wurde: Wie ist die genaue Wiedergabe des *Inhalts* des Ausgangstextes mit der exakten Beibehaltung der *Form* des Ausgangstextes möglich? Die Antwort der deutschen Frühromantiker lautete: durch Kreativität und unendliche Annäherung!

Typisch für die Übersetzungsvorstellung von **Friedrich Schlegel** und Novalis ist, dass sie nicht „an eine erreichbare Identität von Original und Übersetzung" glauben (Huyssen 1969: 76). Ihnen zufolge beruht die Möglichkeit und Notwendigkeit des Übersetzens gerade auf der Verschiedenheit der Sprachen. In Abkehr von aufklärerischen Identitätsvorstellungen nutzen

Friedrich Schlegel
(1772–1829)

die Frühromantiker systematisch die „Grundfigur der Ähnlichkeit in der Differenz" als Erkenntnismittel (Schanze 2003: 3).[5] Sie sprachen sich für eine **historisch-verfremdende Übersetzungsmethode** aus, die die syntaktischen, semantischen und pragmatischen Vorgaben des Originals peinlich genau in der Zielsprache umzusetzen versucht.

historisch-verfremdende Übersetzungsmethode

Friedrich Schlegel erkannte als erster den Zusammenhang von Übersetzen und Verstehen. Auf ihn geht auch die romantische Definition der **Übersetzung als Auslegung** zurück. Vieles von dem, was traditionell als romantische Übersetzungstheorie bezeichnet und dem Genius Schleiermachers zugeschrieben wird, „erweist sich als eine vorwiegend von den Gebrüdern Schlegel und von Novalis entwickelte frühromantische Übersetzungskonzeption, die später von Schleiermacher zu einer Übersetzungstheorie systematisiert" wurde (Nicoletti 2002: 3).

Übersetzung als Auslegung

Novalis unterscheidet drei Arten von Übersetzungen: die grammatische, die verändernde und die mythische. Mit mythischer Übersetzung meint Novalis etwas, das den Bereich der literarischen Übersetzung übersteigt, denn der mythische Übersetzer „unterlegt der Welt einen mythischen Sinn; er übersetzt die Wirklichkeit ins Mythische" (Huyssen 1969: 134). Der Begriff verweist auf das metaphorische Verständnis von Übersetzung im Sinne einer mythischen Weltdeutung (z. B. bei Homer) oder einer literaturwissenschaftlichen Textkritik (z. B. bei Friedrich Schlegels viel bewunderter Kritik von Goethes Roman *Wilhelm Meister*). Hieran werden später Walter Benjamin und Jacques Derrida anknüpfen.

Novalis
(1772–1801)

Obwohl es sich bei der griechischen Mythologie, die Novalis „als Beispiel für mythische Übersetzung anführt" (Huyssen 1969: 134) eindeutig nicht um einen einzelnen Text handelt, wurde der kategoriale Unterschied zwischen grammatischer und verändernder Übersetzung einerseits und mythischer Übersetzung andererseits von den meisten Novalis-Exegeten nicht thematisiert.

> Grammatische Übersetzungen sind die Übersetzungen im gewöhnlichen Sinne. Sie erfordern sehr viel Gelehrsamkeit, aber nur diskursive Fähigkeiten. Zu den verändernden Übersetzungen gehört, wenn sie ächt seyn sollen, der höchst poetische Geist. … Der wahre Übersetzer dieser Art muß in der That der Künstler selbst seyn, und die Idee des Ganzen beliebig so oder so geben können. Er muß der Dichter des Dichters seyn. (Novalis 1963: 33)

Während es bei der grammatischen Übersetzung wohl nur um die reproduzierende Wiedergabe des Inhalts geht, steht bei der verändernden Übersetzung das kreative Moment der Wiedergabe des gestalteten Inhalts im Vordergrund, denn: „Das Wesentliche eines Kunstwerkes ist die Form, nicht der

---

5   Man vergleiche die Formulierung „Ähnlichkeit in der Differenz" mit Jakobsons (1959: 233) Formulierung „equivalence in difference".

Inhalt" (A. W. Schlegel 1971: 333 f.). In der Zweiteilung in grammatische und verändernde Übersetzung spiegelt sich auch der Gegensatz zwischen Aufklärung und Romantik wider. Novalis scheint sämtliche übersetzerischen Bemühungen während der Aufklärungszeit als grammatische Übersetzungen charakterisieren zu wollen.

Entscheidend für die weitere Entwicklung des übersetzerischen Denkens wurde, dass diese, die Differenz betonenden Impulse der Frühromantiker von den Zeitgenossen nicht aufgegriffen wurden. Insofern kann man von einer translatologischen Zäsur zwischen Frühromantik und Hochromantik sprechen. Denn „etwa seit Schleiermacher" kehrt die Romantik wieder – unter Goethes Einfluss – „zum Primat größtmöglicher Wörtlichkeit zurück" (Vermeer 2000: 90).

Die wohl wichtigste theoretische Ausarbeitung zum Thema Übersetzen in der vorwissenschaftlichen Periode stammt vom Romantiker **Friedrich Schleiermacher**. Mit seiner Abhandlung *Über die verschiedenen Methoden des Übersetzens* aus dem Jahre 1813 legt Schleiermacher (1813/1963) die erste hermeneutische Übersetzungstheorie vor und war der für lange Zeit einflussreichste Übersetzungstheoretiker. Schleiermacher (1813/1963: 38 f.) beginnt seinen Aufsatz mit einer Aufzählung verschiedener Fälle, die eine Übersetzung erforderlich machen:

Friedrich Schleiermacher (1768–1834)

- ► räumliche Entfernung verschiedener Sprachen (Chinesisch – Deutsch)
- ► zeitliche Entfernung verschiedener Sprachen (Altgriechisch – Neugriechisch)
- ► verschiedene Dialekte derselben Sprache (Schwäbisch – Pfälzisch; Chilenisch – Kubanisch; *British English – American English*)
- ► verschiedene Entwicklungsstufen desselben Dialekts (Schwäbisch des 18. Jh. und Schwäbisch des 20. Jh.)
- ► verschiedene soziale Klassen, Schichten oder Milieus mit eigenen Sprachvarietäten (Arbeitersprache – Jugendsprache)
- ► andere Personen derselben Sprachgemeinschaft (ich – du)
- ► dieselbe Person (eigene Texte vor 20 Jahren und heute)[6]

Schleiermacher nimmt in seiner Aufzählung bereits die bekannte Jakobsonsche Unterteilung in intralinguales und interlinguales Übersetzen vorweg (das intersemiotische Übersetzen fehlt jedoch). Darüber hinaus wird deutlich, dass Schleiermacher jede Form der Aneignung eigener und fremder Rede (bzw. Texte) als Übersetzen auffasst. Wenig später wird Wilhelm von Humboldt die Transformation der Gedanken in Worte als Übersetzen bezeichnen. In diesem Sinne beginnt auch Octavio Paz (1971: 9) seinen einschlägigen Essay mit der Feststellung:

---

6 „Ja unsere eigenen Reden müssen wir bisweilen nach einiger Zeit übersetzen, wenn wir sie uns recht wieder aneignen wollen" (Schleiermacher 1963: 39).

„Sprechen lernen heißt übersetzen lernen."

Den paradigmatischen Fall des Übersetzens sieht Schleiermacher (1813/1963: 39) im „Uebertragen aus einer fremden Sprache in die unsrige". Dabei diskutiert er drei Unterscheidungen:

1. zwischen Fachübersetzen („Dolmetschen") und Literaturübersetzen („Übersetzen"),
2. zwischen Übersetzung, Paraphrase und Nachbildung,
3. zwischen autororientiertem („verfremdendem") und leserorientiertem („einbürgerndem") Übersetzen.

Zu den drei Unterscheidungen ist erstens zu sagen, dass Schleiermacher nur das Literaturübersetzen als Kunst ansieht. Während die linguistischen Theorien das Literaturübersetzen aus ihren Betrachtungen ausschließen, lässt Schleiermacher das Fachübersetzen unberücksichtigt. Die Zweiteilung des Gegenstandsbereichs der Übersetzungswissenschaft ist also nicht erst durch die linguistischen Theorien ausgelöst worden, sondern hat seine historischen Wurzeln – allerdings mit umgekehrter Präferenz – bereits in der Romantik. Zweitens besteht zwischen den linguistischen und den hermeneutischen Theorien insofern Einigkeit, als beide zwischen eigentlichem und uneigentlichem Übersetzen unterscheiden. Und drittens ist zu konstatieren, dass Schleiermacher die Unterscheidung zwischen **Verfremdung** und **Einbürgerung** vom aufklärerischen Übersetzungsdiskurs übernommen hat. Nur diese beiden bezeichnet Schleiermacher als Methoden.

Verfremdung und Einbürgerung

> Entweder der Uebersetzer lässt den Schriftsteller möglichst in Ruhe, und bewegt den Leser ihm entgegen; oder er lässt den Leser möglichst in Ruhe und bewegt den Schriftsteller ihm entgegen. (Schleiermacher 1813/1963: 47)

Schleiermacher favorisiert die erste, die autororientierte Methode. Wird der Leser zum Autor bewegt, versucht der Übersetzer, „dem Leser das Verstehen der Ursprache, das ihm fehlt, zu ersetzen" (Schleiermacher 1813/1963: 47 f.). Bei der leserorientierten Methode, die dem „Leser gar keine Mühe und Anstrengung" (Schleiermacher 1813/1963: 58) zumutet, versucht der Übersetzer den Ausgangstextautor so reden zu lassen, „wie er als Deutscher zu Deutschen würde geredet und geschrieben haben" (Schleiermacher 1813/1963: 48). Die leserorientierte, einbürgernde Methode hält Schleiermacher für ungeeignet:

> Ja man kann sagen, das Ziel, so zu übersetzen wie der Verfasser in der Sprache der Übersetzung selbst würde ursprünglich geschrieben haben, ist nicht nur unerreichbar, sondern es ist auch in sich nichtig und leer. (Schleiermacher 1963: 60)

An dieser Stelle sei an die Unterscheidung zwischen Literaturübersetzen („Übersetzung") und Fachübersetzen („Dolmetschen") erinnert. Nur die Literaturübersetzung ist im vollen Sinne Übersetzung für Schleiermacher (1813/1963: 47), denn die Übersetzung stellt ein Abbild des Originals dar, das die Identität des Werkes nicht aufgibt. Durch die leserorientierte Methode entsteht aber kein Abbild und die Identität des Werkes wird aufgegeben.

Resümierend können wir festhalten, dass Schleiermacher (1813/1963: 65) zufolge die leserorientierte Methode nur für den Bereich des Fachübersetzens („Dolmetschen") geeignet ist, während die autororientierte Methode den Königswegs des literarischen Übersetzens darstellt.

Während die Frühromantiker noch euphorisch an eine Auflösung des Übersetzungsparadoxons glaubten, Form und Inhalt gleichermaßen treu übertragen zu können, machte sich ab der Hochromantik Skepsis breit. Insofern markiert der Anfang des 19. Jahrhunderts auch den Beginn einer neuen »Übersetzungsperiode« (Nida 1964: 19), in der die prinzipielle Unübersetzbarkeit zum beherrschenden Thema wird. Sie findet ihren Ausdruck in der Auffassung, dass nichts, was es wert sei, übersetzt zu werden, übersetzt zu werden vermag.

Wilhelm von Humboldt ist der letzte große romantische Übersetzungsdenker. Übersetzen hält er für „eine der nothwendigsten Arbeiten in einer Literatur", vor allem „zur Erweiterung der Bedeutsamkeit und der Ausdrucksfähigkeit der eignen Sprache" (Humboldt 1963: 81). Bemerkenswert ist auch sein ambivalentes Verhältnis zum Begriff der Treue, das in einem paradoxen Bonmot zum Ausdruck kommt: „Man kann sogar behaupten, dass eine Uebersetzung um so abweichender wird, je mühsamer sie nach Treue strebt" (Humboldt 1963: 81).

Wilhelm von Humboldt (1767–1835)

Gemeinhin wird er mit seinem Credo, dass jede Sprache eine eigene Welt sei, als Kronzeuge der Unübersetzbarkeitsthese in die Pflicht genommen. Vielen ist jedoch nicht bewusst, dass sich Humboldts Position nicht ganz so eindeutig ausnimmt, wenn man sein Werk dekonstruktiv liest. Einerseits scheint ihm alles Übersetzen eine **unmögliche Aufgabe** zu sein:

> Alles Übersetzen scheint mir schlechterdings ein Versuch zur Auflösung einer unmöglichen Aufgabe. Denn jeder Übersetzer muß immer an einer der beiden Klippen scheitern, sich entweder auf Kosten des Geschmacks und der Sprache seiner Nation zu genau an sein Original oder auf Kosten seines Originals zu sehr an die Eigentümlichkeiten seiner Nation zu halten. Das Mittel hierzwischen ist nicht bloß schwer, sondern geradezu unmöglich. (Humboldt in einem Brief an A. W. Schlegel vom 23.7.1796; zit. n. Bernays 1891: 560)

Andererseits finden sich bei ihm – wenn auch wenige – Stellen, die eine optimistischere Lesart zulassen, z.B. wenn er meint, dass in jeder Sprache, „auch in den Mundarten sehr roher Völker ..., sich Alles, das Höchste und Tiefste,

Stärkste und Zarteste ausdrücken lässt" (Humboldt 1963: 82), was im Sinne einer prinzipiellen Übersetzbarkeit verstanden werden kann.

These der prinzipi-ellen Unübersetz-barkeit

Humboldts Motiv der »unmöglichen Aufgabe« wird dann bei den Autoren der modernen Epoche wie Walter Benjamin oder Ortega y Gasset aufgegriffen und zur **These der prinzipiellen Unübersetzbarkeit** radikalisiert. Sie beruht auf einem bestimmten Sprachdenken, wonach Denken nicht unabhängig von Sprache möglich sei. Humboldt (1963: 80) verweist auf die Erfahrung, die uns zeigt, dass „kein Wort Einer [sic!] Sprache vollkommen einem in einer andren Sprache gleich ist". Jede Sprache drückt einen bestimmten Begriff „etwas anders, mit dieser oder jener Nebenbestimmung, eine Stufe höher oder tiefer auf der Leiter der Empfindungen aus" (Humboldt 1963: 80). Deshalb sei es unmöglich, *identische* Gedanken in einer *differenten* Sprache zu formulieren. „Dies darf indes vom Uebersetzen nicht abschrecken" (Humboldt 1963: 81). Leichter gesagt, als getan.

1.6 | Übersetzen in der Moderne

Mit dem Abebben der romantischen Bewegung gerät auch das übersetzerische Denken ab Mitte des 19. Jahrhunderts in ruhigeres Fahrwasser. Vor allem der Optimismus der Frühromantiker, was die Auflösung der übersetzerischen Paradoxie durch Kreativität und unendliche Annäherung anbelangt, verfliegt im Laufe des 19. Jahrhunderts zusehends. Folglich überwiegt in der Moderne die Auffassung von der prinzipiellen Unübersetzbarkeit.

Bei den Übersetzungsdenkern der Moderne ist der frühromantische Optimismus vollends der Skepsis gewichen. Ulrich von Wilamowitz-Moellendorff, Walter Benjamin, Wolfgang Schadewaldt, José Ortega y Gasset (1883–1955), Francisco Ayala oder Valéry Larbaud (1881–1957) – um nur einige zu nennen – sind folgerichtig der Überzeugung, dass das Übersetzen letztlich unmöglich sei, da völlige Identität in Bezug auf Inhalt und Form zwischen Übersetzung und Original nicht erzielt werden könne. Benjamin

Übersetzen als unmögliche Aufgabe

sieht z. B. das **Übersetzen als unmögliche Aufgabe**, Ortega y Gasset nennt es ein hoffnungslos-utopisches Unterfangen.

Merkwürdig an dieser Position ist, dass sowohl das aufklärerische Identitätsideal als auch das romantische Differenzpostulat übernommen und beide gegeneinander im Sinne einer Bestätigung des Paradoxes ausgespielt werden.

Ulrich von Wilamowitz-Moellendorff (1848–1931), einer der bedeutendsten Vertreter der klassischen Philologie seiner Zeit, trat auch als Übersetzer griechischer Tragödien hervor. Auch bei ihm finden wir die Unübersetzbarkeit als Thema. So sei Homer „unübersetzlich, weil wir ja kein episches Versmaß haben, keine Erzählungen in Versen dichten" (Wilamowitz-Moellendorff 1963: 142). Die Absicht und die Interpretation des Übersetzers sind für ihn zwei entscheidende Faktoren für das Anfertigen von Übersetzungen. Vor allem aber fordert er, dass der Übersetzer „die fremde Sprache bis in

Ulrich von Wilamo-witz-Moellendorff (1848–1931)

die feinste Nuance nachempfinde und dem Dichter so nahegekommen sei, daß er die Schwingungen von dessen Seele mit der seinen aufnehmen kann" (Wilamowitz-Moellendorff 1963: 142). Das Verstehen und Nachempfinden der seelischen Regungen des Dichters bezeichnet er als Metempsychose. Wie dieses Ideal zu erreichen sei, darüber lässt er uns aber im Unklaren.

Wolfgang Schadewaldt (1900–1974) war ebenfalls Altphilologe und Übersetzer. Bekannt sind seine Übersetzungen von Homers *Ilias* und *Odyssee*. Er geht von der „**Tatsache der Unmöglichkeit alles Übersetzens**" aus (Schadewaldt 1963: 238), wobei seine wichtigste Forderung an eine Übersetzung „die Forderung der Treue" ist (Schadewaldt 1963: 224). Allerdings gibt er zu bedenken, dass jede Epoche eine andere Definition von Treue hatte, insbesondere was den Grad und die Art der „Erhaltung und Erneuerung des Originals durch die Mittel der eigenen Sprache" betrifft (Schadewaldt 1963: 225). Trotz seiner Forderung nach Übersetzungstreue stellt er fest, dass völlige Identität mit dem Original nicht möglich ist. Die Übersetzung muss der „im Vorbild verkörperten Norm" genügen (Schadewaldt 1963: 238) und kann ihm nur „wesensähnlich" sein; insofern sei Übersetzung „nicht Kopie, sondern schöpferische Tat" (Schadewaldt 1963: 235). Das „**Streben nach Wesensgleichheit**" gilt ihm als Regulativ des übersetzerischen Tuns (Schadewaldt 1963: 235).

Der Literaturwissenschaftler **Walter Benjamin** (1892–1940) hat sich im Vorwort seiner 1923 erschienenen Baudelaire-Übersetzung mit der *Aufgabe des Übersetzers* beschäftigt. Dieses Vorwort ist intensiv rezipiert worden und gilt gemeinhin als Theorie der Unübersetzbarkeit. Benjamin greift wesentliche Theoreme des frühromantischen Denkens auf, insbesondere knüpft er an die sprachphilosophischen Theoreme von Herder, Novalis, F. Schlegel und W. von Humboldt an.

Benjamins Übersetzungsdenken ist nur vor dem Hintergrund seines sprachphilosophischen Denkens verständlich, das von der Existenz einer **reinen Sprache** vor dem babylonischen Sündenfall ausgeht. Benjamin vertritt einen weit gefassten Sprachbegriff: „Jede Äußerung menschlichen Geisteslebens kann als eine Art Sprache aufgefasst werden" (Benjamin 1972 ff., II, 140). In diesem Sinne spricht Benjamin von einer „Sprache der Musik und der Plastik", von einer „Sprache der Justiz" oder von einer „Sprache der Technik, die nicht die Fachsprache der Techniker ist" (Benjamin 1972 ff., II, 140).

Jenseits der Worthaftigkeit hat die menschliche Sprache laut Benjamin einen geistigen Wesenskern, der mit sprachlichen Bedeutungen nicht zu erfassen ist: „Es ist fundamental zu wissen, dass dieses geistige Wesen sich *in* der Sprache mitteilt und nicht *durch* die Sprache" (Benjamin 1972 ff., II, 142; Hervorh. im Orig.). *Durch* die Sprache werden »verbale Inhalte« oder Bedeutungsgehalte kommuniziert; während sich *in* der Sprache das »geistige Wesen« mitteilt. Hierbei ist an die Wahrnehmung von Merkmalen wie Ton, Stil oder Sprachform zu denken. Benjamin unterscheidet hier zwischen der

Wolfgang
Schadewaldt

Streben nach
Wesensgleichheit

Walter Benjamin
(1892–1940)

reine Sprache

„»semiotischen« und der »magischen Seite der Sprache«" (Menninghaus 1995: 8).

Die »Mitteilung« des geistigen Wesens ist nach Benjamin nicht als prädikativer Vorgang zu betrachten, sondern als „nicht-prädikativer Prozeß von Darstellung und Verstehen, für den die »primäre« Semantik der Wörter und Sätze nur ein … »Fundus« ist" (Menninghaus 1995: 16). Benjamin fasst „Sprache nicht mehr als rein präsentisches Bedeuten und als Stellvertretung einer nicht-sprachlichen Ordnung" auf; vielmehr entstehen Bedeutungen „erst nachträglich und mit gewissen Verzerrungen" (Hirsch 1995: 134). Hier werden erste Anklänge an Derridas Dekonstruktivismus deutlich.

Die Übersetzung wird von Benjamin als rezeptives, reproduktives, textpraktisches und kreatives Verfahren charakterisiert, das keine einfache Nachahmung des Originals darstellt: „Die Übersetzung ist die Überführung der einen Sprache in die andere durch ein Kontinuum von Verwandlungen" (Benjamin 1972 ff., II, 151). Benjamins Übersetzungsbegriff lässt sich durch das Motto **»Treue durch Veränderung«** charakterisieren, da die Übersetzung in eine Dimension vorstößt, „in welcher Treue und Veränderung einander bedingen" (Hirsch 1995: 123), wobei für Benjamin – wie schon vor ihm für Novalis – die höchste Stufe des Übersetzens die mythische Übersetzung ist (Hirsch 1995: 124).

Treue durch Veränderung

Die grammatische und die verändernde Übersetzung wollen dem zielsprachlichen Leser etwas vermitteln. „Dennoch könnte diejenige Übersetzung, welche vermitteln will, nichts vermitteln als die Mitteilung – also Unwesentliches" (Benjamin 1963: 156). Die mythische Übersetzung überträgt hingegen die „Wirklichkeit ins Mythische" (Hirsch 1995, 124).

Das mag für literarische und religiöse Texte – wie sie Benjamin bei seinen Überlegungen ganz eindeutig vor allem im Augen hat – ein angemessener Skopos sein; für Gebrauchstexte schießt Benjamin hier jedoch weit über das Ziel hinaus. Insofern nimmt es nicht Wunder, dass Benjamin – von den kritischen Auseinandersetzungen von Vermeer (1996a) und Prunč (2001: 275–282) abgesehen – fast ausschließlich von Dekonstruktivisten, Literaturwissenschaftlern und Vertretern literarischer Übersetzungstheorien produktiv rezipiert wurde.

Der Adressat ist für Benjamin keine Bestimmungsgröße für die zu wählende Übersetzungsmethode. Denn „solange eine Übersetzung sich anheischig macht, dem Leser zu dienen" (Benjamin 1963: 157), bleibt es eine schlechte Übersetzung. Für Benjamin ist allein von Interesse, „was an einer Übersetzung mehr ist als Mitteilung" (Benjamin 1963: 162). Mit anderen Worten: Eine gute Übersetzung entsteht, „wenn die Wiedergabe des Sinns aufhört, maßgebend zu sein" (Benjamin 1963: 164).

Benjamin wendet sich dagegen, die Relation zwischen Übersetzung und Original als Abbildverhältnis aufzufassen, und zwar mit dem Argument, dass „keine Übersetzung möglich wäre, wenn sie Ähnlichkeit mit dem Original *ihrem letzten Wesen nach* anstreben würde" (Benjamin 1963: 160; Hervorh. im Orig.).

Eine für das übersetzerische Denken von Benjamin grundlegende Unterscheidung ist die zwischen dem *Gemeinten* – die mitteilbaren Sachverhalte – und der *Art des Meinens* – der Art und Weise, wie der Autor auf die mitgeteilten Sachverhalte verweist (Benjamin 1963: 161). Diese Unterscheidung zwischen dem verbalen Inhalt (Gemeintem) und der Intention auf die Sprache (Art des Meinens) ist für die Dichotomie zwischen Treue und Freiheit von besonderer Relevanz:

> Treue in der Übersetzung des einzelnen Wortes kann fast nie den Sinn voll wiedergeben, den es im Original hat. Denn dieser erschöpft sich nach seiner dichterischen Bedeutung fürs Original nicht in dem *Gemeinten*, sondern gewinnt diese gerade dadurch, wie das *Gemeinte* an die *Art des Meinens* in dem bestimmten Worte gebunden ist. (Benjamin 1963: 165)

Die traditionellen Begriffe *Treue* und *Freiheit* sind auf den Sinnbegriff als Bezugspunkt der Übersetzungstheorie bezogen. „Einer Theorie, die anderes in der Übersetzung sucht als Sinnwiedergabe, scheinen sie nicht mehr dienen zu können" (Benjamin 1963: 165).

Benjamin vollzieht hier die radikale **„Abkehr von dem Begriff der Übersetzung als »Wiedergabe des Sinns« des Originals"** (Hirsch 1995: 142). Übersetzungen sind weder als Abbild noch als Sinnwiedergabe hinreichend bestimmbar. Benjamins Denken steht so gleichsam *quer* zum traditionellen Übersetzungsdiskurs, wie er von der Antike über das Mittelalter bis ins 20. Jahrhundert geführt wurde.

Die Übersetzung soll sich nicht am Sinn des Originals orientieren, sondern „dessen Art des Meinens in der eigenen Sprache" (Benjamin 1963: 165) verwirklichen. Die Art des Meinens kann aber nur unter Aufgabe der Sinndimension übertragen werden: Der Übersetzer muss „von der Absicht, etwas mitzuteilen, vom Sinn in sehr hohem Maße absehen" (Benjamin 1963: 165). Mit der Art des Meinens muss sich der Übersetzer eine Dimension jenseits des mitteilbaren Sinns erschließen.

Explizit wendet sich Benjamin gegen die Auffassung, die Übersetzung solle sich wie ein „Original ihrer Sprache" lesen (Benjamin 1963: 165). Die mythische oder – wie Benjamin (1963: 166) sagt – die „wahre Übersetzung ist durchscheinend". Der Übersetzung soll anzumerken sein, dass sich ihre Existenz einem anderen Text verdankt. Dies erreicht der Übersetzer „vor allem durch Wörtlichkeit in der Übertragung der Syntax, und gerade sie erweist das Wort, nicht den Satz als das Urelement des Übersetzers" (Benjamin 1963: 166).

Die Abkehr von der Sinndimension als wichtigem Übersetzungskriterium führt Benjamin zurück zur wörtlichen Übersetzungsmethode bzw. zur Inter-

Interlinearversion

linearversion. Bei Benjamin bedeutet **Interlinearversion** fast wörtlich, dass „»zwischen den Zeilen« des Textes die unsichtbare Schrift der reinen Sprache zum Vorschein" kommt (Wohlfarth 2001: 118). Benjamins Huldigung des wörtlichen Übersetzens passt nicht so recht zu seiner Auffassung von Interlinearversion, da ja nicht Wort für Wort, sondern vor allem das zwischen den Zeilen Durchscheinende übertragen werden soll. Zudem verlangt Benjamin von der Übersetzung, was er dem Original nicht abverlangt: „Die Sprache von der »Mitteilbarkeit« zu befreien" (Wohlfarth 2001: 115).

Benjamin vollzieht einen „Bruch mit dem tradierten Übersetzungsbegriff" (Hirsch 1995: 148), da Übersetzungen für ihn nicht als Sinnwiedergabe, Repräsentation, Abbildung oder spezifische Rezeptionsweise bestimmbar sind. In der Tat scheint die Aufgabe des Übersetzers bei Benjamin „durch und durch theologisch konzipiert" (Wohlfarth 2001: 120) zu sein. Paul de Man (1997: 197) behauptet sogar, dass Übersetzen, wie Benjamin es versteht, mit dem „empirischen Akt der Übersetzung, wie wir ihn alltäglich praktizieren, wenig zu tun hat".

In der Tat scheint Benjamins Theorie der Übersetzung „keine Theorie *über* das Übersetzen" zu sein (Kreuzer 1999: 119; Hervorh. im Orig.). Vielmehr ist für Benjamin die Sprache selbst „ein umfassender Prozeß des Übersetzens"; mit anderen Worten: „Sprache übersetzt nicht etwas, sondern *ist* Übersetzung" (Kreuzer 1999: 119; Hervorh. im Orig.). Die romantischen Spuren in Benjamins Denken zeigen sich nirgends deutlicher als in dieser Sprechen, Verstehen und Übersetzen in eins setzenden Sprachauffassung. Aufgrund des metaphysischen Unterbaus seines übersetzerischen Denkens ist von Benjamin „eine logisch zwingende technische Idee der Übersetzung nicht zu erwarten" (Menninghaus 1995: 59). Gerade in der Erläuterung der Technik des Übersetzens sollte jedoch der Wert einer Übersetzungstheorie für Praxis und Didaktik zu bemessen sein.

Der spanische Philosoph und Essayist **José Ortega y Gasset** (1883–1955), der einige Jahre in Deutschland studierte, wurde stark vom romantischen Denken beeinflusst. Was das Übersetzen anbelangt, sei das Wesentliche bereits von Schleiermacher gesagt worden. So übernimmt er von ihm die Dichotomie von einbürgerndem und verfremdendem Übersetzen:

José Ortega y Gasset
(1883–1955)

> entweder wird der Autor in die Sprache des Lesers gebracht oder wird der Leser zur Sprache des Autors geführt. Im ersten Fall übersetzen wir in einem uneigentlichen Sinn des Wortes: wir stellen streng genommen eine Nachahmung oder eine Umschreibung des Originaltextes her. Nur wenn wir den Leser von seinen sprachlichen Gewohnheiten losreißen und ihn zwingen, sich in die des Autors zu versetzen, kommt eine eigentliche Übersetzung zustande. (Ortega y Gasset 1963: 316)

Er übernimmt auch das Motiv der prinzipiellen Unübersetzbarkeit und spricht davon, dass das Übersetzen ein „afán utópico", ein „hoffnungslos utopisches Bemühen" sei (Ortega y Gasset 1947a: 429 bzw. 1963: 296). Allerdings ist dies kein Alleinstellungsmerkmal des Übersetzens, denn alles, was der Mensch unternimmt, ist utopisch, weil es das Schicksal des Menschen ist, „niemals ganz zu erreichen, was er sich vornimmt und bloßer Anspruch, lebendige Utopie" bleibt (Ortega y Gasset 1963: 297); ja, selbst das Sprechen ist für ihn ein utopisches Bemühen (Ortega y Gasset 1963: 305).

Für seine Argumentation greift er auf Humboldts Theorem der Identität von Sprache und Denken zurück und hält es für „utopisch, zu glauben, daß zwei Wörter, die zwei verschiedenen Sprachen angehören, und die uns das Wörterbuch als ihre wechselseitige Übersetzung darbietet, genau die gleichen Dinge bedeuteten" (Ortega y Gasset 1963: 300). Deshalb kann die Übersetzung auch „kein Duplikat des Originaltextes" sein (Ortega y Gasset 1963: 300).

Ortega y Gasset (1963: 297) stellt nüchtern fest, dass „der Übersetzer eine zur Unterordnung neigende Persönlichkeit" zu sein pflegt – eine Auffassung, der die Frühromantiker und später die Funktionalisten heftig widersprechen würden – und dass „fast alle vorhandenen Übersetzungen schlecht sind" (Ortega y Gasset 1963: 303). Statt der bisherigen Pseudoübersetzungen, stellt er sich – auch hierin Schleiermacher folgend – eine „Art von Übersetzung vor, die unschön ist" (Ortega y Gasset 1963: 319). Als Maxime gibt er dem Übersetzer vor:

> Das Entscheidende ist, daß wir uns beim Übersetzen bemühen, aus unserer Sprache heraus- und in die fremden einzugehen und nicht umgekehrt, was man gewöhnlich zu tun pflegt. (Ortega y Gasset 1963: 321)

Am interessantesten an Ortegas Übersetzungsdenken ist jedoch das komplementäre Verhältnis von Sprechen und Schweigen, wodurch die „ungeheure Schwierigkeit des Übersetzens" bedingt ist, bei der es sich darum handelt, „in einer Sprache gerade das zu sagen, was diese Sprache zu verschweigen pflegt" (Ortega y Gasset 1963: 310). Das in einem Text Ausgesagte ist stets gedanklich durch das Unausgesprochene zu ergänzen.

> Man versteht im Grunde die staunenerregende Wirklichkeit der Sprache nicht, wenn man nicht anfängt, zu bemerken, daß die Sprache vor allem aus Stillschweigen besteht. Ein Wesen, das nicht fähig wäre, darauf zu verzichten, viele Dinge zu sagen, wäre unfähig zu sprechen. (Ortega y Gasset 1963: 310)

Letztendlich führt das Übersetzen laut Ortega y Gasset (1963: 310) zur „Offenbarung der gegenseitigen Geheimnisse, die Völker und Zeiten voneinander wahren" und somit zur „Vereinigung der Menschheit".

Neben Ortega y Gasset gehört **Francisco Ayala** zu den bestimmenden Figuren des spanischen Übersetzungsdenkens während dieser Phase. Er greift vor allem auf die Theoreme der romantischen Denker Novalis, Schlegel, Schleiermacher und Humboldt zurück. Das (literarische) Übersetzen hält er

Francisco Ayala
(1906–2009)

35

grundsätzlich für eine „undankbare", ja **„verzweifelte Aufgabe"** (Ayala 1965: 13 bzw. 8). Zudem hält er es für irrig zu glauben, dass als Voraussetzung fürs Übersetzen das Beherrschen einer Fremdsprache oder die Verfügbarkeit von Wörterbüchern ausreichten. Der Literaturübersetzer muss selbst ein Schriftsteller sein (vgl. Novalis) oder eine Ausbildung als Schriftsteller genossen haben (Ayala 1965: 13).

Die romantische Unterscheidung zwischen Form und Inhalt aufgreifend (vgl. Schleiermacher), schwankt das Übersetzen seiner Meinung nach zwischen den beiden Polen der **formalen Entsprechung** einerseits und der **inhaltlichen Entsprechung** andererseits. Als Lösung dieses Dilemmas stehen für ihn entweder die einbürgernde oder die verfremdende Übersetzungsmethode zur Verfügung, wobei er die letztere favorisiert. Bei der Erstellung des Zieltextes geht es ihm um die größtmögliche Annäherung an den ursprünglichen Kontext, wobei der Übersetzer die Zielsprache bis an die Grenzen ihrer Elastizität strapazieren müsse (Ayala 1965: 16).

formale Entsprechung
inhaltliche Entsprechung

Das Ziel einer perfekten Übersetzung ist aber auch für einen optimal ausgebildeten Übersetzer unerreichbar (Ayala 1965: 14), und zwar wegen einer der Aufgabe inhärenten Unmöglichkeit. Denn die Dekontextualisierung geistiger Sachverhalte aus einer Sprache und deren Rekontextualisierung in eine andere Sprache sei schlichtweg unmöglich, weil die beiden betreffenden Welten miteinander unvereinbar seien (vgl. Humboldt). Übersetzen sei insofern ein **illusionistischer Trick** (Ayala 1965: 15).

illusionistischer Trick

Ayala diskutiert auch die Unterscheidung zwischen wörtlicher und freier Übersetzung. Triebe man beide Arten des Übersetzung ins Extrem, würden beide Auffassungen *ad absurdum* geführt. In ihrer extremen Form würde die freie Übersetzung den Ausgangstext nur als einen Stimulus behandeln; sie sei deshalb keine wirkliche Übersetzung, sondern eine Adaptation. Ein allzu wörtliches Vorgehen wiederum findet seine Schranken dort, wo es gegen die Regeln der Zielsprache verstoßen würde (Ayala 1965: 19). Ayala lehnt beide Extremformen ab.

Valéry Larbaud

Der französische Schriftsteller und Literaturkritiker **Valéry Larbaud** (1881–1957) meint, dass es aus systematischen Gründen unmöglich sei, den Ausgangstext, so wie ihn der Autor geschrieben und verstanden hat, zu übersetzen und stellt fest: „Die Unbeweglichkeit des gedruckten Textes ist eine optische Illusion" (Larbaud 1946: 84). Für den Übersetzer haben Übersetzungen u. a. auch den reizvollen Effekt, dass sie sein intellektuelles Vermögen bereichern.

Kornei Chukovsky

In den 1930er Jahren kam es in der Sowjetunion zu einer zweiten „russischen Revolution", und zwar auf dem Gebiet der Übersetzungswissenschaft (Vega 1994: 51), die in Westeuropa aus ideologischen Gründen kaum zum Tragen kam. Autoren wie **Kornei Chukovsky** (1882–1969) oder M. P. Alekseev (1931) griffen in ihren Werken *Die Kunst des Übersetzens* (1930) bzw. *Das Problem der literarischen Übersetzung* (1931) das Verhältnis von Literatur und Übersetzung auf und verwendeten darin zum ersten Mal in einem terminologischen Sinne den Begriff Übersetzungstheorie.

Zusammenfassend kann man feststellen, dass für die Autoren der vorwissenschaftlichen Periode eines klar war: Das Original ist das Maß, an dem jede Übersetzung sich messen lassen muss. Größtmögliche Treue gegenüber dem Original war das Ziel, das es für eine Übersetzung zu erreichen galt. Strittig waren vor allem zwei Punkte: Erstens kreisten die Diskussionen um den *Maßstab*, also darum, woran sich diese Treue bemessen sollte: am Wortlaut oder am Textsinn? Und zweitens wurde die Frage gestellt, welche *Methode* die bessere sei: wörtliches oder freies Übersetzen. Diese Frage wurde dann im Übergang von der Aufklärung zur Romantik umformuliert und in die Dichotomie von einbürgerndem vs. verfremdendem Übersetzen gegossen.

Im Zuge von Aufklärung und Romantik und dann verstärkt in der ersten Hälfte des 20. Jahrhunderts wurde die Forderung nach Treue radikalisiert, indem Identität mit dem Original als Ideal angestrebt wurde, und mündete in der allgemeinen Überzeugung der Unübersetzbarkeit. An eine produktive Auflösung oder Entfaltung des romantischen Paradoxes war nicht mehr zu denken.

Die vorwissenschaftliche Periode ist dadurch gekennzeichnet, dass „präskriptive Vorgaben" aufgestellt wurden, „die aus der jeweiligen persönlichen translatorischen Erfahrung abgeleitet wurden" (Kaindl 1997: 230).

Vermeer (2000: 91) sieht den wesentlichen Grund „für das zähe Festhalten an der Wörtlich-Frei-Dichotomie" über einen so extrem langen Zeitraum darin, dass die Form bzw. die Ausgangstextoberfläche sichtbar und objektiv gegeben ist, während die Bedeutungs- bzw. Sinnebene nicht sinnlich wahrnehmbar ist und daher zwangsläufig subjektiven Kriterien folgt.

Das Ergebnis des übersetzerischen Denkens der über 2000 Jahre währenden vorwissenschaftlichen Periode ist ernüchternd: Ein überzogenes Ideal der Treue im Sinne völliger Identität und der Grundsatz der Unübersetzbarkeit verhinderten die Ausarbeitung praxistauglicher Theorien und praktikabler Methoden für den Berufsalltag von Übersetzern.

Fragen und Aufgaben | 1.7

1 Nennen Sie drei wichtige Übersetzungsdenker der vorwissenschaftlichen Periode!

2 Vergleichen Sie die übersetzungstheoretischen Positionen von Hieronymus und Luther, insbesondere in Bezug auf ihren Standpunkt zur Wörtlichkeit bzw. Sinngemäßheit!

3 Welche übersetzungstheoretische Debatte wurde in der vorwissenschaftlichen Periode hauptsächlich geführt? Geben Sie die wichtigsten Argumente (pro und contra) für die beiden Extrempositionen der Debatte (Wörtlich-Frei-Debatte) an!

4 Skizzieren Sie die Rolle Schleiermachers im Rahmen der Entwicklung des europäischen Übersetzungsdenkens!

5 Halten Sie Übersetzen für eine prinzipiell mögliche oder prinzipiell unmögliche Aufgabe? Mit welchen Argumenten würden Sie ihren Standpunkt vertreten?

1.8 | Verwendete und weiterführende Literatur

Albrecht, Jörn (1998): Literarische Übersetzung. Geschichte, Theorie, kulturelle Wirkung. Darmstadt: Wissenschaftliche Buchgesellschaft.

Alekseev, M. P. (1931): Problema khudozhestvennogo perevoda [Das Problem der literarischen Übersetzung]. Irkutsk: Izdanie Irkutskogo Univ.

Ayala, Francisco (1943/²1956): Breve teoría de la traducción. México: Obregón [auch in: Ayala 1971: 357–384].

Ayala, Francisco (1965): Problemas de la traducción. Madrid: Taurus Ediciones.

Ayala, Francisco (1971): Los ensayos. Teoría y crítica literaria. Madrid: Aguilar.

Benjamin, Walter (1923/1963): Die Aufgabe des Übersetzers. In: Störig 1963: 156–169. [auch in: Benjamin 1972 ff., Bd. IV.1: 16 ff.].

Benjamin, Walter (1972 ff.): Gesammelte Schriften. Band I–VII. Frankfurt: Suhrkamp.

Bernays, Michael (1891): Vor- und Nachwort zum neuen Abdruck des Schlegel-Tieckschen Shakespeare. In: Preußische Jahrbücher 68 (1891) 4: 524–569.

Botley, Paul (2009): Latin translation in the Renaissance: the theory and practice of Leonardo Bruni, Giannozzo Manetti and Desiderius Erasmus. Cambridge: Cambridge Univ. Press.

Bruni, Leonardo (1420/1969): De interpretatione recta. In: Bruni 1969: 81–96.

Bruni, Leonardo (1969): Humanistisch-philosophische Schriften. Wiesbaden: Sändig.

Calero, Francisco (1990): La teoría de la traducción del Maestro Baltasar Céspedes. In: Epos VI (1990): 455–462.

Céspedes, Baltasar (1600/1965): Discurso de las Letras Humanas. San Lorenzo del Escorial: Monasterio de El Escorial (Biblioteca de La Ciudad de Dios).

Chukovsky, Kornei (1930/1964): Visokoe iskusstvo. O printsipaj khudozhestvennogo perevoda. Moskau [engl. Übers.: Chukovsky, Kornei (1984): The Art of Translation. Knoxville: University of Tennessee Press].

Cicero, M. Tullius (1998): De inventione, De optimo genere oratorum. Lat.-dt. Darmstadt: Wissenschaftliche Buchgesellschaft.

Dolet, Étienne (1540/1972): La Manière de bien traduire d'une langue en autre. De la punctuation de la langue francoyse. Des accents d'ycelle. Genf: La Manière.

Dryden, John (1950): Dramatic poesy and other essays. London: Dent.

Dryden, John (1668/1950a): An essay of dramatic poesy. In: Dryden 1950: 5–59.

Dryden, John (1680/1950b): Ovid and the Art of Translation. In: Dryden 1950: 146–155.

Elberfeld, Rolf/Kreuzer, Johann/Minford, John/Wohlfahrt, Günter (Hrsg.) (1999): Translation und Interpretation. München: Fink.

Fischer-Heetfeld, Gisela (1992): Zur Vorrede von Heinrich Steinhöwels *Griseldis*-Übersetzung. In: Janota/Sappler/Schanze 1992: 2.671–679.

Goethe, Johann Wolfgang von (1963): Drei Stücke vom Übersetzen. In: Störig 1963: 34–37.

Güttinger, Fritz (1963/³1977): Zielsprache – Theorie und Technik des Übersetzens. Zürich: Manesse.

Hieronymus (1963): Brief an Pammachius. In: Störig 1963: 1–13.

Hirsch, Alfred (1995): Der Dialog der Sprachen. Studien zum Sprach- und Übersetzungsdenken Walter Benjamins und Jacques Derridas. München: Fink.

Huber, Dieter/Worbs, Erika (Hrsg.) (1998): Ars transferendi. Sprache, Übersetzung, Interkulturalität. Festschrift für Nikolai Salnikow zum 65. Geburtstag. Frankfurt: Lang.

Humboldt, Wilhelm von (1963): Einleitung zu Aeschylos Agamemnon metrisch übersetzt. In: Störig 1963: 71–96.

Huyssen, Andreas (1969): Die frühromantische Konzeption von Übersetzung und Aneignung. Studien zur frühromantischen Utopie einer deutschen Weltliteratur. Zürich/Freiburg: Atlantis.

Janota, Johannes/Sappler, Paul/Schanze, Frieder (Hrsg.) (1992): Festschrift Walter Haug und Burghart Wachinger. 2 Bände. Tübingen: Niemeyer.

Kittel, Harald (Hrsg.) (1988): Die literarische Übersetzung. Stand und Perspektiven ihrer Erforschung. Berlin: Schmidt.

Klöpfer, Rolf (1967): Die Theorie der literarischen Übersetzung. Romanisch-deutscher Sprachbereich. München: Fink.

Komissarov, Vilen N. (1998): Translatology at the end of the century: a look back. In: Huber/Worbs 1998: 339–350.

Kreuzer, Johann (1999): Walter Benjamins Theorie der Übersetzung. In: Elberfeld u.a. 1999: 119–132.

Larbaud, Valéry (1946): Sous l'invocation de St. Jérôme. Paris: Gallimard.

Larbaud, Valéry (1956): Sankt Hieronymus – Schutzpatron der Übersetzer. München: Kösel [Übersetzung eines Kapitels aus Larbaud 1946].

Luther, Martin (1963): Sendbrief vom Dolmetschen. In: Störig 1963: 14–32.

Menninghaus, Winfried (1995): Walter Benjamins Theorie der Sprachmagie. Frankfurt: Suhrkamp.

Meschonnic, Henri (1973/²1980): Pour la poétique II: Epistémologie de l'écriture, Poétique de la traduction. Paris: Gallimard.

Mounin, Georges (1955): Les belles infidèles. Paris: Presses Universitaires de Lille.

Mounin, Georges (1963): Les problèmes théoriques de la traduction. Paris: Gallimard [Dt. Ausgabe: Mounin 1967].

Mounin, Georges (1967): Die Übersetzung. Geschichte, Theorie, Anwendung. München: Nymphenburger.

Münzberg, Franziska (2003): Die Darstellungsfunktion der Übersetzung. Zur Rekonstruktion von Übersetzungsmodellen aus dem 18. Jahrhundert. Frankfurt: Lang.

Nibbrig, Christiaan L. Hart (Hrsg.) (2001): Übersetzen: Walter Benjamin. Frankfurt: Suhrkamp.

Nicoletti, Antonella (2002): Übersetzung und Auslegung in Goethes *West-östlichem Divan*. Tübingen: Francke.

Noe, Alfred (1993): Der Einfluß des italienischen Humanismus auf die deutsche Literatur vor 1600. Ergebnisse jüngerer Forschung und ihre Perspektiven. Tübingen: Niemeyer.

Novalis [Friedrich von Hardenberg] (1963): Aus »Blüthenstaub«. In: Störig 1963: 33.

Ordóñez López, Pilar (2009): Miseria y esplendor de la traducción: la influencia de Ortega y Gasset en la traductología contemporánea. Castellón: Universitat Jaume I.

Ortega y Gasset, José (1937/1947a): Miseria y esplendor de la traducción. In: Ortega y Gasset 1947: 427–448.

Ortega y Gasset, José (1947): Obras Completas. Tomo V. Madrid: Revista de Occidente.

Ortega y Gasset, José (1963): Glanz und Elend der Übersetzung. In: Störig 1963: 296–321.

Quintilian (1995): Institutio oratoria X – Lehrbuch der Redekunst, 10. Buch. Lateinisch-Deutsche Ausgabe. Stuttgart: Reclam.

Santoyo, Julio-César (1987): Teoría y crítica de la traducción: Antología. Bellaterra.

Schadewaldt, Wolfgang (1963): Das Problem des Übersetzens. In: Störig 1963: 223–241.

Schanze, Helmut (Hrsg.) (1994/²2003): Romantik-Handbuch. Stuttgart: Kröner.

Schlegel, August Wilhelm (1971): Sämtliche Werke. Band III. Hildesheim: Olms.

Schlegel, Friedrich (1967): Kritische Friedrich-Schlegel-Ausgabe. München: Schöningh.

Schleiermacher, Friedrich (1813/1963): Über die verschiedenen Methoden des Übersetzens. In: Störig 1963: 38–70.

Schneiders, Hans-Wolfgang (1995): Die Ambivalenz des Fremden. Übersetzungstheorien im Zeitalter der Aufklärung (Frankreich und Italien). Bonn: Romanistischer Verlag.

Sdun, Winfried (1967): Probleme und Theorien des Übersetzens in Deutschland vom 18. bis zum 20. Jahrhundert. München: Hueber.

Seele, Astrid (1995): Römische Übersetzer – Nöte, Freiheiten, Absichten. Darmstadt: Wissenschaftliche Buchgesellschaft.

Stackelberg, Jürgen von (1972): Literarische Rezeptionsformen. Frankfurt: Athenäum.

Stackelberg, Jürgen von (1972a): Ein Gang durch die Geschichte des Übersetzens. In: von Stackelberg 1972: 1–103.

Stackelberg, Jürgen von (1984): Übersetzungen aus zweiter Hand: Rezeptionsvorgänge in der europäischen Literatur vom 14. bis zum 18. Jahrhundert. Berlin: de Gruyter.

Stackelberg, Jürgen von (1992): Blüte und Niedergang der »Belles Infidèles«. In: Kittel 1988: 16–29.

Stackelberg, Jürgen von (Hrsg.) (1957): Humanistische Prosatexte aus Mittelalter und Renaissance. Tübingen: Niemeyer.

Störig, Hans Joachim (Hrsg.) (1963/²1969/³1973): Das Problem des Übersetzens. Darmstadt: Wissenschaftliche Buchgesellschaft.

Terenz (1986): Adelphoe/Die Brüder. Stuttgart: Reclam.

Tytler, Alexander Fraser (1790): Essay on the Principles of Translation.

Vega, Miguel Ángel (Hrsg.) (1994): Textos clásicos de teoría de la traducción. Madrid: Cátedra.

Vermeer, Hans J. (1992): Skizzen zu einer Geschichte der Translation. 2 Bände. Frankfurt: Verlag für Interkulturelle Kommunikation.

Vermeer, Hans J. (1996): Das Übersetzen im Mittelalter (13. und 14. Jahrhundert). Band 1: Das arabisch-lateinische Mittelalter, Band 2: Deutsch als Zielsprache, Band 3: Literaturverzeichnis und Register. 3 Bände. Heidelberg: TextconText-Verlag.

Vermeer, Hans J. (1996a): Übersetzen als Utopie. Die Übersetzungstheorie des Walter Bendix Schoenflies Benjamin. Heidelberg: TextconText-Verlag.

Vermeer, Hans J. (2000): Das Übersetzen in Renaissance und Humanismus (15. und 16. Jahrhundert). Band 1: Westeuropa, Band 2: Der deutschsprachige Raum. Heidelberg: TextconText-Verlag.

Wilamowitz-Moellendorff, Ulrich von (1963): Die Kunst der Übersetzung. In: Störig 1963: 139–143.

Wohlfarth, Irving (2001): Das Medium der Übersetzung. In: Nibbrig 2001: 80–130.

Die These der prinzipiellen (Un-)Übersetzbarkeit

Seit Cicero wurden die verschiedensten übersetzungstheoretischen Auffassungen geäußert, die sich in drei grundlegende Positionen einteilen lassen:

1. Die universalistische Position behauptet die prinzipielle Übersetzbarkeit.
2. Die monadische Position behauptet die prinzipielle Unübersetzbarkeit.
3. Die vermittelnde Position hält bestimmte sprachliche Elemente für übersetzbar, andere jedoch für unübersetzbar.

Die **universalistische Position** geht von der Existenz einer verlorenen Ur- oder Universalsprache aus, die auch als »göttliche«, »adamitische« oder »reine Sprache« bezeichnet wird. Diese Vorstellung ist eng mit dem Mythos vom Turmbau zu Babel verbunden. Nach ihr ist die Grundstruktur der Sprache universal und allen Menschen gemeinsam, und Übersetzen möglich, weil tief verwurzelte Universalien genetischer, historischer und gesellschaftlicher Natur in den Grammatiken aller Sprachen nachweisbar sind. Dieser Auffassung nach sind die Einzelsprachen „nur oberflächenstrukturell divergierende Codes" (Vermeer 2000: 41). Die universalistische Position ist inhaltsorientiert: Jeder mögliche Inhalt kann in jede mögliche Sprache übersetzt werden. Die Form bleibt dabei unberücksichtigt.

Die **monadische Position** geht von der Einzigartigkeit einer jeden Sprache aus. Sie entspricht der sprach- und kulturrelativistischen Auffassung, die – in unterschiedlicher Gestalt – von Herder, Humboldt, Sapir und Whorf vertreten wird. Prinzipielle Unübersetzbarkeit beruht auf der Identität von Sprache und Denken. Sie ist zudem eng verbunden mit der identitätslogischen Auffassung von Bedeutung, wonach eine vom Sprecher geäußerte Bedeutung mit der vom Hörer verstandenen Bedeutung identisch sei.

Die **vermittelnde Position**, dass manches übersetzbar, manches jedoch unübersetzbar sei, wird seit der Romantik auf den Unterschied zwischen Inhalt und Form bezogen. Versucht man den Inhalt (Bedeutung, Sinn) eines Textes adäquat zu übersetzen, könne man die Form nicht immer angemessen übertragen. Dies gelte vor allem für Metrik, Rhythmus und Reim bei Gedichten oder auch für Wortspiele, die ja auf dem kreativen Umgang mit der Ausdrucksseite sprachlicher Zeichen beruhen. Versucht man umgekehrt die Form beizubehalten, seien Abstriche beim Inhalt nicht zu vermeiden.

Die Tätigkeit des Übersetzens ist seit über 3000 Jahren nachweisbar und hat ihre **praxeologische Tauglichkeit** damit hinlänglich bewiesen. „Die angebliche Unmöglichkeit des Übersetzens erweist sich als ein Missverständnis" (Güttinger 1963: 18). Einer der Vorzüge der linguistischen Übersetzungstheorie ist, dass sie vehement mit den selbstwidersprüchlichen Aussagen, die für das übersetzerische Denken in der ersten Hälfte des 20. Jahrhunderts charakteristisch waren, aufräumte und „dispensed ... the paradoxical claim that the very subject of study did not exist for all translation was impossible" (Komissarov 1998: 340).

Das linguistische Paradigma

2.1 | Gemeinsamkeiten der linguistischen Ansätze

Für die Entstehung der modernen Übersetzungswissenschaft gibt es einerseits politische, andererseits technische Gründe. Aus politischer Sicht führten die Erfahrungen mit den Nürnberger Prozessen, die beginnende europäische Einigung (Montan-Union, EWG), der Aufbau internationaler Organisationen (UNO, IWF usw.) und die Erfordernisse der modernen Diplomatie (besonders im Zuge des kalten Kriegs) dazu, dass in den Jahren nach dem Zweiten Weltkrieg in den Ländern Europas und Nordamerikas die Notwendigkeit einer wissenschaftlichen Beschäftigung mit dem Gegenstandsbereich Übersetzen und Dolmetschen gesehen und gefördert wurde. Aus technischer Sicht schien die Erfindung des Computers die Möglichkeit zu eröffnen, das Problem der Übersetzung durch Algorithmisierung und Automatisierung zu lösen.

Die ersten wegweisenden wissenschaftlichen Arbeiten zum Übersetzen stammen von dem amerikanischen Bibelübersetzer Eugene Nida (1947), dem Russen Andrej V. Fedorov (1953), den Franzosen Georges Mounin (1955), Edmond Cary (1956), Jean-Paul Vinay und Jean Darbelnet (1958) sowie dem russisch-amerikanischen Strukturalisten Roman Jakobson (1959). Weitere grundlegende Werke der linguistischen Übersetzungswissenschaft wurden in den 1960er Jahren von Eugene Nida (1964), dem Briten John Catford (1965) und dem Franzosen Georges Mounin (1965) veröffentlicht.

Zu den ersten deutschsprachigen Vertretern zählen R. W. Jumpelt (1961), Otto Kade (1968), Katharina Reiß (1971; 1976), Jörn Albrecht (1973; 2005), Gert Jäger (1975), Wolfram Wilss (1977) und Werner Koller (1979/⁸2011). Neuere Vertreter für die Zeit nach 1980 sind Albrecht Neubert (1985), Gerd Wotjak (1986) Michael Schreiber (1993) und Linus Jung (2000).

In der einschlägigen Literatur werden die hier zu behandelnden Ansätze zumeist als linguistische Übersetzungstheorie, Translationslinguistik, linguistisch orientierte oder äquivalenzorientierte Translationswissenschaft bezeichnet. Auch die auf die Kontrastive Linguistik aufbauende sprachenpaarbezogene Übersetzungswissenschaft ist zum linguistischen Paradigma zu rechnen.

Leitdisziplin der linguistischen Übersetzungstheorien ist die Sprachwissenschaft. Dementsprechend beanspruchte die frühe Übersetzungswissenschaft nicht eine eigenständige Wissenschaftsdisziplin zu sein, sondern verstand sich als Angewandte Sprachwissenschaft.

Ansätze des linguistischen Paradigmas

> Die Ansätze des linguistischen Paradigmas eint drei Grundüberzeugungen:
>
> ► Zwischen Ausgangstext und Zieltext besteht eine Äquivalenzrelation.
> ► Übersetzen besteht wesentlich im Finden von Äquivalenten.
> ► Das Wesentliche am Übersetzungsprozess ist die Rekodierung semantischer Inhalte (bei Vernachlässigung der Form).

Diese Ansätze können folglich mit dem zentralen Begriff **Äquivalenz** charakterisiert werden. Weitere Grundbegriffe sind Rekodierung, Invarianz und Invarianzforderung.

Für die linguistischen Übersetzungstheorien sind vier Problemfelder konstitutiv:

► Das Inkommensurabilitätsproblem
► Das Äquivalenzproblem
► Das Definitions- und Abgrenzungsproblem
► Das Problem der Übersetzungseinheit

vier Problemfelder

Unter dem **Inkommensurabilitätsproblem** versteht man die Frage, ob Übersetzen überhaupt möglich ist, wenn die Sprachen nicht miteinander vergleichbar (»inkommensurabel«) sind. Eigentlich sollte man meinen, dass die Tatsache, dass es Übersetzungen seit altersher gibt, genügt, um den Gegensatz »Übersetzbarkeit vs. Unübersetzbarkeit« zu entscheiden. Tatsächlich aber ist die Frage der prinzipiellen Übersetzbarkeit bis heute unentschieden.

Inkommensurabilitätsproblem

Die Befürworter der **Übersetzbarkeitsthese** vertreten eine universalistische Position. Sie gehen von der Existenz einer Ur- oder Universalsprache aus. Da sich die Grammatiken aller heute existierender Sprachen aus der Grundstruktur jener Universalsprache ableiten, muss Übersetzen grundsätzlich möglich sein. Chomskys Programm einer Universalgrammatik beruht auf dieser universalistischen Sprachauffassung und wurde für die linguistischen Übersetzungstheorien der 1960er Jahre wegweisend.

Übersetzbarkeitsthese

Die Auffassung, dass Übersetzen im Wesentlichen ein Rekodieren, also ein Austauschen der sprachlichen Codes bei gleichbleibender Bedeutung ist, hat hier ihren Ursprung. Dementsprechend ist die universalistische Position inhaltsorientiert, d. h. jeder mögliche Inhalt kann in jede mögliche Sprache übersetzt werden. Die meisten Vertreter des linguistischen Rekodierungsmodells sind Befürworter der Übersetzbarkeitsthese.

Die Befürworter der **Unübersetzbarkeitsthese** vertreten eine monadische Position. Sie geht von der Einzigartigkeit einer jeden Sprache aus und entspricht der sprach- und kulturrelativistischen Auffassung (Sapir-Whorf-Hypothese). Die Grundidee besteht darin, dass Denken nicht unabhängig von Sprache möglich sei. Aufgrund der Identität von Sprache und Denken sei es daher nicht möglich, *identische* Gedanken in einer *differenten* Sprache zu formulieren. Die Unübersetzbarkeitsthese wurde vor allem zu Beginn des 20. Jahrhunderts (Benjamin, Ortega y Gasset) und im Rahmen des Dekonstruktivismus (Derrida) vertreten.

Unübersetzbarkeitsthese

Die vermittelnde Position, dass manches übersetzbar, manches jedoch unübersetzbar sei, wird seit der Romantik auf den Unterschied zwischen Inhalt und Form bezogen. Während der Inhalt, die Bedeutung, der Sinn eines Textes übersetzbar sei, könne in vielen Fällen die Form nicht angemessen übertragen werden. Denn das, was man in der einen Sprache *so* sagen kann, könne man in einer anderen Sprache *so* nicht sagen. Man könne eben nur *entweder* den Inhalt *oder* die Form, nicht aber beides zugleich invariant halten. Dies gelte vor allem für Metrik, Rhythmus und Reim bei Gedichten oder auch für Wortspiele.

Ein Vertreter für diese vermittelnde Position ist Jakobson, dessen Grundüberzeugung zwar ein Plädoyer für die grundsätzliche Übersetzbarkeit ist: „Jede Annahme, dass es Erkenntnisse gäbe, die unaussprechbar oder unübersetzbar seien, wäre ein Widerspruch in sich selbst" (Jakobson 1959/1992a: 488). Er macht jedoch eine Einschränkung: „Dichtung ist … *per definitionem* unübersetzbar. Möglich ist nur schöpferische Übertragung" (Jakobson 1959/1992a: 490). Die prinzipielle Übersetzbarkeit gilt also nur für Fachtexte, während literarische Texte prinzipiell unübersetzbar seien.

Wie an dem Zitat von Jakobson abzulesen ist, ist das Problem der prinzipiellen Übersetzbarkeit nur zu lösen, wenn man zunächst definiert, (a) was unter Übersetzung zu verstehen ist (dies führt uns direkt zum Definitions- und Abgrenzungsproblem) und (b) auf welche Ebene der Begriff Übersetzbarkeit angewendet werden soll (dies führt uns zum Problem der Übersetzungseinheit).

Äquivalenzproblem   Beim **Äquivalenzproblem** geht es zum einen um die Sachfrage, wie man richtige von falschen Übersetzungen unterscheiden kann. Im Rahmen linguistischer Übersetzungstheorien wird dies mit Verweis auf den Äquivalenzbegriff gelöst. Zum anderen wird der Äquivalenzbegriff selbst zum Problem. Denn es stellt sich die wissenschaftstheoretische Frage, auf welcher Grundlage der Äquivalenzbegriff die Richtigkeit von Übersetzungen überhaupt verbürgen kann.

Die Rede von der Äquivalenz behauptet eine Bedeutungsidentität zwischen Ausgangstext (AT) und Zieltext (ZT). Um die Vergleichbarkeit zwischen einem ausgangssprachlichen und einem zielsprachlichen Ausdruck zu gewährleisten, bedarf es einer übereinzelsprachlichen Vergleichsinstanz, die man als *tertium comparationis* bezeichnet.

Als *tertium comparationis* dient traditionell die Bedeutung. Dies ist nur möglich, wenn der Bedeutung ein objektiver Status zugesprochen, sie somit als rezeptions- bzw. interpretations*unabhängig* gedacht wird. Vertreter linguistischer Übersetzungstheorien gehen typischerweise „von der nützlichen Annahme aus, dass jeder Text einen »objektiv gegebenen«, d. h. unabhängig von allen konkreten Rezeptionsakten bestehenden Sinn aufweist" (Albrecht 1990: 71).

Gerade diese Annahme einer objektiven Gegebenheit von Bedeutung wird aber mit logischen, linguistischen, semiotischen und philosophischen Argumenten bestritten. Mit dem Äquivalenzbegriff ist nämlich das erkenntnistheoretische Problem verbunden, dass die Idee eines rein Gegebenen nicht eingelöst werden kann. Seit Wittgenstein wissen wir, dass die Welt uns nicht rein, sondern nur als sprachlich verfasste gegeben ist. Wir haben keinen sprachunabhängigen Zugang zum *tertium comparationis*.

Bedeutungsidentität – und damit Äquivalenz – liegt nicht einfach vor, sondern ist immer das Ergebnis einer Zuordnungsoperation und somit ein Interpretationskonstrukt. Für den Übersetzer bedeutet dies, dass er seine übersetzerische Entscheidung nicht mit Verweis auf Äquivalenz begründen kann, weil die Äquivalenzbehauptung selbst zu rechtfertigen ist.

Die linguistischen Übersetzungstheorien haben sich dem erkenntnistheoretischen Problem nicht gestellt, sondern lediglich versucht, den Äquivalenzbegriff so aufzufächern, dass er theorieimmanenten Zwecken genügt.

Hinter dem **Definitions- und Abgrenzungsproblem** stecken die Fragen, was Übersetzen »eigentlich« ist und wie (bzw. woran) man eine Übersetzung von anderen Formen der Texttransformation wie Bearbeitung, Interlinearversion, Paraphrase, Adaptation, Nachdichtung usw. unterscheiden kann.

Definitions- und Abgrenzungsproblem

Übersetzen wird im Rahmen linguistischer Übersetzungstheorien als Rekodierungsprozess aufgefasst, der auf Invarianzforderungen beruht und eine Äquivalenzrelation zwischen AT und ZT etabliert. Sie vertreten einen relativ engen Übersetzungsbegriff. Es gibt einen großen Bereich von interlingualen Texttransformationen, die noch nicht oder nicht mehr als Übersetzungen gelten können. Albrecht spricht von der rechten und der linken Grenze der Übersetzung. Demnach ist eine Interlinearversion noch keine Übersetzung und eine Bearbeitung schon keine Übersetzung mehr.

Der Wechsel der Sprache ist zwar konstitutiv für das Vorliegen einer Übersetzung, reicht aber bei weitem nicht aus. Nur wenn bestimmte Invarianzforderungen erfüllt und eine Äquivalenz zwischen AT und ZT vorliegt, kann von einer Übersetzung gesprochen werden. Dies führt dazu, dass zwischen *Übersetzung im engeren Sinne* und *Übersetzung im weiteren Sinne* unterschieden wird, die oftmals auch als Übertragung bezeichnet wird. Unter **Übertragung** werden alle interlingualen Texttransformationen verstanden, die keine Übersetzungen im engeren Sinne sind. Die Unterscheidung zwischen zweierlei Arten von Übersetzung führt zu der kontraintuitiven Sprachregelung, dass ein Übersetzer einen AT zwar übersetzt habe, das Ergebnis aber keine Übersetzung, sondern eine Nachdichtung sei.

Übertragung

Beim **Problem der Übersetzungseinheit** geht es um die Frage, auf welcher sprachlichen Ebene die Vergleichbarkeit zwischen AT und ZT gegeben sein soll. Traditionell gilt das Wort als die basale Übersetzungseinheit. Im Laufe der wissenschaftlichen Beschäftigung wurden weitere Vorschläge gemacht, wobei die Einheiten immer größer wurden: Syntagma (Wortgruppe), Satz, Text, Kultur (siehe „Zum Weiterdenken", S. 188).

Problem der Übersetzungseinheit

Das linguistische Paradigma lässt sich in vier Phasen einteilen:

Ansätze	Vertreter und Schulen
kontrastiv-stilistische Ansätze	Stilistique Comparée, Vinay/Darbelnet; Jumpelt
systemlinguistische Ansätze	Leipziger Schule, Kade, Jäger, Koller, Wilss, Albrecht, Schreiber; Nida, Catford, Mounin, Fedorov, García Yebra
textlinguistische Ansätze	Reiß, Neubert, Wotjak, Barchudarow, Jung
Sonstige linguistische Ansätze	Krings, Königs, Gutt

Hierbei ist zu betonen, dass die Phasen zwar zu unterschiedlichen Zeitpunkten einsetzten, nicht aber im strengen Sinne aufeinander folgen.

2.2 | Die konstrastiv-stilistischen Ansätze

Die linguistische Übersetzungstheorie hat sich in ihrer Anfangsphase sehr stark an der Kontrastiven Linguistik orientiert und sich zunächst sogar als eine ihrer Teildisziplinen verstanden. In Frankreich ist sie unter dem Namen *Stylistique comparée* (vergleichende Stilistik) angetreten. Diese erste Phase des linguistischen Paradigmas wird deshalb als konstrastiv-stilistische Phase bezeichnet.

Jean Vinay
(1910–1999)

Die herausragenden Vertreter sind Jean-Paul Vinay und Jean Darbelnet (1958). In Deutschland gehörte R. W. Jumpelt (1961) zu den ersten, die versucht haben, diesen Ansatz für das Übersetzen naturwissenschaftlich-technischer Texte zu nutzen. Später haben auch Wolf Friedrich (1969), Wolfram Wilss (1977) und Katharina Reiß (1985) Anregungen der *Stylistique comparée* aufgegriffen.

Während dieser konstrastiv-stilistischen Phase wurde der Grundgedanke entwickelt, dass sich aus der Textgattung als objektiver Größe ergibt, welches Übersetzungsverfahren anzuwenden ist (vgl. Jumpelt 1961: 24). Die Wahl eines angemessenen Übersetzungsverfahrens steht dem Übersetzer also nicht frei.

Invarianzforderungen

Sinngleichheit und
Funktionsgleichheit

Ein weiterer theoretischer Grundgedanke der *Stylistique comparée* ist, dass bei der Übersetzung bestimmte **Invarianzforderungen** zu erfüllen sind. Die beiden wichtigsten Invarianzforderungen, die unkritisch unterstellt werden, sind **Sinngleichheit** und **Funktionsgleichheit** zwischen AT und ZT. Vinay/Darbelnet versuchen eine Art Übersetzungsgrammatik auszuarbeiten, die auf einem sprachsystembezogenen Äquivalenzbegriff beruht und sich vor allem auf die sprachlichen Mikrostrukturen konzentriert. Der Text als ganzer und die zielkulturellen Rahmenbedingungen bleiben unberücksichtigt.

Anhand eines Vergleichs der französischen, englischen und deutschen Sprache haben Vinay/Darbelnet insgesamt sieben Übersetzungsverfahren herausgearbeitet, die sie unter die beiden Obergriffe der direkten Übersetzung und der obliquen Übersetzung zusammenfassen (Prunč 2001: 50–53; vgl. Vinay/Darbelnet 1958: 46):

a) Prozeduren der direkten Übersetzung (*traduction directe*):
   emprunt   (Direktentlehnung)
   calque   (Lehnübersetzung)
   traduction littérale   (wortgetreue Übersetzung)
b) Prozeduren der obliquen Übersetzung (*traduction oblique*):
   transposition   (Transposition, Wortartwechsel)
   modulation   (Modulation, einschließlich Perspektiven- oder Bild-
                           verschiebung)
   équivalence   (Herstellen von Äquivalenz, einschließlich situa-
                           tionsgleicher Äußerungen mit unterschiedlicher
                           Struktur)
   adaptation   (Adaptation, textuelle Kompensation von soziokul-
                           turellen Unterschieden)[1]

Diese hierarchisch geordneten Übersetzungsverfahren können fakultativ oder obligatorisch sein. Teilweise impliziert die Anwendung eines Übersetzungsverfahrens die gleichzeitige Anwendung anderer Übersetzungsverfahren. Dabei gilt die Regel, dass der Übersetzer nur dann zu ranghöheren Übersetzungsverfahren greifen sollte, wenn mit einem rangniedrigeren Verfahren keine angemessene Formulierung zustande kommt.

Die *Stylistique comparée* versucht also der klassischen Übersetzungsregel eine stringente Auslegung zu geben, die in algorithmisierter Form auch letztlich von einem Computerprogramm abgearbeitet werden könnte. Mit anderen Worten: Es ist der Versuch, dem Übersetzer vorzuschreiben, wann er wörtlich zu übersetzen hat und wann er frei übersetzen darf.

Grundsätzlich ist der *Stylistique comparée* ein gewisser Eurozentrismus vorzuwerfen. Die aufgeführten sieben Übersetzungsverfahren zeigen deutlich, dass sie aus der Sprachstruktur der indoeuropäischen Sprachen abgeleitet sind. Ihre Anwendung setzt stillschweigend voraus, dass Ausgangssprache und Zielsprache zu den flektierenden Sprachen gehören. Sobald aus einer flektierenden Sprache (z. B. Deutsch) in eine agglutinierende (z. B. Türkisch) oder isolierende Sprache (z. B. Chinesisch) übersetzt werden soll (oder umgekehrt), verliert das Schema der hierarchisierten Übersetzungsverfahren aufgrund der gänzlich anderen morphologischen, lexikalischen und syntaktischen Strukturbedingungen an Plausibilität.

Rudolf Walter Jumpelt vertritt einen sprachenpaarbezogenen Ansatz und ist einer der ersten Vertreter einer kontrastiv-linguistischen Übersetzungswissenschaft im deutschen Sprachraum. Dabei greift er auf Anregungen der *Stylistique comparée* zurück. Er geht fast ausschließlich auf naturwissenschaftlich-technische Texte ein, so dass sein Beitrag für die Entwicklung der Übersetzungstheorie von geringer Bedeutung ist (Stolze 2001: 85).

Rudolf Walter Jumpelt

---

1   Adaptation als segmentbezogenes Übersetzungs*verfahren* darf nicht mit dem holistisch-textbezogenen Übersetzungs*typ* der Adaptation verwechselt werden.

Übersetzung als
Reproduktion des
Originals

Für Jumpelt sind Übersetzungen nichts anderes als **Reproduktionen eines Originals**. Beim Übersetzen geht es ihm zufolge vor allem um die Herstellung inhaltlicher Invarianz, worunter er sehr allgemein versteht, dass „etwas in der Übersetzung unverändert bleibt" (Jumpelt 1961: 22). Er geht davon aus, dass die Textgattung das zu wählende Übersetzungsverfahren bestimmt (Jumpelt 1961: 24). Insofern kann er als Vorläufer der texttypologischen Ansätze gelten. Das Übersetzungsverfahren wird demnach nicht vom Übersetzer, sondern von einer als objektiv vorgestellten Größe wie der Textgattung bestimmt. Gegen diese Auffassung eines rein ausführenden, aber nicht Entscheidungen treffenden Übersetzers wenden sich fast alle späteren Übersetzungsparadigmen.

sechs Übersetzungs-
gattungen

Jumpelt (1961: 25) unterscheidet **sechs Übersetzungsgattungen**:

- ▶ die ästhetische Übersetzung
- ▶ die religiöse Übersetzung
- ▶ die pragmatische Übersetzung
- ▶ die ethnographische Übersetzung
- ▶ die sprachwissenschaftliche Übersetzung
- ▶ die geisteswissenschaftliche Übersetzung

Seine Einteilung vermag heute nicht mehr zu überzeugen. Die naturwissenschaftlich-technischen Übersetzungen, mit denen er sich hauptsächlich beschäftigt, rechnet Jumpelt zur Gattung der pragmatischen Übersetzung. Bei ihnen müssten „primär die Inhalte der Aussagen wiedergegeben" werden (Jumpelt 1961: 26).

Übersetzungs-
prozeduren

In Anlehnung an die *Stilistique Comparée* versucht Jumpelt, verschiedene **Übersetzungsprozeduren** zu benennen. Insbesondere geht er auf die Modulation (inhaltliche Verschiebung) und die Transposition (grammatische Veränderung) ein. Sein Ziel ist es, Gesetzmäßigkeiten der Übersetzung im Sinne von Übersetzungsregeln aufzustellen, wobei er sich auf die Wort- und Syntagmaebene beschränkt. Satzbezogene oder satzübergreifende Regeln stellt er nicht auf. Wie für die sprachenpaarbezogenen Ansätze typisch, klassifiziert er zunächst *deskriptiv*, wie bisher übersetzt wurde, und formuliert daraus seine Übersetzungsregeln, um sie schließlich *präskriptiv* in der Übersetzungsdidaktik einzusetzen.

Das wörtliche Übersetzen genießt bei ihm stets den Vorrang vor anderen Übersetzungsverfahren: „Sofern die Gleichwertigkeit nicht durch wörtliche Übersetzungen erzielbar ist, treten andere Verfahrensweisen ins Bild" (Jumpelt 1961: 51). Jumpelt stellt sich somit im Kern als Verfechter der klassischen Übersetzungsregel heraus, nach der so wörtlich wie möglich und so frei wie nötig zu übersetzen sei.

Auch **Peter Newmark** (1988; 1991) vertritt einen sprachvergleichenden, mikrostilistischen Ansatz. Sein Motto zur Abfassung einer guten Übersetzung könnte lauten: So wörtlich und so sparsam wie möglich. Dazu hat

Peter Newmark
(1916–2011)

er zunächst 23 Übersetzungsregeln aufgestellt, die er später um weitere 60 Regeln ergänzt hat (Newmark 1973; 1979). Die meisten Regeln enthalten allerdings einen impliziten Zirkelschluss, so dass ihre praktische Anwendbarkeit – trotz teilweise richtiger Beobachtungen – sehr eingeschränkt ist.

Zusätzlich zu den Regeln hat Newmark eine Liste von sieben präskriptiven Übersetzungsprozeduren entwickelt, die sich ausschließlich auf die Wortebene beziehen (Newmark 1988: § 7,8):

Übersetzungsprozedur	Erklärung und Beispiel
transference	the transference of a Source Language (SL) word to a Target Language (TL) context: *le baccalauréat – the „baccalauréat"*
cultural equivalent	the substitution of a TL term for an SL term: *le baccalauréat – A level*
through translation	the literal translation of common collocations: la Communauté Européenne – *the European Community*
literal translation	the translation of one item in the SL by one item in the TL: *faire un discours – make a speech*
functional equivalent	the use of a culturally neutral TL term to define the SL culture-specific term: *le baccalauréat – the French secondary school leaving examination*
descriptive equivalent	the explanation of an SL culture-specific term: *le baccalauréat – the French secondary school leaving examination in which candidates take 8–10 subjects and which is necessary to gain admission to higher education*
translation couplet	strategy which combines two of the above: *le baccalauréat – the „baccalauréat", the French secondary school leaving examination*

Tab. 2.2

Übersetzungs-
prozeduren nach
Newmark

Die Tabelle zeigt, dass Newmarks Regeln vor allem die Wortebene, Eigennamen und Verb-Substantiv-Kollokationen betreffen. Regeln für die Übersetzung syntaktisch anspruchsvollerer Gebilde wie Syntagmen, Nebensatzkonstruktionen, Sätzen oder gar satzübergreifenden Strukturen sucht man vergebens.

Die systemlinguistischen Ansätze

2.3

In der zweiten, systemlinguistischen Phase des linguistischen Paradigmas greifen die führenden Vertreter auf Anregungen der sogenannten Systemlinguistik zurück. Hierbei sind es hauptsächlich die verschiedenen Strömungen des Strukturalismus und Chomskys Generative Grammatik, die die übersetzungswissenschaftliche Theoriebildung befruchtet haben. Das Spektrum der systemlinguistisch inspirierten Übersetzungstheorien ist sehr breit.

Einen besonders einflussreichen Aufsatz hat 1959 der Strukturalist **Roman Jakobson** veröffentlicht, in dem er zwischen **intralingualer, interlingualer und intersemiotischer Übersetzung** unterscheidet:

Roman Jakobson
(1896–1982)

1. Die innersprachliche (intralinguale) Übersetzung oder Paraphrase ist eine Wiedergabe sprachlicher Zeichen mittels anderer Zeichen derselben Sprache,
2. die zwischensprachliche (interlinguale) Übersetzung oder Übersetzung im eigentlichen Sinne ist eine Wiedergabe sprachlicher Zeichen durch eine andere Sprache,
3. die intersemiotische Übersetzung oder Transmutation ist eine Wiedergabe sprachlicher Zeichen durch Zeichen nicht-sprachlicher Zeichensysteme. (Jakobson 1992: 483)

Auch Jakobsons Überlegungen gehen von einem sprachsystembezogenen Äquivalenzbegriff aus:

Equivalence in difference

> „**Equivalence in difference** is the cardinal problem of language and the pivotal concern of linguistics" (Jakobson 1959: 233). Für Jakobson (1992: 233) ist die „Gleichwertigkeit in Verschiedenheit" das zu erreichende Ziel beim Übersetzen (*nota bene*: nicht die »Äquivalenz in Differenz«!).

Die Fähigkeit zu übersetzen basiert für Jakobson auf der grundlegenden Fähigkeit, mit Sprache zu operieren, und unterliegt deshalb denselben kognitiven Gesetzen, wie sie für jede Form von Sprachverwendung gelten. Deshalb gibt es zwischen diesen drei Arten des Übersetzens keinen kategorialen, sondern nur einen graduellen Unterschied. Die Unterschiede ergeben sich aus den beteiligten Sprachen bzw. semiotischen Codes. Dementsprechend unterscheiden sich die Sprachen „durch das, was sie vermitteln müssen, und nicht durch das, was sie vermitteln können (Jakobson 1992: 487).

Jakobson geht zwar von der grundsätzlichen Übersetzbarkeit aus, hält aber Dichtung *per definitionem* für unübersetzbar (Jakobson 1992: 490). Dies ist der linguistischen Auffassung geschuldet, dass bei literarischen Texten generell keine Äquivalenzen ausweisbar sind (Prunč 2001: 206). Diese kontraintuitive Unterscheidung zwischen genereller Übersetzbarkeit und spezifischer Unübersetzbarkeit bei literarischen Texten widerspricht allerdings den semiotischen Grundannahmen von Peirce, auf die sich Jakobson ansonsten beruft.

Die erste umfassende Würdigung der übersetzungstheoretischen Überlegungen von Jakobson im deutschen Sprachraum findet sich übrigens erst bei Prunč (2001: 35–48).

John Catford (1965) hat seinen sprachenpaarbezogenen Ansatz in Anlehnung an die linguistischen Arbeiten des englischen Kontextualismus (Firth, Halliday)[2] entworfen. Man spricht daher auch von einem **kontextualistischen Übersetzungsmodell**. Für ihn ist Übersetzung unspezifisch „an ope-

kontextualistisches Übersetzungsmodell

---

2 Zum englischen Kontextualismus siehe Albrecht (1988: 71–75).

ration performed on languages" (Catford 1965: 1). Deshalb kann nur die Linguistik einen geeigneten Rahmen für eine Übersetzungstheorie bereitstellen: „Clearly, then, any theory of translation must draw upon a theory of language" (Catford 1965: 1). Entsprechend wird die Übersetzungswissenschaft als Zweig der Komparativen Linguistik definiert (Catford 1965: 20). Sein Ansatz, der lediglich zu einem „spröden Ebenen-Modell des Übersetzens" (de Beaugrande 1991: 1) geführt hat, ist in erster Linie ausgangstextorientiert, so dass weder dem Übersetzungsprozess noch dem Übersetzer besondere Beachtung geschenkt wird.

John Catford
(1917–2009)

Entscheidend ist für Catford die Äquivalenzbeziehung zwischen Ausgangstext und Zieltext: „The central problem of translation-practice is that of finding TL translation equivalents" (Catford 1965: 21). Eine Übersetzung ist für Catford (1965: 20) daher „the replacement of textual material in one language (SL) by equivalent textual material in another language (TL)".[3]

Catford behandelt im Wesentlichen nur syntaktische und semantische Phänomene. Dabei gibt er genaue Regeln an, wie bestimmte grammatische Strukturen des ausgangssprachlichen Texts in den Zieltext zu überführen sind. Diese Regeln basieren auf der empirischen Auswertung von Textkorpora und generalisieren die ermittelten Wahrscheinlichkeitswerte für bestimmte Übersetzungsäquivalente. Bei der Anwendung dieser *translation rules* (Catford 1965: 31) entstehen Verschiebungen (z. B. vom generischen Singular zum Plural, von einer Aktiv- zu einer Passivkonstruktion, vom Imperfekt zum Perfekt, Vertauschung der Satzglieder usw.), die Catford als *translation shifts* bezeichnet.

Ein besonderes Problem ist Catfords **systemlinguistischer Bedeutungsbegriff**, demzufolge Bedeutung ein einzelsprachliches Phänomen ist: Die Bedeutung eines Wortes ergibt sich durch die Abgrenzung zu den anderen Wörtern. Die Bedeutung von Ausgangstext und Zieltext kann nicht gleich sein, vielmehr liegen zwei Bedeutungen vor: „An SL text has an SL meaning and a TL text has a TL meaning" (Catford 1965: 35). Übersetzen sei deshalb **kein interlingualer Bedeutungstransfer**. Ebenso wenig handelt es sich bei den vom Übersetzer zu findenden Übersetzungsäquivalenten um Bedeutungsäquivalente.

systemlinguistischer
Bedeutungsbegriff

kein interlingualer
Bedeutungstransfer

> The SL and TL items rarely have »the same meaning« in the linguistic sense; but they can function in the same situation. In total translation, SL and TL texts or items are translation equivalents when they are interchangeable in a given situation. (Catford 1965: 49)

Catford schlägt als Lösung des Bedeutungsdilemmas vor, dass die Übersetzungsäquivalente in derselben Situation *funktionieren* können müssen.

---

3   SL = source language; TL = target language.

Funktionsäquivalenz

Die – auch bei Nida anzutreffende – **Funktionsäquivalenz** wird zu einem viel diskutierten Topos der Übersetzungswissenschaft.

Aufgrund der von Catford postulierten Funktionsäquivalenz rücken die Begriffe Situation und Kontext in den Mittelpunkt seiner Theorie. Er unterscheidet zwischen **Kontext** und dem von ihm geprägten Begriff **Ko-Text**. Unter *Kontext* versteht er die Relation zwischen den sprachlichen Einheiten des Textes und den entsprechenden außersprachlichen Elementen (Catford 1965: 23), während er als *Ko-Text* die intertextuellen Umgebungen eines Textsegments bezeichnet (Catford 1965: 31).

Kontext
Ko-Text

Die subjektiven Verstehensleistungen des Übersetzers als Ausgangstextrezipient sowie sein sprachliches und kulturelles Vorwissen, die für die Erschließung von Kontext und Ko-Text erforderlich sind, werden von Catford allerdings systematisch ignoriert.

Der amerikanische Bibelübersetzer **Eugene Nida** gilt als wichtigster Anreger und **eigentlicher Begründer** der modernen, interdisziplinär ausgerichteten Übersetzungswissenschaft (Apel/Kopetzki 2003: 12; Prunč 2001: 107). Sein theoretisches Werk erwies sich in der Folge als eine der wesentlichen Orientierungen für die Entwicklung der Disziplin in Europa und speziell in Deutschland (Neubert 1999: 14).

Eugene Nida
(1914–2011)

decomposition and
recomposition

Nidas Überlegungen orientieren sich an der generativen Transformationsgrammatik von Chomsky und an der Semantiktheorie von Katz und Fodor (Nida 1964: 59 f. bzw. 71 f.). Die von Nida vorgeschlagene Übersetzungsmethode basiert auf einem „**process of decomposition and recomposition**" (Nida 1964: 68), der in drei Schritten erfolgt:

> Instead of attempting to set up transfers from one language to another by working out long series of equivalent formal structures which are presumably adequate to »translate« from one language into another, it is both scientifically and practically more efficient (1) to reduce the source text to its structurally simplest and most semantically evident kernels, (2) to transfer the meaning from source language to receptor language on a structurally simple level, and (3) to generate the stylistically and semantically equivalent expression in the receptor language. (Nida 1964: 68)

Ein wirklich kompetenter Übersetzer dekodiert also Nida zufolge (1964: 68) zunächst die ausgangssprachliche Bedeutung, überträgt dann den Inhalt und formuliert schließlich die Botschaft in der Zielsprache. Dabei geht es Nida nicht um grammatisch mögliche Formulierungen, sondern um Formulierungen, die in der Zielsprache üblich und normal sind (Nida 1964: 130).

Dreischrittmodell

Bei diesem **Dreischrittmodell** erfolgt das Übersetzen so, dass „der kompetente Übersetzer nicht direkt von einer ausgangssprachlichen Oberfläche zu einer zielsprachlichen Oberfläche geht, sondern scheinbar einen Umweg macht, der von der ausgangssprachlichen Analyse über den Transfer zur zielsprachlichen Umstrukturierung des Textes führt" (Nida 1981: 124).

Nidas Modell umfasst also die Analyse des Ausgangstexts, den Transfer und schließlich die Umstrukturierung und Synthese (Nida/Taber 1969: 33).

Das Ziel ist die **Reproduktion des totalen dynamischen Charakters der Kommunikation**. Um dies zu erreichen, ist der Übersetzer berechtigt, entweder zusätzliches Sprachmaterial in den Zieltext einzufügen, um den Mangel an kultureller Bewusstheit beim zielsprachlichen Rezipienten auszugleichen, oder umgekehrt, bestimmte Redundanzen des Ausgangstextes verständlichkeitshalber im Zieltext zu eliminieren.

> Reproduktion des totalen dynamischen Charakters der Kommunikation

Aufgrund der Asymmetrie der Sprachen ist weder eine absolute Äquivalenz zwischen Ausgangstext und Zieltext möglich noch kann eine Identität des Informationsgehalts sichergestellt werden.

Jede Übersetzung bedeutet gegenüber dem Original einen **Informationsverlust** (*loss of information*), einen **Informationsgewinn** (*addition of information*) und eine **Umgestaltung der Information** (*skewing of information*) (Nida 1966: 13).

Statt absoluter Äquivalenz geht es Nida um die von ihm so genannte **dynamische Äquivalenz**. Dynamisch-äquivalente Übersetzungen sind für Nida „the closest natural equivalent to the source-language message" (Nida 1964: 166). Dynamische Äquivalenz liegt dann vor, wenn die Reaktionen der Ausgangsrezipienten und der Zieltextrezipienten gleichwertig sind (Nida 1964: 166).

> dynamische Äquivalenz

Für Unterschiede bei Übersetzungen macht Nida (1964: 156) drei Hauptfaktoren aus: (1) die Art der Botschaft, (2) die Zwecksetzung des Autors bzw. Übersetzers und (3) die Art der Adressaten. Da Nida als einer der ersten auf den Kommunikationszweck und die Rolle der Übersetzungsadressaten abhebt, bezeichnet ihn Kautz als „Vordenker der späteren funktionalen Translatologie" (Kautz 2000: 36).

Die **Leipziger Schule** entstand während der 1960er Jahre in der ehemaligen DDR. Zu den wichtigsten Vertretern gehören **Otto Kade** (1927–1980), Gert Jäger, Albrecht Neubert, Eberhard Fleischmann, Heide Schmidt und Gerd Wotjak. Gemeinsames Kennzeichen ist, dass sie die Übersetzungswissenschaft aufgrund ihres dominierenden linguistischen Aspekts als Teildisziplin der Linguistik verstehen und daher als Translationslinguistik bezeichnen (Kade 1977: 29).

> Leipziger Schule
> Otto Kade

Die Leipziger Schule ging – ähnlich wie die *Stylistique comparée* – zunächst von einem sprachsystematischen Vergleich aus, um daraus Übersetzungsregeln abzuleiten. Dieser Versuch führte jedoch dazu, dass das literarische Übersetzen aus dem Gegenstandsbereich der Übersetzungswissenschaft ausgeschlossen wurde, weil bei literarischen Texten eine Beschreibung potentieller Äquivalenzbeziehungen zwischen Ausgangssprache und Zielsprache und somit die Aufdeckung von Gesetzmäßigkeiten nicht möglich ist (Kade 1965: 92).

Die Vertreter der Leipziger Schule knüpften hauptsächlich an das Informationsübertragungsmodell von Shannon und Weaver an und betrachteten den Übersetzungsprozess als **zweistufigen Kommunikationsprozess**, bei dem der Übersetzer eine Umkodierung des versprachlichten Informationsgehalts vornimmt (Kade 1968: 203).

Kommunikations-
prozess

> Der Kommunikationsprozess gliedert sich nach Kade (1968a: 7) in drei Phasen:
>
> ► Zunächst findet die Kommunikation zwischen dem Sender und dem Übersetzer als Empfänger mit Hilfe des Ausgangstextes statt.
> ► Dann nimmt der Übersetzer eine Umkodierung von der Ausgangssprache in die Zielsprache vor.
> ► Schließlich kommuniziert der Übersetzer als sekundärer Sender mit dem Zieltextempfänger.

Das übersetzerische Ziel besteht nach Kade darin, dass die Inhaltsebene eines Textes in der Übersetzung *invariant* bleibt (Kade 1968: 63). Dies bedeutet, dass die Denotatsinformation – im Gegensatz zur Konnotatsinformation – zur obligatorischen Invariante eines jeden Übersetzungsprozesses wird.

Rekodierung

Übersetzung wird als Kodierungswechsel oder **Rekodierung** verstanden. Sämtliche subjektive Faktoren werden aus der Theorie ausgeschlossen, um die objektiven Faktoren zu bestimmen, die unabhängig von der Individualität des Übersetzers wirken und daher gesetzmäßigen Charakter haben (Kade 1968: 7).

Das übersetzungstheoretische Grundproblem war für Kade (1968: 63), die „Invarianz auf der Inhaltsebene trotz eines Kodierungswechsels auf der Ausdrucksebene zu wahren". Als Invariante bestimmt Kade die kommunikative Gleichwertigkeit der Übersetzung mit dem Ausgangstext (Kade 1977: 37), die

funktionelle
Äquivalenz

er auch als **funktionelle Äquivalenz** (Kade 1973: 158) bezeichnet. Das Grundproblem des Übersetzens besteht für Kade in der Suche nach Äquivalenzen.

fünf Äquivalenztypen

> Kade hat eine sehr einfache und vielzitierte Äquivalenztypologie entwickelt, die später u. a. von Werner Koller (2011: 230–243) übernommen wurde. Kade (1968: 79 ff.) führt **fünf Äquivalenztypen** an:
>
> ► Eins-zu-eins-Entsprechung (totale Äquivalenz)
> ► Eins-zu-viele-Entsprechung (fakultative Äquivalenz)
> ► Viele-zu-eins-Entsprechung (fakultative Äquivalenz)
> ► Eins-zu-Null-Entsprechung (Null-Äquivalenz)
> ► Eins-zu-Teil-Entsprechung (approximative Äquivalenz)

Die Problematik der Übersetzung resultiert daraus, dass Äquivalenzen zwischen zwei Sprachen nicht gleichzeitig auf der *parole*-Ebene *und* der *langue-*

Ebene existieren können. Während auf der *langue*-Ebene die semantische Nichtübereinstimmung von ausgangssprachlicher und zielsprachlicher Formulierung die Regel ist, muss bei der Rekodierung auf der *parole*-Ebene ein 1:1-Verhältnis zwischen den ausgangssprachlichen und den zielsprachliche Elementen erreicht werden (Kade 1968: 75). Das Unterfangen, bei der interlingualen Rekodierung sowohl der *parole*-Ebene als auch der *langue*-Ebene gerecht zu werden, gleicht der Quadratur des Kreises.

Werner Koller (1979/⁸2011) hat mit seiner *Einführung in die Übersetzungswissenschaft* eines der meist gelesenen übersetzungstheoretischen Bücher im deutschen Sprachraum geschrieben. Darin stellt er eine **Äquivalenztypologie** auf, die „als synoptische Zusammenfassung der äquivalenztheoretischen Zugänge zur Translation gelten" kann (Prunč 2001: 65). Kollers Ansatz steht der sprachenpaarbezogenen Übersetzungswissenschaft recht nahe. Entsprechend vertritt Koller einen eingeschränkten Übersetzungsbegriff, wonach Zieltexte nur dann als Übersetzung gelten, wenn sie bestimmten Äquivalenzanforderungen normativer Art genügen. Die Unterscheidung zwischen Bearbeitung und Übersetzung ist für seinen äquivalenztheoretischen Ausgangspunkt „von fundamentaler Bedeutung" (Koller 2011: 199).

Werner Koller (*1942)

Koller (2011: 194) geht davon aus, dass Übersetzungen sich durch eine „doppelte Bindung" auszeichnen, nämlich durch ihre Bindung „an den Ausgangstext" und ihre Bindung „an die kommunikativen Bedingungen auf der Seite des Empfängers". Um als Übersetzung zu gelten, muss ein Zieltext jedoch über „eine ganz spezifische Beziehung" zum Ausgangstext verfügen, die Koller (2011: 191) als „Äquivalenzrelation" bezeichnet. Zur Beschreibung dieser Relation zwischen Ausgangs- und Zieltext definiert Koller (2011: 219) fünf Bezugsrahmen:

Äquivalenztypologie

> ► **Denotative Äquivalenz:** orientiert sich am außersprachlichen Sachverhalt (bei informativen Texten zu beachten)
>
> ► **Konnotative Äquivalenz:** orientiert sich an der Auswahl der Ausdrucksmöglichkeiten wie Stil oder Soziolekt (bei fiktionalen Texten zu beachten)
>
> ► **Textnormative Äquivalenz:** orientiert sich an textsortenspezifischen Merkmalen und sonstigen Sprachnormen (z. B. Funktionalstil)
>
> ► **Pragmatische Äquivalenz:** orientiert sich an den Verstehensvoraussetzungen des Empfängers (Weltwissen, Fachwissen)
>
> ► **Formal-ästhetische Äquivalenz:** orientiert sich an den formalen und ästhetischen Vorgaben des Ausgangstexts (bei literarischen Texten zu beachten)

Koller (2011: 278) unterscheidet darüber hinaus formbetonte (Fiktivtexte) von sachbezogenen Texten (Sachtexte), zwischen denen „nicht nur graduelle, sondern qualitative Unterschiede" bestehen (Koller 2011: 279). Fiktivtexte zeichnen sich durch das Kriterium der Fiktionalität aus, während Sachtexte durch das Kriterium der Sachbezogenheit gekennzeichnet sind (Koller 2011: 279 f.).

Übersetzungstreue

Als **Übersetzungstreue** bezeichnet Koller (2011: 200) die „Treue gegenüber dem AS-Text" und die „Verpflichtung gegenüber dem ZS-Leser". Augenfällig ist, dass sich Koller nicht bewusst ist – es zumindest nicht kommentiert –, dass er in seinem Begriff der Übersetzungstreue zwei kategorial divergente Begriffe subsumiert: die ausgangstextbezogene Treue muss sich anders bemessen als die leserbezogene Treue, die er als Reflex des kategoriellen Unterschieds ja auch als »Verpflichtung« bezeichnet.

Die ausgangstextbezogene Treue wird Koller zufolge an der Erfüllung von Äquivalenzforderungen festgemacht. Verpflichtung ist – wie personenbezogene Treue – hingegen ein handlungstheoretischer Begriff, der nicht an Äquivalenzforderungen gebunden werden kann, sondern sich in Bezug auf die Wahrhaftigkeit bzw. Aufrichtigkeit der Handlungspartner bemisst.

Sein übersetzungstheoretischer Ansatz lässt sich wie folgt zusammenfassen:

► Übersetzung ist eine text*re*produzierende Tätigkeit und Produkt dieser Tätigkeit.
► Übersetzung ist ein historisch-kulturelles Phänomen und eine Kulturtechnik *sui generis.*
► Kennzeichnend für Übersetzungen ist deren doppelte Bindung:
  – an den Ausgangstext, und
  – an die empfängerseitigen Bedingungen und Voraussetzungen.
► Für die Klärung des Übersetzungsbegriffs ist eine „Differenzierung und Operationalisierung des … Begriffs der Äquivalenz von zentraler Bedeutung" (Koller 2011: 217).

Literarische Texte werden auch bei Koller bewusst aus dem Gegenstandsbereich der linguistischen Übersetzungswissenschaft ausgegrenzt. Koller/Gerzymisch-Arbogast (1999: 171) sprechen in diesem Zusammenhang von der „programmatisch verkündeten »Scheu« vor literarischen Texten".

Koller/Gerzymisch-Arbogast (1999: 171) kritisieren, dass in der theoretischen Auseinandersetzung der Äquivalenzbegriff „häufig als »Gleichheit« und nicht als *Vergleichsstandard* für die Relation zwischen Ausgangs- und Zieltext mißverstanden" wird. Dieses Missverständnis mag bei dem einen oder anderen Autor vorliegen. In der Sache wird die mit dem Äquivalenzbegriff verbundene Problematik durch das Verständnis von **Äquivalenz als Vergleichsstandard** jedoch nicht gelöst, sondern um eine sprachtheoretische und eine erkenntnistheoretische Dimension erweitert.

Äquivalenz als Vergleichsstandard

Wird Äquivalenz als Vergleichsstandard betrachtet, dann ist es nach Koller/Gerzymisch-Arbogast (1999: 174) unumgänglich, ein *tertium comparationis* „außerhalb von Original und Übersetzung" zu lokalisieren, das „als »Sinn« in der Übersetzung erhalten bzw. invariant bleiben soll". Das Grundproblem der Übersetzung scheint ein Problem der Semantik zu sein (Koller/Gerzymisch-Arbogast 1999: 174), beruht jedoch auf sprachtheoretischen und sprachphilosophischen Grundannahmen, die selten im Rahmen translationswissenschaftlicher Diskussionen explizit gemacht werden.

Sprachtheoretisch stellt sich das Problem, ob von einer grundsätzlichen Kommensurabilität oder Inkommensurabilität der Sprachen auszugehen ist. Die Annahme eines Vergleichsstandards basiert eindeutig auf der Voraussetzung, dass die Sprachen trotz ihrer Verschiedenheit prinzipiell miteinander vergleichbar sind (Liedtke 1994: 157). Solange die Vergleichbarkeit der Sprachen nicht bewiesen ist, kommt die übersetzungstheoretische Grundannahme eines Vergleichsstandards einer *petitio principii* gleich: Man unterstellt als gegeben, dessen Gegebenheit erst noch zu beweisen wäre.

Sobald die Frage der Vergleichbarkeit der Sprachen geklärt ist, stellt sich das erkenntnistheoretische Problem. Es besteht genau darin zu bestimmen, wo das *tertium comparationis* zu lokalisieren und wie es zu definieren sei, so dass es intersubjektiv überprüfbar ist. Zur Lösung dieser beiden Probleme findet sich bei Koller kein Hinweis, wie aufgrund seiner letztlich positivistischen Grundüberzeugung auch nicht anders zu erwarten war.

Bei seinen Bemühungen, den Äquivalenzbegriff gegenüber dem finalistischen Prinzip der funktionalistischen Übersetzungstheorie zu verteidigen, greift Koller zu einem semantischen Taschenspielertrick und setzt Wahrheit und Treue in eins. Er wehrt sich gegen die „höchst problematische Abspaltung des Begriffs der Zweckmäßigkeit (der Übersetzung) vom Begriff der Wahrheit (bzw. in der traditionellen Terminologie der Treue) der Übersetzung" (Koller 2011: 215). Diese Aussage von Koller steht zu der Erkenntnis im Widerspruch, dass die Wahrheitssemantik und damit das auf Wahrheit rekurrierende Repräsentationsmodell sprachlicher Kommunikation wissenschaftstheoretisch längst – also bereits vor den 1990er Jahren – verabschiedet wurde (Loenhoff 2002: 165).

Das traditionelle ontologische Adäquationsmodell, das sich in der Philosophie auf das Verhältnis zwischen Wahrheit und Wirklichkeit bezieht, stand auch Pate für das Verhältnis zwischen Ausgangstext und Zieltext. In Philosophie und Wissenschaft sollte die für wahr erachtete Theorie den erkannten Sachverhalt originalgetreu abbilden. Der Vergleich mit der Wirklichkeit soll als objektive Instanz die Wahrheit von Aussagen oder ganzen Theorien verbürgen.

Dieses **realistische Abbildverhältnis** nehmen Äquivalenztheoretiker wie Koller gerne für ihre Argumentation in Anspruch, dass der Zieltext den Ausgangstext treu abzubilden habe. Vorausgesetzt wird dabei, dass der Ausgangstext – ohne zwischengeschaltete subjektive, interpretative Prozesse – als objektiver Maßstab für die Wahrheit oder Treue des Zieltexts herangezogen werden könnte. Seit Kant ist es jedoch nicht mehr möglich, auf »die« Wirklichkeit als objektive Entscheidungsinstanz zu verweisen.

Das Festhalten der Äquivalenztheoretiker an einem solch naiv-realistischen oder substanzialistischen Denken lässt vermuten, dass die Reflexion

realistisches
Abbildverhältnis

Wolfram Wilss
(1925–2012)

auf die philosophischen und wissenschaftstheoretischen Grundlagen des eigenen theoretischen Standpunkts vernachlässigt wurde. Wer die Linguistik als Leitdisziplin der Übersetzungswissenschaft in Anspruch nimmt, enthebt sich dadurch nicht der Verpflichtung, sich philosophisch oder wissenschaftstheoretisch des eigenen Standpunkts zu versichern.

Wolfram Wilss zählt zu den herausragenden Vertretern der Übersetzungswissenschaft in Deutschland. Seine Ausgangspunkte waren zunächst Chomskys Generative Transformationsgrammatik und das Informationsübertragungsmodell von Shannon und Weaver; vor allem knüpft Wilss jedoch an die Theorie von Nida und seine Unterscheidung zwischen Oberflächen- und Tiefenstruktur an.

Im Laufe der Jahre ist Wilss vom generativistischen Modell abgerückt und hat auch Erkenntnisse der Handlungstheorie, der Semiotik und der Kognitionswissenschaften verarbeitet. Seine weithin bekannte „Abneigung" (Prunč 2001: 81) gegen die Leipziger Schule und die funktionalistischen Ansätze ist angesichts des breiten Spektrums seiner wissenschaftlichen Interessen kaum verständlich.

Die Übersetzungswissenschaft lokalisiert Wilss (1988: 28) als „Teilbereich der Sprachverwendungslinguistik". Die Aufgabe der Übersetzungswissenschaft besteht nach Wilss darin, „die einzelnen Faktoren zu einem in sich schlüssigen Beschreibungs- und Erklärungsmodell zusammenzufassen" (Wilss 1977: 72).

Für Wilss (1988: vii) stellt sich Übersetzen nicht grundlegend als Handlung, sondern als „**Transferprozedur**" dar, der die „Forderung nach inhaltlicher Invarianz" zugrunde liegt (Stolze 1994: 57). Allerdings sei Übersetzen eine umfassende linguistische Informationsverarbeitung, so dass einfache Prozesstheorien „für die Beschreibung und Erklärung des Übersetzerverhaltens unbrauchbar" seien (Wilss 1996a: 89).

Das Übersetzen hat „eine sinnvermittelnde Funktion" (Wilss 1988: 23). Dabei kann der Übersetzer auf zwei Verfahrensweisen zurückgreifen, die Wilss (1992: 63) als „**wörtliche und nichtwörtliche Übersetzungsprozeduren**" bezeichnet. Diese Unterscheidung ist jedoch problematisch, da sie erstens bestimmten, am Muster der flektierenden indoeuropäischen Sprachfamilie orientierten – letztlich eurozentrischen – Prämissen geschuldet ist; zweitens auf einem naiven (referenz- statt inferenzorientierten) Zeichenverständnis beruht; und drittens mit der Vorstellung verbunden ist, dass das wörtliche Verfahren die bessere Art des Übersetzens sei und daher gegenüber dem nichtwörtlichen Verfahren vorzuziehen sei. Wilss begründet das damit, dass wörtliche Übersetzungen bidirektional seien (bzw. reversibel im Sinne Ecos), während „für die nichtwörtliche Übersetzung das Prinzip der Unidirektionalität, der Nichtumkehrbarkeit" (Wilss 1992: 64) gelte.

Von Beginn an arbeitet Wilss nicht mit einem sprachsystembezogenen, sondern mit einem **textbezogenen Äquivalenzbegriff**. Als typischer Äqui-

Transferprozedur

Übersetzungsprozeduren

textbezogener Äquivalenzbegriff

valenztheoretiker geht Wilss davon aus, dass zwischen Ausgangstext und Zieltext eine Äquivalenzrelation besteht, der man am besten gerecht wird, wenn man zu den einzelnen ausgangssprachlichen Texteinheiten eine Eins-zu-Eins-Entsprechung in der Zielsprache findet. Das nichtwörtliche Übersetzen wird so zu einem Ausnahmefall, zu dem der Übersetzer „Zuflucht" suchen muss, wenn eine „sprachsystematische oder gebrauchsnormative (textsortenspezifische) Eins-zu-Eins-Entsprechung zwischen AS und ZS fehlt" (Wilss 1992: 64).

Gegen diese Auffassung gilt es drei Einwände zu erheben: Erstens besteht zwischen Ausgangssprache und Zielsprache keine Äquivalenzrelation, aus der man den Vorrang einer bestimmten Übersetzungsprozedur ableiten könnte. Zweitens werden stets kontextgebundene sprachliche Einheiten übersetzt, deren Bedeutung im Kontext des Ausgangstexts durch interpretative Verfahren erst festzustellen ist. Drittens zeichnen sich Übersetzungen durch ihre implikative Struktur aus.

Den Normalfall in der Übersetzerpraxis stellen allerdings nicht die bidirektionalen wörtlichen Übersetzungen dar, sondern gerade die nichtwörtlichen Übersetzungen, deren Geringschätzung bei Wilss im Widerspruch zu der für sie erforderlichen erhöhten übersetzerischen Leistung steht. Während beim wörtlichen Übersetzen durch die quasi mechanische Übernahme der Eins-zu-Eins-Entsprechung – Wilss zufolge – keine Entscheidungen des Übersetzers erforderlich sind, „gewinnt das nichtwörtliche Übersetzen die Dimension eines Entscheidungsprozesses" (Wilss 1992: 64).

Bei der Unterscheidung zwischen wörtlichen und nichtwörtlichen Übersetzungen handelt es sich keineswegs um eine kategoriale Unterscheidung. Dies wird deutlich, wenn Wilss selbst sagt, dass beide Verfahren „eigentlich … ein Kontinuum von vier Klassen" sind, nämlich: „eindeutige wörtliche Übersetzung, eher wörtliche Übersetzung, eher nichtwörtliche Übersetzung und eindeutig nichtwörtliche Übersetzung" (Wilss 1992: 189). Für kategoriale Unterscheidungen können objektive Kriterien angegeben werden; graduelle Unterscheidungen – wie bei einem Kontinuum – hingegen können nur subjektiv aufgrund von Interpretationsprozessen vorgenommen werden. Wenn es sich aber bei der Unterscheidung zwischen wörtlicher und nichtwörtlicher Übersetzung um eine verkappte Gradation handelt, bei der nur die Extrempunkte benannt werden, verliert die ganze Unterscheidung ihren übersetzungspraktischen Wert.

Den **Übersetzungsprozess** definiert Wilss als Folge von Formulierungsprozessen, die von einem ausgangssprachlichen Text zu einem „möglichst äquivalenten" zielsprachlichen Text hinüber führen und dabei „das syntaktische, semantische und pragmatische Verständnis der Textvorlage und eine textadäquate Transferkompetenz des Übersetzers voraussetzen" (Wilss 1980a: 14). Wilss (1980a: 17) versucht, eine „textsortenspezifische Übersetzungsmethodik" zu entwickeln, obschon er Übersetzen für eine „methodik-

Übersetzungsprozess

resistente (vielleicht die methodikresistenteste) sprachliche Tätigkeit" hält (Wilss 1996a: 89). Den Anwendungsbereich dieser Methodik schränkt er auf das fachsprachliche Übersetzen ein, da das literarische Übersetzen methodisch nicht erreichbar sei (Wilss 1996a: 87).

Als Übersetzungsfertigkeit bezeichnet Wilss (1988: 95) die Umsetzung **„routinisierter Übersetzungsprozeduren"**, die besonders bei der wörtlichen Übersetzung auftreten (Wilss 1992: 85). Mit dem Oberbegriff Übersetzungsprozedur fasst Wilss (1988: 125) Übersetzungsmethoden, die „immer reflexiv oder »bewußtseinspflichtig«" sind, und Übersetzungstechniken zusammen, die sich „durch Routiniertheit und Wiederholbarkeit" auszeichnen. Entsprechend dieser Unterscheidung betätigt sich der Übersetzer entweder als „Problemlöser" oder als „Routinier" (Wilss 1996a: 94). Die Übersetzungsmethoden sind zudem mit der „Vorstellung vom Übersetzer als einem planvoll, bewußt und verantwortlich handelnden Subjekt" verbunden (Wilss 1996a: 87).

Trotz des Versuchs, Übersetzungsmethoden und -techniken zu beschreiben, spielt die **Intuition** bei Wilss eine große Rolle, da der Übersetzer „immer auf Situationen gefaßt sein" muss, „die außerhalb der übersetzungsmethodisch und übersetzungstechnisch geregelten Normalität des Übersetzens stehen" (Wilss 1988: 139). Um damit umgehen zu können, benötigt der Übersetzer die Intuition als „eine Art sechster Sinn" (Wilss 1988: 129). Sobald keine routinisierten Übersetzungsprozeduren mehr verfangen, wechselt der Übersetzer in den „Bereich intuitiven übersetzerischen Verhaltens" (Wilss 1988: 139). Die Übersetzungsintuition ist Wilss zufolge immer dann gefragt, wenn es um die Übersetzung „stilistisch markierte[r] Textstellen" geht (Wilss 1988: 139).

Sobald sich das erkennende Subjekt (der Übersetzer) eine bestimmte Erkenntnis (Übersetzungslösung) aufgrund mangelnder Selbstreflexion nicht selbst zuzuschreiben traut, ist es seit der Scholastik üblich geworden, auf den Intuitionsbegriff zurückzugreifen. Intuition ist das Gegenteil von Reflexion. Dennoch stellt Wilss die Übersetzungsintuition über die Reflexion, wenn er sie als das „differenzierteste Stadium in der Entwicklung übersetzerischer Bewußtseinsformen" (Wilss 1988: 140) bezeichnet. Insofern können die Bemühungen von Hönig (1995), die übersetzerische Selbstreflexion gegen den routinisierten Reflex in Anschlag zu bringen, und von Kußmaul (2000), die kreativen Prozesse ins Bewusstsein des Übersetzers zu heben, als Reaktion auf den Intuitionsbegriff bei Wilss gelten.

Wilss fordert, dass das Übersetzen „im Umfeld reflexiver Handlungsweisen" angesiedelt werden soll, um „übersetzerische Kurzschlußhandlungen" zu vermeiden, die häufig daraus resultieren, dass sich der Übersetzer „in einer akuten **Konfliktsituation**" befindet (Wilss 1992: 81), weil eine Rekodierung anhand von Eins-zu-Eins-Entsprechungen nicht möglich ist.

(Marginalien:)
routinisierte Übersetzungsprozeduren

Konfliktsituation

Wilss sieht nicht, dass seine äquivalenztheoretische Übersetzungstheorie in sich widersprüchlich ist und es genau diese theorieimmanenten Widersprüche sind, die den Übersetzer erst in die von ihm beklagte Konfliktsituation bringen. Die Verwendung des Ausdrucks »Konfliktsituation« ist bezeichnend für die tiefgreifende Angst vor der Freiheit des Übersetzers, durch die seine Auffassung vom Übersetzen gekennzeichnet ist. Begreift man Übersetzen als Problemlösen, wie es Wilss (1992: 50–68) behauptet, dann ist überhaupt nicht einzusehen, wie es zu einer Konfliktsituation kommen soll.

Psychische Konfliktsituationen entstehen, wenn ein Individuum glaubt, widerstreitenden Anforderungen oder Erwartungen mangels eigener Kompetenz, Verantwortlichkeit und Entscheidungsfreiheit nicht gerecht werden zu können. Wenn Wilss den Übersetzer also in einer Konfliktsituation sieht, dann deshalb, weil seine Theorie den Übersetzer nicht mit dem nötigen Rüstzeug versieht, um in dieser Situation bestehen zu können, und kreative Lösungen der – nicht steuerbaren – Intuition überantwortet.

Jörn Albrecht ist einer der profiliertesten deutschen Übersetzungstheoretiker, der die Zuständigkeit der Linguistik für übersetzungswissenschaftliche Fragestellungen vertritt. Die Bedeutungsproblematik steht für Albrecht im Mittelpunkt des Übersetzens. Deshalb ist die Semantik (und nicht die Syntaktik oder Pragmatik) für die Übersetzungstheorie von entscheidender Bedeutung.

Jörn Albrecht
(*1939)

Albrecht (1973: 19) begreift Übersetzen als Spezialfall der Kommunikation und stellt den Übersetzungsprozess als **zweistufigen Kommunikationsprozess** dar (Albrecht 1973: 20). Er wendet sich jedoch gegen die informationstechnische Auffassung, Übersetzen könne als Problem der Rekodierung behandelt werden. Für ihn geht es eben nicht um den bloßen Austausch von Zeichenträgern, sondern stets um die adäquate Wiedergabe der semantischen Information.

zweistufiger Kommunikationsprozess

Die Bedeutung kann beim Wechsel des Sprachsystems nicht völlig identisch bleiben. Albrecht sieht sehr deutlich, dass totale Äquivalenz „wohl auf den logisch sehr schwierigen Begriff der Identität" hinausliefe (Albrecht 1973: 17). Er betont immer wieder, dass mit Äquivalenz nur Gleichwertigkeit gemeint sein kann und dass Äquivalenz nicht mit Gleichheit oder Identität verwechselt werden darf.

Äquivalenz ist für Albrecht ein relativer Begriff, bei dem stets anzugeben ist, in Bezug auf welches *tertium comparationis* die Äquivalenz angestrebt wird (Albrecht 1990: 74). Äquivalenz wird somit zu einer nachgeordneten Größe. Statt dessen setzt Albrecht auf eine neue begriffliche Strategie: die Unterscheidung von Äquivalenz und Invarianz.

Ausgangspunkt seiner Überlegungen bleibt die Annahme, dass „jeder Text einen »objektiv gegebenen«, d.h. unabhängig von allen konkreten Rezeptionsakten bestehenden Sinn aufweist" (Albrecht 1990: 71). Mit dem Begriff der **Invarianz** glaubt Albrecht einen Ausweg aus dem Äquivalenz-

Invarianz

problem gefunden zu haben. Unter Invarianz versteht Albrecht (1987: 13), „logisch und statisch gesehen, das *tertium comparationis* der Übersetzung, prozessual betrachtet, das, was bei der Übersetzung zu bewahren ist". Die Vergleichsgröße, das *tertium comparationis*, ist nicht vorgegeben, sondern kann vom Übersetzer frei gewählt werden:

Äquivalenz

> Die Äquivalenz hängt also davon ab, was beim Übersetzen invariant gehalten werden soll. Was das ist, steht nicht von vornherein »objektiv« fest, sondern es liegt immer bis zu einem gewissen Grade im Ermessen des Übersetzers. Der Übersetzer hat zu entscheiden, welchen Faktor er invariant halten will. (Albrecht 1990: 75)

Hat der Übersetzer die von ihm „selbst aufgestellten Invarianzforderungen" erfüllt, gilt der Zieltext „als dem Original äquivalent" (Albrecht 1998: 266). Das Hauptkriterium für die Entscheidung, „was bei einer Übersetzung invariant gehalten werden soll", ist der **Übersetzungszweck** (Albrecht 1987: 13). Dadurch rückt Albrecht in eine gewisse geistige Nähe zu Skopostheorie und Funktionalismus.

Übersetzungszweck

Der Albrecht-Schüler **Michael Schreiber** hat sich vor allem mit der Abgrenzung des Übersetzungsbegriffs von anderen Formen der Texttransformation beschäftigt. Unter dem Begriff **Texttransformation** fasst Schreiber (1999: 271) Übersetzungen, Bearbeitungen, Interlinearversionen, Paraphrasen, Nachdichtungen und andere Arten der interlingualen Textumformung zusammen. Bei seinen Überlegungen greift er Albrechts „Thesen zur »rechten« Grenze der Übersetzung (Übersetzung/Bearbeitung) und zur »linken« Grenze der Übersetzung (Interlinearversion/Übersetzung)" auf (Schreiber 1999: 269). Ähnliche, aber letztlich unbefriedigende Abgrenzungsversuche haben auch Jäger (1975: 28 ff.) und Koller (2011: 203) vorgelegt.

Texttransformation

Michael Schreiber
(*1962)

Im Gegensatz zu Albrecht rechnet Schreiber nur „die Tatsache, dass eine interlinguale Texttransformation auf Invarianzforderungen beruht" zu den definitorischen Kriterien der Übersetzung, während Äquivalenz oder Adäquatheit für ihn nur ein Maßstab ist für die Qualität von Übersetzungen (Schreiber 1999: 271).

Schreiber bindet das Vorliegen von Übersetzungen definitorisch nicht an den Äquivalenzbegriff – hierin unterscheidet er sich von Albrecht (1998: 266) –, sondern an den Invarianzbegriff. Nach seiner Auffassung „liefert der Grad der Übereinstimmung zwischen Ausgangs- und Zieltext, also der Äquivalenzgrad … keine eindeutige Lösung für die Abgrenzung des Übersetzungsbegriffs" (Schreiber 1999: 273).

> Nach Schreiber muss jede Übersetzung **sowohl Invarianz- als auch Varianzforderungen** erfüllen.

Die für Übersetzungen konstitutive Änderung der Sprache ist die wichtigste Varianzforderung (Schreiber 2001: 108). Andere Varianzforderungen sind zum Beispiel Zusammenfassung und Vereinfachung, die für Bearbeitungen gelten. Die Invarianzforderungen werden vom Übersetzer im Einzelfall festgelegt. In diesem Zusammenhang unterscheidet Schreiber zwischen Invarianz, Äquivalenz und Adäquatheit:

> Invarianzforderungen werden aufgestellt, wenn der Übersetzer (meist intuitiv) eine Hierarchie der Merkmale des AS-Textes festlegt, die im gegebenen Fall gleich bleiben sollen. Äquivalenz liegt vor, wenn diese Invarianzforderungen erfüllt sind. Mit dem Ausdruck Adäquatheit lässt sich die Angemessenheit der Übersetzungsmethode beschreiben, die sich aus der gewählten Hierarchie der Invarianzforderungen ergibt. (Schreiber 2001: 107)

Die Unterscheidung zwischen Invarianz- und Varianzforderungen bildet für Schreiber die Grundlage, um Übersetzungen von Bearbeitungen abzugrenzen. Außerdem dient sie der Beurteilung von Übersetzungen. Übersetzungsfehler beruhen „auf der Nichterfüllung von Invarianzforderungen" (Schreiber 1993: 273). Hieran ist bemerkenswert, dass der Äquivalenzbegriff nicht als zentrales, sondern nur als zusätzliches Qualitätskriterium in Anspruch genommen wird.

Schreiber (1999: 274) unterscheidet **textinterne Invarianten** wie Inhalt und Form von **textexternen Invarianten** wie Intention und Wirkung. Darüber hinaus spricht Schreiber von Qualitätsforderungen, die jedoch ausgangstextunabhängig sind. Hierzu zählen die Kriterien Verständlichkeit, Grammatikalität und Idiomatizität (Schreiber 1999: 273). Die Qualitätsforderungen können sich „je nach Beschaffenheit des Ausgangstextes als implizite Invarianz- oder Varianzforderungen erweisen" (Schreiber 1999: 273). Bei der Festlegung der Varianz- bzw. Invarianzforderungen hat der Übersetzer „immer einen Interpretationsspielraum" (Schreiber 1999: 273).

Schreiber greift mit seinem Versuch, die Grenzen der Übersetzung neu zu bestimmen, in eine alte Debatte ein. Er führt drei Kriterien zur Bestimmung der linken Grenze der Übersetzung ein: Texttransformation, Interlingualität und Interpretation (Schreiber 1993: 11 ff., 24 ff., 36 ff.). Übersetzungen sind also keine bloßen Textreproduktionen (wie z. B. Zitate), sondern Texttransformationen, bei denen ein Sprachwechsel (*Inter*lingualität) vorliegt. Hinzu kommt der „Faktor *Interpretation*, d. h. die Tatsache, dass ein Übersetzer stets auf eine »vermittelnde Instanz« wie »Sinn« zurückgreifen muß" (Schreiber 1999: 276). Dadurch unterscheidet sich die Übersetzung von der Transkodierung (Schreiber 1999: 276).

Valentin García Yebra (1917–2010) ist einer der Pioniere der spanischen Übersetzungswissenschaft. In Anlehnung an romantische Positionen dient für ihn das Übersetzen dazu, Kulturen zu verbreiten, Nationalliteraturen oder gar Weltliteratur zu schaffen und die Sprachen zu bereichern. Er sieht

textinterne/textexterne Invarianten

Valentin García Yebra

Übersetzen wesentlich als Rekodierung. Dem Übersetzer gibt er eine **goldene Regel** auf den Weg:

Die goldene Regel für jede Übersetzung

> Die goldene Regel für jede Übersetzung ist meiner Ansicht nach, alles das zu sagen, was das Original sagt, nichts zu sagen, was das Original nicht sagt und alles mit der Korrektheit und Natürlichkeit zu sagen, die die Sprache zulässt, in die übersetzt wird. (García Yebra 1982: 45)

2.4 | Die textlinguistischen Ansätze

Textlinguistik und Sprechakttheorie erweitern seit Ende der 1960er Jahre das Spektrum der Linguistik. Damit verbunden sind die Abwendung vom Sprachsystem (*langue*) und die Hinwendung zur Sprachverwendung (*parole*). Diese Wende wird auch in der Übersetzungswissenschaft reflektiert, wo in den 1970er Jahren die textlinguistische Phase des linguistischen Paradigmas beginnt.

Gemeinsamer Ausgangspunkt der textlinguistischen Übersetzungstheorien ist die Erkenntnis, dass Texte nicht zum Sprachsystem (*langue*) gehören, sondern Phänomene der Sprachverwendung (*parole*) in je konkreten kommunikativen Situationen sind. Daraus folgt erstens, dass die Äquivalenzen zwischen Ausgangstext und Zieltext nicht – wie die *Stylistique Comparée* noch glaubte – auf *langue*-Ebene zu suchen sind. Im Zentrum des Interesses steht nun nicht mehr eine auf der Semantik einzelner Wörter oder Sätze basierende Äquivalenz, sondern eine auf dem kommunikativen Effekt des gesamten Textes basierende Äquivalenz. Zweitens folgt daraus, dass der Textsorte, der ein bestimmter Text angehört, ein erheblicher Einfluss auf die Übersetzungsmethode zukommt.

Die führenden Vertreter sind Katharina Reiß (1976), Albrecht Neubert (1985) Gerd Wotjak (1997) und Leonid S. Barchudarow (1979).

Einer der ersten, die den wort- oder satzbezogenen Zugang zum Problem des Übersetzens in Frage stellten, war der Linguist **Eugenio Coseriu** (1978). Er sprach sich stattdessen für einen textbezogenen Zugang aus und vertritt als einer der ersten das finalistische Prinzip der Übersetzung.

Eugenio Coseriu
(1921–2002)

> Das Übersetzen ist am ehesten dem Sprechen analog, und es gelten deshalb für das Übersetzen wie für das Sprechen nur finalistisch motivierte und finalistisch differenzierte Normen. Auch die »beste Übersetzung« schlechthin für einen bestimmten Text gibt es aus demselben Grund nicht: Es gibt nur die beste Übersetzung dieses Textes für bestimmte Adressaten, zu einem bestimmten Zweck und in einer bestimmten geschichtlichen Situation. (Coseriu 1978: 32)

Katharina Reiß

Die 1923 geborene **Katharina Reiß** (1971; 1976; 1995) hat einen texttypologischen Ansatz verfolgt und versucht, „Texttypen und Translationsregeln miteinander in Beziehung zu setzen" (Prunč 2001: 94). Sie hat den „ersten stringenten Vorschlag" (Prunč 2001: 94) für eine Texttypologie im deutschen Sprachraum unterbreitet.

Für ihre **Texttypologie** stützt sich Reiß auf die Sprachfunktionen des Bühlerschen Organonmodells, wonach Zeichen drei Funktionen haben können: eine sachverhaltsbezogene Darstellungsfunktion, eine senderbezogene Ausdrucksfunktion und eine empfängerbezogene Appellfunktion (Bühler 1934: 28). In Anlehnung an diese drei Sprachfunktionen unterscheidet Reiß (1995: 83) drei Texttypen.

Der *informative* Texttyp ist sachorientiert, es geht vor allem um die Vermittlung von Informationen über reale oder fiktive Sachverhalte. Der *expressive* Texttyp ist senderorientiert, das heißt, der Sender vermittelt durch den Text und seine spezifische Textgestaltung Informationen über sich selbst. Der *operative* Text ist verhaltensorientiert, da durch den Text das Verhalten des Empfängers beeinflusst werden soll (Reiß 1995: 90).

Der entscheidende Punkt dieser Texttypologie ist, dass jedem Texttyp eine bestimmte Invarianzforderung und eine spezifische Übersetzungsmethode zugeordnet werden (Prunč 2001: 96).

Texttyp	Kennzeichen	Invarianz	Übersetzungs-methode
informativ	sachorientiert	Inhalt	sachgerecht
expressiv	senderorientiert	ästhetische Wirkung	autorengerecht
operativ	verhaltensorientiert	textimmanenter Appell	adaptierend

Tab. 2.3
Texttyp und Übersetzungsmethode nach Reiß

Reiß (1985: 281) legte ein hierarchisches Schema von Übersetzungsprozeduren vor, in dem sie zwischen wörtlichen und nicht-wörtlichen Prozeduren unterschied. Die nicht-wörtlichen Prozeduren bezeichnet Reiß zusammenfassend als Paraphrase. Darauf aufbauend postuliert sie fünf Übersetzungstypen, nämlich: Interlinearversion, wörtliche Übersetzung, philologische Übersetzung, kommunikative Übersetzung und bearbeitende Übersetzung.

Auch wenn sie alle fünf Übersetzungstypen als Übersetzung bezeichnet, scheint sie die von ihr so genannte kommunikative Übersetzung „als *den* eigentlichen Übersetzungstyp" anzusehen (Nord 2001: 231; Hervorh. im Orig.).

Der russische Linguist **Leonid S. Barchudarow** (1979) stellt zunächst fest, dass der Ausdruck ‚Übersetzung' doppeldeutig ist und sowohl den Prozess als auch das Ergebnis der übersetzerischen Tätigkeit bezeichnen kann. Übersetzen als Prozess definiert er im Sinne einer „zwischensprachlichen Umwandlung oder Transformation eines in einer gegebenen Sprache vorliegenden Textes in einen Text einer anderen Sprache" (Barchudarow 1979: 8). Insofern ist der „Gegenstand der linguistischen Übersetzungstheorie … die

Texttypologie

Leonid S.
Barchudarow

wissenschaftliche Beschreibung des Prozesses der Übersetzung als zwischensprachliche Transformation" (Barchudarow 1979: 8).

Der Übersetzungsprozess vollzieht sich „nach gewissen feststehenden Regeln", wobei bei der Transformation stets mindestens „eine bestimmte Invariante erhalten bleiben" muss (Barchudarow 1979: 11). Als zentrale Übersetzungseinheit sieht er zwar den Satz, aber entscheidend ist für ihn die Äquivalenz auf der Textebene. Daher favorisiert er das **Prinzip „der semantischen Äquivalenz** von Original und Übersetzung" (Barchudarow 1979: 17). Damit ist aber gerade nicht dem wörtlichen Übersetzen das Wort geredet, vielmehr muss der Übersetzer dem „Prinzip der Unterordnung der Elemente unter das Ganze" Folge leisten (Barchudarow 1979: 20).

Prinzip der semantischen Äquivalenz

> Die semantische Äquivalenz des Ziel- und des Ausgangstextes, die nach unserer Auffassung die notwendige Voraussetzung für das Zustandekommen der Übersetzung ist, besteht nicht zwischen einzelnen Elementen dieser Texte, sondern zwischen den Texten als Ganzheiten. (Barchudarow 1979: 19)

Für ihn beruht die Möglichkeit des Übersetzens auf dem „angenommenen Vorhandensein inhaltsgleicher Einheiten in verschiedenen Sprachen. Äquivalenz definiert er als Bedeutungsgleichheit. So kommt Barchudarow zu seiner typisch **linguistischen Definition von Übersetzung**:

linguistische Definition von Übersetzung

> Die Übersetzung ist der Prozeß der Umwandlung eines Redeprodukts in einer Sprache in ein Redeprodukt in einer anderen Sprache unter Wahrung des unveränderten Inhalts, d. h. der Bedeutung. (Barchudarow 1979: 13)

Albrecht Neubert (*1930)

translatorische Kompetenz

Für Barchudarow (1979: 17) hat es der Übersetzer „nicht mit Sprachen als Systemen zu tun, sondern mit Redeprodukten oder Texten" . Übersetzen findet also – mit Saussure gesprochen – nicht auf der Ebene der *langue*, sondern der *parole* statt. Insofern sei die linguistische Übersetzungstheorie eigentlich als „kontrastive Textlinguistik" zu verstehen (Barchudarow 1979: 31).

Albrecht Neubert (1985) hat innerhalb der Leipziger Schule die Wende zu einer textorientierten Übersetzungstheorie am konsequentesten vorangetrieben. Den aus der Soziolinguistik stammenden Begriff der kommunikativen Kompetenz übernahm Neubert für die Übersetzungswissenschaft in Form der **translatorischen Kompetenz**. Darunter versteht er die „Kenntnis der mikro- und makrotextuellen Äquivalenzbeziehungen und die Fähigkeit, sie entsprechend den Bedingungen der funktionellen Äquivalenz von konkreten Texten auszunützen" (Neubert 1973a: 139 f.).

Der Übersetzer muss also dafür sorgen, dass Ausgangstext und Zieltext funktionell äquivalent sind. **Funktionelle Äquivalenz** liegt dann vor, wenn der Zieltext in einer konkreten Kommunikationssituation und bei Berücksichtigung der Textsortenkonventionen denselben kommunikativen Effekt erzielt wie der Ausgangstext unter denselben Bedingungen.

funktionelle Äquivalenz

Für Neubert (1983: 101) haben Äquivalenzen zwischen zwei Sprachen „mit der Translation im Grunde nichts direkt zu tun". Nur die Äquivalenzen zwischen zwei „Texten bzw. Textklassen … sind die eigentlichen translatorischen Äquivalenzen" (Neubert 1983: 101). Der Übersetzer hat es nicht mit der sprachsystembedingten Wörterbuchbedeutung, sondern stets mit „Bedeutung als Funktion des Textes" (Neubert 1983: 101) zu tun.

Für Neubert (1988: 83) geht es immer um die „textbezogen[e] Äquivalenz". Damit wendet er sich gegen die weithin geübte Praxis, Äquivalente unterhalb der Textebene zu suchen. Darüber hinaus versteht er Äquivalente nicht als konkrete Wörter. „Äquivalente … sind Träger oder Hüllen der Äquivalenz. Äquivalent sind die kommunikativen Werte der Zeichenfolge in ihrem kommunikativen Umfeld" (Neubert 1988: 83).

Neubert unterscheidet zwischen bloßer Transkodierung und der von ihm favorisierten **textsortenspezifischen Formulierung**. Sobald ein Ausgangstext Satz für Satz in grammatisch korrekte Sätze der Zielsprache übersetzt wird, entsteht Neubert (1983: 104) zufolge nur ein „Pseudotext, der den Aufbau des Originals bedenkenlos imitiert". Dies kann nicht Ziel des Übersetzens sein. Daher versucht Neubert die Beziehung zwischen Ausgangs- und Zieltext zu lockern. Den Zieltext betrachtet er nicht mehr als Kopie eines Originals in einer anderen Sprache, sondern als Neuschaffung, die sich an einem bereits einmal kodierten Text orientiert (Neubert 1983: 110).

textsortenspezifische Formulierung

Die beiden „Eingangsvariablen" [*input variables*] dieser übersetzerischen Neuschaffung sind der **Inhalt** und der **Zweck** des Ausgangstexts (Neubert 1973b: 19).

Eingangsvariablen

Gerd Wotjak gehört wie Neubert zur zweiten Generation der Leipziger Schule. Sein **Mehrebenenmodell der Äquivalenz** ist das bisher umfassendste Modell zur Beschreibung der zwischen Ausgangstext und Zieltext bestehenden Äquivalenzbeziehungen, die entsprechend der verschiedenen semiotischen Ebenen aufgegliedert werden.

Mehrebenenmodell der Äquivalenz

Das Mehrebenenmodell ist der Erkenntnis geschuldet, dass der Übersetzer nicht den gesamten Text auf einmal übersetzen kann, sondern ihn beim Übersetzen in kleinere, handhabbare Einheiten segmentieren muss. Das Problem der Äquivalenz stellt sich somit für den Übersetzer nicht erst retrospektiv auf der Textebene, sondern bereits *operativ* und zwar auf ganz verschiedenen Ebenen.

Gerd Wotjak
(*1942)

Das Mehrebenenmodell soll deshalb zum einen eine exaktere Lokalisation des jeweiligen Übersetzungsproblems als Problemfall einer Äquivalenzbeschreibung auf der je gewählten Äquivalenz-Ebene ermöglichen (Wotjak 1997: 146). Wotjak (1997: 149 f. und 166) geht dabei von vier hierarchisch aufeinander aufbauenden Ebenen aus:

1. Die **Ebene der semantischen Mikrostrukturen** (Semem-Ebene), bei der es um die systemhaften semantischen Korrespondenzen zwischen ausgangssprachlichen und zielsprachlichen Bedeutungen geht.
2. Die **Ebene der semantischen Makrostrukturen** (Satz- bzw. Textebene), bei der es um die syntagmatisch-kombinatorische Verknüpfung von Kotext-Bedeutungen, Sprachbedeutungen und Allosememen zu Syntagmen geht. Die semantischen Makrostrukturen führen zu Vorstufen der semantischen Inhaltsäquivalenz.
3. Die **Ebene der kommunikativen Makrostrukturen** (bzw. der kommunikativ textuellen Äquivalenz), bei der es um die diatopischen, diastratischen und diaphasischen Potentialmarkierungen der Ausdrucksstrukturebene von Lexemen geht.
4. Die **Ebene der diskursiv-illokutiven Makrostrukturen** (bzw. der translatorischen Äquivalenz), bei der es um den kommunikativen Sinn auf der Ebene des Redetextes bzw. der konkreten Äußerung geht.

Auf den Ebenen 1 und 2 geht es um die semantische Äquivalenz der entsprechenden Mikro- und Makrostrukturen von Texten, während es auf den Ebenen 3 und 4 um die kommunikative Äquivalenz einzelner Textteile bzw. des Gesamttextes geht. Ziel des Übersetzens ist die **translatorische Äquivalenz**, die gegeben ist, wenn für die verschiedenen Übersetzungsprobleme auf allen Ebenen eine optimale Lösung gefunden wurde.

translatorische Äquivalenz

Den Übersetzungsprozess versteht Wotjak als Realisationsform einer „zweisprachig vermittelten Kommunikation" (Wotjak 1997: 141). Daher ist das anzustrebende Ziel beim Übersetzen auch die Herstellung gleicher kommunikativ-illokutiver Werte und damit die Gleichwertigkeit der Deutung des ausgangssprachlichen Textes durch die ausgangssprachlichen Rezipienten und der Deutung des zielsprachlichen Translats durch die zielsprachlichen Rezipienten (Wotjak 1997: 137).

Nach Wotjak unterscheiden sich Übersetzungen und Adaptationen durch die in der folgenden Tabelle angegebenen Kriterien:

Tab. 2.4 | Übersetzung und Adaptation nach Wotjak

Normalfall der Translation (Übersetzung)	Sonderfall der Translation (Adaptation)
Äquivalenz	Heterovalenz
Funktionskonstanz	Funktionsvarianz
Textinterne Skoposermittlung	Textexterne Skopossetzung

Die Anwendbarkeit des Äquivalenzbegriffs ist laut Wotjak nur bei funktionskonstanten Übersetzungen gegeben, denn sobald eine Funktionsvarianz vorliegt, „so ist per definitionem nicht mehr mit einem qualitativ wie quantitativ hinreichenden Grad an Äquivalenz zu rechnen" (Wotjak 1997: 141). Es ist also für Wotjak unsinnig, bei vorgegebener Funktionsvarianz von äquivalenten Zieltexten zu sprechen. Funktionsvariante Übersetzungen schließt Wotjak nicht aus, versteht sie aber als „Sonderfälle der Translation" (Wotjak 1997: 141). Hierzu zählt er u. a. die Resümeeübersetzung oder die formal-wörtlich-strukturelle interlineare Übersetzung (Wotjak 1997: 141).

Der Äquivalenzbegriff ist bei Wotjak nur auf einen – wenn auch sehr großen – Teilbereich der übersetzerischen Aktivitäten beschränkt, wobei er selbst (Wotjak 1977: 140) betont, dass Äquivalenz „selten genug total, sondern häufiger partiell, unvollkommen sein dürfte". Mit anderen Worten: Selbst das Vorliegen »partieller Äquivalenz« bedeutet stets auch das Vorliegen von Ungleichwertigkeiten bzw. Heterovalenzen. So gesehen ist Äquivalenz als Charakteristikum des Normalfalls von Translation eher die Ausnahme. Denn **Übersetzungen sind überwiegend durch Heterovalenzen gekennzeichnet**. Eine Beschreibung oder gar Bewertung angemessener Heterovalenzen hat Wotjak nicht vorgelegt.

Der in Granada unterrichtende Wotjak-Schüler **Linus Jung** (*1964) versucht das Erbe der Leipziger Schule weiterzutragen, ihre Aktualität zu belegen und gemäß den Anforderungen des 21. Jahrhunderts weiterzuentwickeln. Hierzu sucht er vor allem die Auseinandersetzung mit anderen paradigmatischen Ansätzen, insbesondere mit dem Funktionalismus. Hinsichtlich der Rezeption der Leipziger Übersetzungstheorie kritisiert er, dass sie einseitig als sprachsystemorientiert wahrgenommen wurde, während die Fundierung in der kommunikativen Situation zu wenig Beachtung fand.

Linus Jung
(*1964)

Für Jung (2012: 15) ist die Übersetzungswissenschaft „eine breit kommunikativ-semiotisch ausgerichtete Textwissenschaft", weshalb der lesend-verstehende und schreibend-konstruierende Umgang mit Texten zu den Grundkenntnissen eines jeden Übersetzers gehören müsste. Professionelles Übersetzen ist für ihn eine **sprach- und kulturgrenzenüberschreitende Kommunikation**.

Auch Jung verficht ein Äquivalenzmodell des Übersetzens, wobei er auf die **kommunikative Äquivalenz** zwischen Ausgangstext und Zieltext abhebt. Er vermutet, dass der Begriff der kommunikativen Äquivalenz „stillschweigend in der Skopostheorie bei der Erklärung der Übersetzungsfunktion vorausgesetzt wird" (Jung 2011: 391). Die kommunikative Äquivalenz ist keine statische Größe, sondern gilt als „supratextuell[er] Wert, der sich auf die im Text kodifizierten kommunikativen Werte stützt" (Jung 2011: 391). Diese textuellen Werte erfüllen eine semantische und eine kommunikative Funktion.

> Die Textbedeutungen haben die semantische Funktion, die Aussageabsicht des Textautoren sprachlich darzustellen, und zugleich haben sie die kommunikative Funktion im Textempfänger diese Aussageabsicht zu evozieren. Das heißt, der kommunikative Wert oder auch der Textsinn stützt sich notgedrungen auf die sprachlichen Elemente des Textes. Die kommunikative Äquivalenz setzt

nun bei der Übersetzung voraus, dass AT und ZT hinsichtlich ihrer kommunikativen Werte miteinander verglichen werden können. Die ideale Übersetzung wäre ein ZT, der einem AT kommunikativ äquivalent ist. (Jung 2011: 391)

Ausgangspunkt des Übersetzungsprozesses sind laut Jung nicht die *Wörter* des Ausgangstexts, sondern deren *Sinn* (= kommunikativer Wert). Der Übersetzer, der einen kommunikativ äquivalenten Zieltext erstellen soll, muss sich folglich an den kommunikativen Eigenschaften des Ausgangstexts orientieren, die den Textsinn in einer bestimmten Kommunikationssituation hervorrufen. Das Grundproblem des Übersetzens besteht also genau darin, „sich von den Wortbedeutungen des AT zu lösen, ihren Sinn zu suchen und diesen Sinn durch einen ZT wiederzugeben" (Jung 2011: 393).

2.5 | Sonstige linguistische Ansätze

Unter die sonstigen linguistischen Ansätze fallen vor allem die kognitionslinguistischen, die relevanztheoretischen und die korpuslinguistischen Theorien, wie sie sich seit Beginn der 1980er herausgebildet haben.

kognitions-
linguistische Ansätze

Im Zuge des kognitionswissenschaftlichen Booms ab den 1980er Jahren kamen **die kognitionslinguistischen Ansätze** auf, die jedoch nicht innerhalb der Übersetzungswissenschaft selbst, sondern im Rahmen benachbarter Disziplinen wie der Fremdsprachendidaktik entstanden. Man versuchte herauszufinden, was in den Köpfen der Übersetzer vor sich geht. Der Fokus verschob sich von der Übersetzung als Produkt hin zum Übersetzen als Prozess. Untersuchungsgegenstand waren nicht länger der Text und seine Merkmale, sondern die mentalen Prozesse der Übersetzer. Wichtige Vertreter kognitionslinguistischer Ansätze sind Hans P. Krings (1986; 1988), Frank Königs (1989; 1993) und Wolfgang Lörscher (1991). Es sei aber gleich hinzugefügt, dass auch innerhalb anderer Paradigmen versucht wurde, die Erkenntnisse der kognitionswissenschaftlichen Forschung fruchtbar zu machen. Dies gilt vor allem für die Funktionalisten Hönig und Kußmaul.

Die kognitionswissenschaftlichen Forscher mussten zunächst ein methodologisches Problem lösen, da der Kopf des Übersetzers einer Black Box gleicht und ein direkter Einblick somit unmöglich ist. Um herauszufinden, welche mentalen Prozesse und Operationen beim Übersetzen ablaufen, hat

Methode des lauten
Denkens

man versucht die in der Psychologie bewährte **Methode des lauten Denkens** anzuwenden. Probanden wurden gebeten, alle Gedanken, die ihnen beim Übersetzen in den Kopf kamen, laut zu verbalisieren. Diese Tonbandaufzeichnungen wurden für die Analyse zu Protokollen des lauten Denkens (*Think aloud protocols*) transkribiert.

Mit diesem introspektiven Verfahren fand man heraus, dass die Gedanken sich hauptsächlich um Probleme des Wortschatzes und der Bedeutung drehten. Syntaktische Probleme traten kaum ins Bewusstsein bzw. wurden nicht versprachlicht. Der Verstehensprozess setzt in der Regel bei einzelnen Wörtern oder Wortgruppen an, nicht aber bei Sätzen oder auf der Ebene des Gesamttexts. Bei den Suchstrategien dominiert die muttersprachliche Sicht.

Beim Vergleich der Protokolle von Fremdsprachenlernern und Berufs-übersetzern stellte sich erstens heraus, dass der Übersetzungsprozess bei Anfängern linear (Satz für Satz) abgearbeitet wird, während bei Berufs-übersetzern eine hohe Rekursivität mit vielen Vor- und Rückgriffen zu verzeichnen ist. Zweitens ergab sich, dass die Berufsübersetzer eine größere Anzahl an Übersetzungsvarianten produzierten und in Erwägung zogen. Hinsichtlich der Benutzung von Hilfsmitteln wurde festgestellt, dass sich die Fremdsprachenlerner mit zweisprachigen Wörterbüchern zur Klärung der semantischen Probleme zufrieden gaben, während die Berufsübersetzer eine größere Bandbreite an Hilfsmitteln zur Recherche heranzogen.

Die kognitionslinguistische Forschung hat eindrücklich nachgewiesen, dass eine nur an der sprachlichen Oberflächenstruktur oder an verschiedenen Texttypen ansetzende Theorie, einen wesentlichen Faktor beim Übersetzen außer Acht lässt, nämlich den Übersetzer als textrezipierendes und textproduzierendes Subjekt.

Statt Erkenntnisse, Fragestellungen und Methoden aus der Kognitions-wissenschaft einfach zu übernehmen, plädiert Ricardo Muñoz (2007) sogar für eine eigenständige kognitive Translationswissenschaft.

Die **Relevanztheorie,** die ursprünglich von Sperber/Wilson (1986) zur Analyse mündlicher Kommunikationen entwickelt wurde, hat **Ernst-August Gutt** (2000) für die Übersetzungswissenschaft fruchtbar gemacht. Gutts Grundannahme besteht darin, dass die Sprachbenutzer nach dem **Prinzip der optimalen Relevanz** vorgehen. Dies bedeutet, dass einerseits der Sprecher versucht, sich stets optimal zu äußern, so dass seine Äußerungen mit minimalen Aufwand vom Hörer adäquat interpretiert werden können, und dass andererseits der Hörer die jeweils naheliegendste Interpretation favorisiert.

Relevanztheorie von Ernst-August Gutt

> The central claim of relevance theory is that human communication crucially creates an expectation of optimal relevance, that is an expectation on the part of the hearer that his attempt at interpretation will yield *adequate contextual effects* at *minimal processing cost*. (Gutt 2000: 31 f.; Hervorh. im Original)

Gutt (2000: 105) definiert Übersetzung als „interlinguale interpretative Ver-wendung" eines Texts. Beim Übersetzen kann es ihm zufolge nicht um die exakte Wiedergabe des Inhalts gehen, sondern nur um eine interpretative Ähnlichkeit (Gutt 2000: 37). Die Übersetzung soll transparent sein und das Original repräsentieren. Eine skoposadäquate Zieltextproduktion schließt er damit aus. Der Übersetzer müsse jeden unnötigen Sprachaufwand, der zusätz-lichen Verarbeitungsaufwand für die Rezipienten nach sich zieht, vermeiden, denn die Übersetzung „should be clear and natural in expression in the sense that it should not be necessarily difficult to understand (Gutt 2000: 107).

Angesichts der Komplexität der menschlichen Sprache und Kommunikation und eingedenk divergenter Motivationslagen bei unterschiedlichsten Sprechern und Hörern ist die Reduktion auf eine einzige Relevanzmaxime wissenschaftstheoretisch gesehen als unangebrachte Übersimplifizierung zu werten. Darüber hinaus stellt der Umstand, dass der Übersetzer darauf verpflichtet werden soll, unterschiedslos *alle* Textsorten nach ein und derselben Maxime zu übersetzen, einen Rückschritt gegenüber dem Ende des 20. Jahrhunderts bereits erreichten Erkenntnisniveaus dar.

Mona Baker
(*1953)

Zu Beginn der 1990er Jahren regte **Mona Baker** (1993; 1995; 1997) an, die Verfahren der Korpuslinguistik für die Translationswissenschaft fruchtbar zu machen. Die seither entstandenen **korpuslinguistischen Forschungen** beschränken sich – mit wenigen Ausnahmen – zumeist auf den englischsprachigen Raum. Im Gegensatz zur Korpuslinguistik selbst muss sich die korpusbasierte Translationswissenschaft ihre Methodik für die Korpusanalyse erst noch erarbeiten. Von eigenständigen korpuslinguistischen Übersetzungstheorien kann bisher noch nicht die Rede sein, allenfalls von korpusbasierten Analysen von Übersetzungen.

Es handelt sich also nicht um theoretische, sondern um *methodologische* Ansätze. Die theoretischen Grundlagen für die übersetzerischen Korpusanalysen stammen aus der Linguistik, speziell natürlich aus der Korpuslinguistik. Da sich die Translationswissenschaft seit den 1980er Jahren zunehmend von der Linguistik als Leitdisziplin emanzipiert und – vor allem im deutschsprachigen Raum – völlig andere paradigmatische Zugänge entwickelt hat, tun sich z. B. viele Funktionalisten, Hermeneutiker oder Dekonstruktivisten sehr schwer mit korpuslinguistischen Ansätzen. Einen guten Überblick in dieses Forschungsfeld gibt Olohan (2004).

Die korpuslinguistische Forschung arbeitet mit Textkorpora. Das sind nach bestimmten Kriterien zusammengestellte Textmengen, die elektronisch aufbereitet sind. Dazu werden anhand einer Auszeichnungssprache (*markup language*) u. a. Markierungen für die verschiedenen Satzglieder oder syntaktische und semantische Anmerkungen hinzugefügt. Für die translationswissenschaftliche Forschung unterscheidet Mona Baker (1995) drei Arten von Korpora: Parallelkorpora, multilinguale Korpora und Vergleichskorpora.

Parallelkorpora

Parallelkorpora bestehen aus Texten in einer Sprache und deren Übersetzungen in einer anderen Sprache. Sie sind sprachenpaarorientiert und eignen sich daher, um das sprachenpaarspezifische Übersetzungsverhalten, Äquivalenzbeziehungen zwischen ausgangs- und zielsprachlichen Einheiten auf Wort-, Syntagma- oder Satzebene oder das sogenannte Translationesisch[4] zu analysieren.

---

4 Als Translationesisch bezeichnet man die Gesamtheit der sprachlichen Eigentümlichkeiten oder Merkwürdigkeiten von Übersetzungen, die bis zu ungrammatikalischen Konstruktionen reichen und in der Regel durch überwörtliche Übersetzungen oder eine übergenaue Anlehnung an das Original entstehen.

Multilinguale Korpora sind aus monolingualen Korpora in verschiedenen Sprachen aufgebaut, enthalten also keine übersetzten Texte. Sie eignen sich nicht für translationswissenschaftliche Forschungen, sondern vor allem für kontrastive linguistische Studien.

multilinguale Korpora

Vergleichskorpora umfassen Texte einer Ausgangssprache und deren Übersetzungen in eine oder mehrere Zielsprachen. Sie eignen sich dazu, spezifische Merkmale übersetzter Texte herauszufinden. Dies können Merkmale sein, die – im Vergleich zu Originaltexten – besonders wenig, besonders häufig oder sogar ausschließlich in Übersetzungen auftreten.

Vergleichskorpora

Auch allgemeine Aussagen über das Übersetzen, sogenannte **Übersetzungsuniversalien**, lassen sich Baker zufolge mit Vergleichskorpora bestätigen oder falsifizieren. Typische Aussagen sind, dass Übersetzungen dazu neigen, expliziter, eindeutiger und konventioneller als ihre Ausgangstexte zu sein, oder dass sie Wiederholungen zu vermeiden suchen oder Merkmale der Ausgansgtexte übertreiben.

Zu den Übersetzungsuniversalien stellte Mona Baker (1993) vier allgemeine Hypothesen auf:

Übersetzungs-universalien

- Simplifizierung (*simplification*): die Tendenz, beim Übersetzen die Texte auf unterschiedliche Weisen zu vereinfachen
- Explizierung (*explicitation*): die Tendenz, Sachverhalte in der Übersetzung klarer auszudrücken (z. B. durch Hinzufügen impliziter Informationen)
- Konventionalisierung (*normalisation*): die Tendenz, auf typische Muster der Zielsprache (z. B. textsortenspezifische Konventionen) zurückzugreifen
- Angleichung (*levelling out*): die Tendenz, dass übersetzte Texte untereinander mehr Ähnlichkeiten aufweisen als die jeweiligen Originaltexte

Bei Parallel- und Vergleichskorpora, die Originaltexte und Übersetzungen enthalten, müssen vor Beginn der Analyse die einzelnen Wörter, Syntagmen oder Sätze der Ausgangs- und Zieltexte durch Alignmenttechniken verknüpft werden. Bei Korpusanalysen können z. B. unterschiedliche Übersetzerstile nicht analysiert werden, da der Übersetzer als handelndes Subjekt aus systematischen Gründen nicht in den Blick gerät. Kritisch anzumerken sind vor allem drei Faktoren:

1. Der datengetriebene Charakter der Analysen suggeriert eine Objektivität, die so nicht gegeben ist, da bereits der Anwendung der Alignmenttechniken bei der Aufbereitung der Korpora und dann natürlich der Auswertung der Analyseergebnisse ein stark subjektiv geprägtes interpretatives Moment innewohnt.
2. Durch das Alignment werden schon beim Aufbau des Forschungsdesigns (also *vor* Beginn der Analyse!) Äquivalenzbeziehungen behauptet, die zu einem Bias bei den Ergebnissen führen können.

3. Da Korpusanalysen bisher vor allem mit europäischen, und das heißt: flektierenden Sprachen (vor allem mit der Refrenzsprache Englisch) angefertigt wurden, tendieren Aussagen zu Übersetzungsuniversalien zu einem gewissen Eurozentrismus. Probleme beim Übersetzen aus oder in agglutinierende oder isolierende Sprachen – wie Türkisch oder Chinesisch – geraten so völlig aus dem Blick.

Diesen drei Kritikpunkten müsste durch eine solide wissenschaftstheoretische Ausbildung der Forscher entgegengewirkt werden. Korpusanalysen eignen sich zur Beschreibung des Ist-Zustandes, lassen aber keine Bewertung zu, ob die analysierten Übersetzungen auch gut oder angemessen formuliert sind. Die dafür erforderlichen Bewertungsmaßstäbe sind in der Korpusanalyse nicht vorgesehen und können nur eine entsprechende Übersetzungstheorie liefern.

2.6 | Fragen und Aufgaben

1 Nennen Sie drei wichtige Übersetzungstheoretiker des linguistischen Paradigmas!

2 Skizzieren und erläutern Sie das Kommunikationsmodell des Übersetzens nach Kade!

3 Erläutern Sie den Begriff Äquivalenz, wie er von linguistischen Übersetzungstheoretikern verstanden wird! Welche Funktion erfüllt der Äquivalenzbegriff im Rahmen der linguistischen Übersetzungstheorien?

4 Welcher Grundgedanke liegt dem texttypologischen Modell von Reiß im Hinblick auf die zu wählende Übersetzungsmethode zugrunde?

5 Halten Sie die Unterscheidung zwischen eigentlicher Übersetzung und uneigentlicher Übersetzung (Bearbeitung, Paraphrase, Nachdichtung usw.) für sinnvoll? Welche Argumente sprechen für die Beibehaltung dieser Unterscheidung, welche sprechen dagegen?

2.7 | Verwendete und weiterführende Literatur

Albrecht, Jörn (1973): Linguistik und Übersetzung. Tübingen: Niemeyer.

Albrecht, Jörn (1987): Wissenschaftstheoretischer Status und praktischer Nutzen der Übersetzungswissenschaft. In: Ehnert/Schleyer 1987: 9–23.

Albrecht, Jörn (1990): Invarianz, Äquivalenz, Adäquatheit. In: Arntz/Thome 1990: 71–81.

Albrecht, Jörn (2005): Grundlagen der Übersetzungsforschung: Band II: Übersetzung und Linguistik. Tübingen: Narr.

Arntz, Reiner (Hrsg.) (1988): Textlinguistik und Fachsprache. Akten des internationalen AILA-Symposions, Hildesheim 13.–16. April 1987. Hildesheim: Olms.

Arntz, Reiner/Thome, Gisela (Hrsg.) (1990): Übersetzungswissenschaft: Ergebnisse und Perspektiven. Festschrift für Wolfram Wilss. Tübingen: Narr.

Baker, Mona (1992): Corpus Linguistics and Translation Studies. Implications and applications. In: Baker/Francis/Tognini-Bonelli 1993: 233–250.

Baker, Mona (1995): Corpora in Translation Studies: An Overview and some suggestions for further research. In: Target 7(1995)2: 223–243.

Baker, Mona (1996): Corpus-based Translation Studies: the challenges that lie ahead. In: Somers 1996: 175–186.

Baker, Mona/Francis, Gill/Tognini-Bonelli, Elena (Hrsg.) (1993): Text and Technology: In honour of John Sinclair. Amsterdam: Benjamins.

Barchudarow, L. (1979): Sprache und Übersetzung. Probleme der allgemeinen und speziellen Übersetzungstheorie. Leipzig: VEB Verlag Enzyklopädie.

Brower, Reuben A. (Hrsg.) (1959/²1966): On translation. New York: Oxford University Press.

Bühler, Karl (1934/²1982): Sprachtheorie. Stuttgart: G. Fischer.

Cary, Edmond (1956): La traduction dans le monde moderne. Genf: Georg.

Catford, John C. (1965): A linguistic theory of translation. An essay in applied linguistics. London: Oxford University Press.

Coseriu, Eugenio (1978): Falsche und richtige Fragestellungen in der Übersetzungstheorie. In: Grähs/Korlén/Malmberg 1978: 17–32.

Coseriu, Eugenio (1981): Textlinguistik. Tübingen: Narr.

Delisle, Jean/Woodsworth, Judith (Hrsg.) (1995): Translators through history. Amsterdam: Benjamins.

Ehnert, R./Schleyer, W. (Hrsg.) (1987): Übersetzen im Fremdsprachenunterricht. Beiträge zur Übersetzungswissenschaft – Annäherungen an eine Übersetzungsdidaktik. Regensburg: Arbeitskreis Deutsch als Fremdsprache.

Emsel, Martina/Hellfayer, Andreas (2003) (Hrsg.): *Brückenschlag. Beiträge zur Romanistik und Translatologie. Gerd Wotjak zum 60. Geburtstag.* Frankfurt: Lang.

Fedorov, Andrej V. (1953/²1958): Vedenie v teoriju perevoda [Einführung in die Theorie der Übersetzung]. Moskau: Izdat. Literatury na Inostrannych Jazykach.

Friedrich, Wolf (1969): Technik des Übersetzens (Englisch und Deutsch). Eine systematische Anleitung für das Übersetzen ins Englische und ins Deutsche für Unterricht und Selbststudium. München: Hueber.

Fuhrmann, Manfred (1987): Von Wieland bis Voß: Wie verdeutscht man antike Autoren? In: Jahrbuch des Freien Deutschen Hochstifts 1987: 1–22.

García Yebra, Valentín (1982/³1997): Teoría y práctica de la traducción. Madrid: Gredos.

García Yebra, Valentín (1983/²1989): En torno a la traducción. Madrid: Gredos.

García Yebra, Valentín (1994): Traducción: Historia y Teoría. Madrid: Gredos.

Gnilka, Joachim/Rüger, Hans Peter (Hrsg.) (1985): Die Übersetzung der Bibel – Aufgabe der Theologie. Bielefeld: Luther-Verlag.

Gössmann, W./Hollender, Christoph (Hrsg.) (1994): Schreiben und Übersetzen: Theorie allenfalls als Versuch einer Rechenschaft. Tübingen: Narr.

Grähs, Lillebill/Korlén, Gustav/Malmberg, Bertil (Hrsg.) (1978): Theory and practice of translation. Nobel Symposium 39, Stockholm September 6–10, 1976. Bern, Frankfurt: Lang.

Greiner, Norbert/Kornelius, Joachim/Rovere, Giovanni (Hrsg.) (1999): Texte und Kontexte in Sprachen und Kulturen. Festschrift für Jörn Albrecht. Trier: Wissenschaftlicher Verlag Trier.

Gutt, Ernst-August (1988): From translation to effective communication. In: Notes on Translation 2(1998)1: 24–40.

Gutt, Ernst-August (1991/²2000): Translation and relevance. Cognition and context. Manchester: St. Jerome.

Holtus, Günter/Metzeltin, Michael/Schmitt, Christian (Hrsg.) (2001): Lexikon der Romanistischen Linguistik. Bd. I/2. Tübingen: Niemeyer.

Holz-Mänttäri, Justa/Nord, Christiane (Hrsg.) (1993): Traducere Navem. Festschrift für Katharina Reiß zum 70. Geburtstag. Tampere: Universitätsbibliothek Tampere.

Jäger, Gert (1973): Kommunikative und funktionelle Äquivalenz. In: *Linguistische Arbeitsberichte* 7(1973): 60–74.

Jäger, Gert (1975): Translation und Translationslinguistik. Halle: Niemeyer.

Jäger, Gert (1986): Die sprachliche Bedeutung – das zentrale Problem bei der Translation und ihrer wissenschaftlichen Bedeutung. In: Jäger/Neubert 1986: 5–66.

Jäger, Gert (1989): Möglichkeiten und Grenzen des Äquivalenzbeziehungsmodells bei der Erklärung der Translation. In: *Linguistische Arbeitsberichte* 67: 32–36.

Jäger, Gert (1990): Überlegungen zur kommunikativen Äquivalenz. In: Salevsky, H. (1990) (Hrsg.): *Übersetzungswissenschaft und Sprachmittlung*. Band II. Berlin: Humboldt-Universität, 272–277.

Jäger, Gert/Neubert, Albrecht (1982): Äquivalenz bei der Translation. Leipzig: VEB Verlag Enzyklopädie.

Jäger, Gert/Neubert, Albrecht (1983): Semantik und Übersetzungswissenschaft. Materialien der III. Internationalen Konferenz „Grundfragen der Übersetzungswissenschaft". Leipzig: VEB Verlag Enzyklopädie.

Jäger, Gert/Neubert, Albrecht (Hrsg.) (1986): Bedeutung und Translation. Übersetzungswissenschaftliche Beiträge. Leipzig: VEB Verlag Enzyklopädie.

Jakobson, Roman (1959/1966): On linguistic aspects of translation. In: Brower 1959: 232–239. [dt. Übersetzung: Jakobson, Roman (1959/1992a): Linguistische Aspekte der Übersetzung. In: Jakobson 1992: 481–491].

Jakobson, Roman (1992): Semiotik. Ausgewählte Texte 1919–1982. Frankfurt: Suhrkamp.

Jumpelt, R.W. (1961): Die Übersetzung naturwissenschaftlicher und technischer Literatur. Sprachliche Maßstäbe und Methoden zur Bestimmung ihrer Wesenszüge und Probleme. Berlin: Langenscheidt.

Jung, Linus (2000): La escuela traductológica de Leipzig. Granada: Comares.

Jung, Linus (2003): Zum Verhältnis von kommunikativer Funktion und kommunikativ-textueller Äquivalenz. In: Emsel/Hellfayer 2003: 219–234.

Jung, Linus (2007): Kommunikative Funktion und kommunikativer Wert als Grundpfeiler der Übersetzungswissenschaft. In: Wotjak, Gerd (2007) (Hrsg.): Quo vadis Translatologie? Ein halbes Jahrhundert universitäre Ausbildung von Dolmetschern und Übersetzern in Leipzig. Berlin: Frank & Timme: 161–174.

Jung, Linus (2011): Kommunikative Äquivalenz im Funktionalismus: die Leipziger Schule im Widerstreit. In: Schmitt/Herold/Weiland 2011: 287–398.

Jung, Linus (2012): Übersetzen als Interdisziplinäre Herausforderung: Ausgewählte Schriften von Gerd Wotjak. Frankfurt: Lang.

Kade, Otto (1963): Aufgaben der Übersetzungswissenschaft. Zur Frage der Gesetzmäßigkeiten im Übersetzungsprozeß. In: Fremdsprachen 7 (1963) 2: 83–94.

Kade, Otto (1968): Zufall und Gesetzmäßigkeit in der Übersetzung. Leipzig: VEB Verlag Enzyklopädie.

Kade, Otto (Hrsg.) (1977): Vermittelte Kommunikation, Sprachmittlung, Translation. Leipzig: VEB Verlag Enzyklopädie.

Koller, Werner (1979/⁸2011): Einführung in die Übersetzungswissenschaft. Tübingen: Francke.

Koller, Werner/Gerzymisch-Arbogast, Heidrun (1999): Linguistik und Übersetzung. In: Greiner u. a. 1999: 169–180.

Königs, Frank (1989a): Übersetzungsdidaktik und Psycholinguistik. Gedanken und Befunde zu einer ebenso zwangsläufigen wie notwendigen Verbindung. In: Königs 1989: 147–178.

Königs, Frank (1993): Text und Übersetzer: Wer macht was mit wem? In: Holz-Mänttäri/Nord 1993: 229–248.

Königs, Frank (Hrsg.) (1989): Übersetzungswissenschaft und Fremdsprachenunterricht. Neue Beiträge zu einem alten Thema. München: Goethe-Institut.

Krings, Hans P. (1986): Was in den Köpfen von Übersetzern vorgeht. Eine empirische Untersuchung zur Struktur des Übersetzungsprozesses an fortgeschrittenen Französischlernern. Tübingen: Narr.

Krings, Hans P. (1988): Blick in die »Black Box« – Eine Fallstudie zum Übersetzungsprozeß bei Berufsübersetzern. In: Arntz 1988: 393–412.

Levý, Jiři (1969): Die literarische Übersetzung. Theorie einer Kunstgattung. Frankfurt: Athenäum.

Liedtke, Frank (1994): Von Ufer zu Ufer – Übersetzen aus linguistischer Sicht. In: Gössmann/ Hollender 1994: 151–165.

Loenhoff, Jens (2002): Kommunikationstheoretische Anmerkungen zum Problem der Übersetzung. In: Renn/Straub/Shimada 2002: 161–179.

Lörscher, Wolfgang (1991): Translation Performance, Translation Process, and Translation Strategies. A Psycholinguistic Investigation. Tübingen: Narr.

Ma, H.J. (2003): A study of Nida's translation theory. Beijing: Teaching and Research Press.

Malblanc, Alfred (1944/1968/1989): Pour une stylistique comparée du français et de l'allemand. Essai de représentation linguistique comparée et étude de traduction. Paris: Didier.

Mounin, Georges (1955): Les belles infidèles. Paris: Presses Universitaires de Lille.

Mounin, Georges (1963): Les problèmes théoriques de la traduction. Paris: Gallimard.

Mounin, Georges (1967): Die Übersetzung. Geschichte, Theorie, Anwendung. München: Nymphenburger.

Muñoz, Ricardo (2007): Traductología cognitiva y traductología empírica. In: Wotjak 2007: 267–78.

Neubert, Albrecht (1973a): Theorie und Praxis für die Übersetzungswissenschaft. In: Linguistische Arbeitsberichte 7(1973): 120–144.

Neubert, Albrecht (1973b): Invarianz und Pragmatik. Ein zentrales Problem der Übersetzungswissenschaft. In: Neubert/Kade 1973: 13–25.

Neubert, Albrecht (1983): Translation und Texttheorie. In: Jäger/Neubert 1983: 100–110.

Neubert, Albrecht (1985): Text und Translation. Leipzig: VEB Verlag Enzyklopädie.

Neubert, Albrecht (2006a): Theoria cum Praxi. Theoretische Einsichten und praktische Ausblicke. Berlin: BDÜ Verlag.

Neubert, Albrecht (2006b): Aufsätze und Beiträge. Theoretische Einsichten und praktische Ausblicke. Berlin: BDÜ Verlag.

Neubert, Albrecht (2007): Das unendliche Geschäft des Übersetzens. Stuttgart: Hirzel.

Neubert, Albrecht (Hrsg.) (1968): Grundfragen der Übersetzungswissenschaft. Beihefte zur Zeitschrift Fremdsprachen. Leipzig: Verlag Enzyklopädie.

Neubert, Albrecht/Kade, Otto (Hrsg.) (1973): Neue Beiträge zu Grundfragen der Übersetzungswissenschaft. Materialien der II. Internationalen Konferenz „Grundfragen der Übersetzungswissenschaft" der Karl-Marx-Universität Leipzig vom 14. bis 17. September 1970. Leipzig: Enzyklopädie.

Neubert, Albrecht/Shreve, Gregory M. (1992): Translation as text. Kent: Kent State Univ. Press.

Newmark, Peter (1973): Twenty-three restricted rules of translation. In: The Incorporated Linguist 12(1972)1: 12–19.

Newmark, Peter (1979): Sixty further propositions on translation. In: The Incorporated Linguist 18(1979)2: 42–47.

Newmark, Peter (1981): Approaches to translation. Oxford: Pergamon.

Newmark, Peter (1988): A textbook of translation. London: Prentice Hall.

Newmark, Peter (1991): About translation. Clevedon: Multilingual Matters.

Nida, Eugene A. (1947): Bible translating: An analysis of principles and procedures, with special reference to aboriginal languages. New York: American Bible Society.

Nida, Eugene A. (1964): Toward a science of translating. With special reference to principles and procedures involved in Bible translating. Leiden: Brill.

Nida, Eugene A./Taber, Charles R. (1969a): The Theory and Practice of Translation. Leiden: Brill.

Nord, Britta/Schmitt, Peter A. (Hrsg.) (2003): Traducta Navis. Festschrift für Christiane Nord zum 60. Geburtstag. Tübingen: Stauffenburg.

Olohan, Maeve (2004): Introducing Corpora in Translation Studies. London: Routledge.

Reiß, Katharina (1971): Möglichkeiten und Grenzen der Übersetzungskritik: Kategorien und Kriterien für eine sachgerechte Beurteilung von Übersetzungen. München: Hueber.

Reiß, Katharina (1976): Texttyp und Übersetzungsmethode: Der operative Text. Heidelberg: Groos.

Reiß, Katharina (1985): Was heißt übersetzen? In: Gnilka/Rüger 1985: 33–47.

Renn, Joachim/Straub, Jürgen/Shimada, Shingo (Hrsg.) (2002): Übersetzung als Medium des Kulturverstehens und sozialer Integration. Frankfurt: Campus.

Salevsky, Heidemarie (1990) (Hrsg.): Übersetzungswissenschaft und Sprachmittlung. 2 Bände. Berlin: Humboldt-Universität.

Schmitt, Peter A. (Hrsg.) (2000): Paradigmenwechsel in der Translation. Festschrift für Albrecht Neubert zum 70. Geburtstag. Tübingen: Stauffenburg.

Schmitt, Peter A./Herold, Susann/Weiland, Annette (Hrsg.) (2011): Translationsforschung. Tagungsberichte der LICTRA IX. Frankfurt: Lang.

Schreiber, Michael (1993): Übersetzung und Bearbeitung. Zur Differenzierung und Abgrenzung des Übersetzungsbegriffs. Tübingen: Narr.

Schreiber, Michael (1998): Übersetzungstypen und Übersetzungsverfahren. In: Snell-Hornby 1998: 151–154.

Schreiber, Michael (1999): Von der »rechten« und der »linken« Grenze der Übersetzung. In: Greiner u. a. 1999: 269–279.

Schreiber, Michael (2001): Translation (Traduction et interprétation). In: Holtus/Metzeltin/ Schmitt 2001: 107–146.

Sdun, Winfried (1967): Probleme und Theorien des Übersetzens in Deutschland vom 18. bis zum 20. Jahrhundert. München: Hueber.

Snell-Hornby, Mary/Hönig, Hans G./Kußmaul, Paul/Schmitt, Peter A. (Hrsg.) (1998): Handbuch Translation. Tübingen: Stauffenburg.

Somers, Harold (Hrsg.) (1996): Terminology, LSP and Translation: Studies in Language Engineering in Honour of Juan C. Sager. Amsterdam: Benjamins.

Sperber, Dan/Wilson, Deirdre (1986): Relevance. Communication and Cognition. Oxford: Blackwell.

Stine, Philip (2005): Let the Words Be Written: The Lasting Influence of Eugene A. Nida. Leiden: Brill Academic Publishers.

Svejcer, Aleksandr D. (1987): Übersetzung und Linguistik. Berlin: Akademie Verlag.

Vinay, Jean-Paul/Darbelnet, Jean (1958): Stylistique comparée du français et de l'anglais. Méthode de traduction. Paris: Didier.

Wandruszka, Mario (1969): Sprachen: Vergleichbar und unvergleichlich. München: Piper.

Wandruszka, Mario (1971): Interlinguistik. Umrisse einer neuen Sprachwissenschaft. München: Piper.

Wandruszka, Mario (1973): Vers une linguistique de la traduction. In: Cahiers internationaux du Symbolisme 24/25(1973): 65–86.

Wilss, Wolfram (1977): Übersetzungswissenschaft. Probleme und Methoden. Stuttgart: Klett.

Wilss, Wolfram (1988): Kognition und Übersetzen. Zu Theorie und Praxis der menschlichen und maschinellen Übersetzung: Tübingen: Niemeyer.

Wilss, Wolfram (1992): Übersetzungsfertigkeit. Annäherungen an einen komplexen übersetzungspraktischen Begriff. Tübingen: Narr.

Wilss, Wolfram (1996a): Übersetzungsunterricht. Eine Einführung. Tübingen: Narr.

Wotjak, Gerd (1986): Zu den Interrelationen von Bedeutung, Mitteilungsgehalt, kommunikativem Sinn und kommunikativem Wert. In: Jäger/Neubert 1986: 67–127.

Wotjak, Gerd (1997): Äquivalenz und kein Ende? In: Wotjak/Schmidt 1997: 133–170.

Wotjak, Gerd (2000): War das die Leipziger Übersetzungswissenschaftliche Schule? In: Schmitt 2000: 279–304.

Wotjak, Gerd (2003): Sinngebung, Sinndeutung, kommunikativer Sinn, Funktion und Skopos: Sinniges, Widersinniges und Unsinniges im translatorischen Blätterwald? In: Nord/ Schmitt 2003: 271–297.

Wotjak, Gerd (Hrsg.) (2007): Quo vadis Translatologie? Ein halbes Jahrhundert universitäre Ausbildung von Dolmetschern und Übersetzern in Leipzig. Berlin: Frank & Timme.

Wotjak, Gerd/Schmidt, Heide (Hrsg.) (1997): Modelle der Translation. Models of Translation. Festschrift für Albrecht Neubert. Frankfurt: Vervuert.

Zum Weiterdenken

Die Abgrenzungsproblematik

Die Abgrenzungsproblematik wird in dem Augenblick virulent, wenn nicht alle Zieltexte als Übersetzungen qualifiziert werden, also »eigentliche« Übersetzungen von »uneigentlichen« Übersetzungen kategorisch unterschieden werden. Zudem ist sie vor allem bei einem produktorientierten Zugang von Interesse. Zieltexte werden meist dann als Übersetzung qualifiziert, wenn sie ein Optimum an Invarianz aufweisen. Was als Optimum gilt, mag je nach Kritiker variieren, die Bindung an definitorisch relevante Invarianzforderungen bleibt. Abgrenzungsvorschläge wurden vor allem in der vorwissenschaftlichen Periode und im linguistischen Paradigma vorgelegt.

Wählt man einen prozessorientierten Zugang stellt sich die Abgrenzungsproblematik überhaupt nicht. Denn es ist unmöglich, die kognitiven Prozesse, die mit dem Übersetzen verbunden sind, von den kognitiven Prozessen, die mit dem Nachdichten, Bearbeiten usw. verbunden sind, kategorisch zu unterscheiden. Erst der Vergleich zwischen einer vorgegebenen Definition und dem tatsächlichen Output ermöglicht es, das *Ergebnis* des Übersetzungsprozesses als Übersetzung oder Nachdichtung usw. zu qualifizieren. Das Ergebnis eines *Übersetzungs*prozesses als etwas anderes denn als *Übersetzung* zu qualifizieren, scheint allerdings widersinnig. Ein Übersetzer wäre dann unter Umständen gezwungen zu sagen, dass er zwar übersetzt habe, das Ergebnis seines Übersetzens aber eigentlich eine Nicht-Übersetzung sei.

Die Unterscheidung zwischen Übersetzen und Nachdichten (oder anderen Arten der Texttransformation) ist nur anhand der Erfüllung von Invarianzforderungen *a posteriori*, nicht aber *a priori* möglich. Hinzu kommt, dass bei jeder Bearbeitung, Paraphrasierung usw. die Tätigkeit des Übersetzens als Basishandlung mitgedacht bleibt, denn der Ausgangstext kann auch in der Ausgangssprache – also *ohne* interlingualen Transfer – bearbeitet oder paraphrasiert werden.

Die Abgrenzungsproblematik in ihrer bisherigen Form erweist sich als veraltet. Im Rahmen neuerer Ansätze ist jede interlinguale, an einen Ausgangstext gebundene Zieltextproduktion als Übersetzung zu bezeichnen. Der Übersetzungsbegriff kann zwar intern aufgefächert werden, das heißt, bestimmte Zieltexte können *zusätzlich* zu ihrer Eigenschaft als Übersetzung *auch* als Bearbeitung oder Nachdichtung qualifiziert werden. Aber eine kategorielle Trennung, wie sie Albrechts Rede von der rechten und linken Grenze der Übersetzung suggeriert, ergibt unter kognitionstheoretischen oder interpretationstheoretischen Gesichtspunkten keinen Sinn mehr. Bearbeitung und Nachdichtung sind demzufolge allenfalls als Subkategorien der Kategorie Übersetzung aufzufassen.

Das handlungstheoretische Paradigma

3.1 | Gemeinsamkeiten der handlungstheoretischen Ansätze

Die Leitdisziplinen des handlungstheoretischen Paradigmas sind die philosophische und soziologische Handlungstheorie sowie die Sprechakttheorie. Der Schlüsselbegriff lautet **Zweck** (**Skopos**). Zu diesem Paradigma gehören die Skopostheorie von Hans Vermeer, die Theorie des translatorischen Handelns von Justa Holz-Mänttäri und die verschiedenen Ausprägungen des Funktionalismus von Hans Hönig, Paul Kußmaul, Sigrid Kupsch-Losereit, Christiane Nord und Mary Snell-Hornby. Zur nächsten Generation des Funktionalismus zählen Hanna Risku und Susanne Göpferich.

Die Ansätze dieses Paradigmas sind sich sehr ähnlich und ergänzen einander in vielen Punkten, so dass sie im Ausland häufig nicht voneinander unterschieden werden. Da die Zweckgerichtetheit oder Finalität grundlegend für die Ansätze des handlungstheoretischen Paradigmas sind, bezeichnet man sie auch als finalistische Theorien.

Anfang der 1980er Jahre kam es zu einer Absetzbewegung von der Linguistik als ehemaliger Leitdisziplin und einer Neuorientierung der Übersetzungswissenschaft auf handlungstheoretischer Grundlage, die teilweise als »revolutionär« beschrieben wurde.

> The emergence of a functionalist translation theory marks an important moment in the evolution of translation theory by breaking the two thousand year old chain of theory revolving around the faithful vs. free axis. (Gentzler 1993: 71)

Die Grundidee der handlungstheoretischen Ansätze besteht darin, dass Übersetzen eine Tätigkeit ist, die von professionellen Übersetzern erledigt wird. Wie jede Tätigkeit oder **Handlung** braucht auch das Übersetzen einen Zweck oder Skopos, wie Vermeer sagt, um verwirklicht werden zu können. Deshalb muss der Übersetzer diesen Zweck – meist in Absprache mit dem Auftraggeber – festlegen, bevor er mit der Übersetzung beginnt.

Die Theorien dieses Paradigmas verwerfen sowohl die Vorstellung, dass Übersetzen ein Transkodierungsprozess sei, als auch den damit verbundenen Äquivalenzbegriff. Galt in der Translationslinguistik noch Äquivalenz als maßgeblich, so stellt die Skopostheorie auf Adäquatheit zur Bewertung von Übersetzungen um. Die textorientierte **Äquivalenz** beschreibt die Relation zwischen Ausgangstext und Zieltext. Die zweckorientierte **Adäquatheit** bezeichnet hingegen „die Relation zwischen Ziel- und Ausgangstext bei konsequenter Beachtung eines Zwecks (Skopos), den man mit dem Translationsprozeß verfolgt" (Reiß/Vermeer 1984: 139). Während Äquivalenz erfordert, dass sich die wichtigsten Merkmale des Ausgangstextes als Invarianten im Zieltext wiederfinden, erlaubt Adäquatheit bestimmte Abweichungen oder Variationen vom Ausgangstext, sofern sie der gewünschten kommunikativen Funktion dienen. Der Skopos fungiert somit (a) als Kriterium zur Erstellung von Zieltexten und (b) als Kriterium zur Bewertung ihrer Qualität.

Die handlungstheoretischen Ansätze sind zieltextorientiert, während die Theorien des linguistischen oder verstehenstheoretischen Paradigmas ausgangstextorientiert sind. Außerdem erheben sie den Anspruch, die Trennung von Fach- und Literaturübersetzen in der Theoriebildung aufgehoben zu haben.

Eine **handlungstheoretische Definition des Übersetzungsprozesses** könnte wie folgt lauten:

> Übersetzen ist ein sowohl auf den Ausgangstext als auch auf den zs [zielsprachlichen, H. S.] Leser gerichtetes Handeln, das funktionsbestimmt ist, bewusst, planmäßig und kontrollierbar abläuft und den Zweck verfolgt, Verständigung zwischen den Angehörigen verschiedener Sprach-, Kommunikations- und Kulturgemeinschaften zu ermöglichen. (Wilss 1988: 33)

handlungstheoretische Definition

Skopostheorie

|3.2

Die Veröffentlichung eines konzisen Artikels von **Hans Vermeer** in den *Lebenden Sprachen* im Jahr 1978 markiert die Geburtsstunde der Skopostheorie. Darin fordert Vermeer die Abkehr von der Linguistik als Leitdisziplin der Translationswissenschaft und führt Skopos als neuen translatologischen Grundbegriff ein. Der Ansatz wird später in der *Grundlegung einer allgemeinen Translationstheorie* ausgebaut und vertieft (Reiß/Vermeer 1984).

Der Kerngedanke der Skopostheorie ist, dass Übersetzen eine zweckgerichtete Tätigkeit und deshalb der Zweck (Skopos) die „Dominante aller Translation" ist (Reiß/Vermeer 1984: 96). Der **Skopos** wird entweder vom Auftraggeber vorgegeben oder ist vom Übersetzer selbständig festzulegen. Der übersetzungstheoretische Fokus ist somit vom Ausgangstext auf den Zieltext verlagert. Zu betonen ist dabei allerdings, dass unter Skopos ein „komplexes Gefüge von einander hierarchisch zugeordneten Teilskopoi" zu verstehen ist (Witte 2000: 42). Darüber hinaus kann der Skopos eines Translats sowohl aus der Perspektive der Zielkultur als auch aus der Perspektive der Ausgangskultur formuliert werden.

Skopos

Der Übersetzer wird in seiner Doppelrolle als Ausgangstextrezipient und Zieltextproduzent gesehen. Damit steigt er von der subalternen Position eines Transkodierers oder Worttauschers – die ebenso gut ein Computer einnehmen könnte – auf zu einem **Experten** mit umfassendem Allgemein- und Fachwissen, der als Ko-Autor dem Autor gleichwertig an die Seite gestellt wird. Dem Übersetzer obliegt somit die volle Verantwortung für den Zieltext und alle damit verbundenen übersetzerischen Entscheidungen.

Hans Vermeer (1930–2010)

Die Skopostheorie arbeitet nicht mit einem statischen, sondern einem **dynamischen Textbegriff**, den sie der Rezeptionsästhetik entlehnt. Danach *hat* der Text keine feststehende Textbedeutung; vielmehr *entsteht* diese erst

dynamischer Textbegriff

durch die Rezeption.[1] Beispielhaft für die dynamische Textauffassung ist das Diktum von Plett (1979: 80): „So viele Rezipienten, so viele Texte." Jeder Text weist eine ungeheure Komplexität auf, so dass ein einzelner bei einer Lektüre nicht alle Sinnebenen, Bedeutungsnuancen und Konnotationen auf einmal verstehen kann. Deshalb gilt:

> Jede Rezeption realisiert nur Teile aller möglichen Verstehens- und Interpretationsweisen und neutralisiert und konnotiert jeweils andere Merkmale. (Reiß/Vermeer 1984: 62)

Informationsangebot

Vermeer zieht daraus die radikale Schlussfolgerung, dass der Ausgangstext lediglich ein **Informationsangebot** für den Übersetzer ist. Die Übersetzung ist daher als „Informationsangebot über ein Informationsangebot beschreibbar" (Reiß/Vermeer 1984: 67). Diese Formulierung ist häufig in dem Sinne missverstanden worden, dass mit ihr der Beliebigkeit das Wort geredet werden soll; dies ist jedoch keineswegs der Fall. Die Rede vom Informationsangebot, die mit der dynamischen Textauffassung korreliert, ist im Lichte neuerer kognitionspsychologischer und interpretationstheoretischer Arbeiten die einzige, die sowohl auf theoretischer Ebene wohl begründet als auch auf praktischer Ebene zielführend ist (Siever 2001).

In der Skopostheorie verliert der Ausgangstext seine Rolle als »heiliges Original«[2], er wird gleichsam „entthront", denn was es „gewiß nicht gibt, ist »der« Ausgangstext. Es gibt nur einen je spezifisch interpretierten Ausgangstext" (Vermeer 1986a: 42). Der Ausgangstext wird zu einem Informationsangebot, das von den jeweiligen Rezipienten und vom Translator „in einer konkreten Rezeptionssituation interpretiert werden muss" (Prunč 2001: 164).

Ausgehend vom skopostheoretischen Kerngedanken postuliert Vermeer drei **translatorische Grundregeln**:

translatorische Grundregeln

Skoposregel:	Die Translation ist eine Funktion ihres Zwecks.
Soziologische Regel:	Der Skopos ist vom Rezipienten abhängig.
Kohärenzregel:	Die vom Translator produzierte Nachricht (das Translat) muß mit der Zielrezipientensituation kohärent interpretierbar sein. (Reiß/ Vermeer 1984: 101 bzw. 113)

Die Skopostheorie rekurriert – besonders mit der Kohärenzregel – auf die Interpretationsleistung von Übersetzern, Rezipienten und Übersetzungskritikern. Der Interpretationsgedanke wird von Vermeer jedoch nicht systema-

---

1 Man beachte die bewusste Verwendung des dynamischen Verbs *entstehen*, das einen *Prozess* beschreibt, statt des statischen Verbs *haben*, das auf Zustände abhebt.
2 Der Begriff verweist übrigens auf die berühmte Übersetzerszene (im Studierzimmer) in Goethes Faust: „Mich drängt's, den Grundtext aufzuschlagen/... Das heilige Original/In mein geliebtes Deutsch zu übertragen".

tisch aufgegriffen und für ihre Theorie fruchtbar gemacht, obwohl er immer wieder (implizit und explizit) zur Erklärung in Anspruch genommen wird.

Die Kohärenzregel ist insofern zu präzisieren, als dass nicht nur eine mit der zielkulturellen Verwendungssituation kohärente Interpretierbarkeit gegeben sein muss, sondern dass das Translat (a) zunächst einmal in syntaktischer, semantischer und pragmatischer Hinsicht „in sich kohärent sein" muss; und dass es (b) „mit dem Ausgangstext kohärent sein" muss (Reiß/ Vermeer 1984: 119).

Sind beim Übersetzen alle drei translatorischen Grundregeln beachtet worden, ist davon auszugehen, dass das Translat (Zieltext) ein Informationsangebot (Ausgangstext) nichtumkehrbar eindeutig abbildet. In letzter Konsequenz bedeutet dies, dass Übersetzungen als „Interpretationen des Translators" zu gelten haben (Vermeer 2003: 256).

Als übersetzergebundene Interpretation kann ein Translat „weniger oder mehr Information(en) als ein Ausgangstext enthalten; auf jeden Fall enthält es andere" (Vermeer 2002: 136). Zieht man die Konsequenzen aus diesem **Varianztheorem**, kann und muss die „Unterscheidung von Translation, Adaptation, Paraphrase … entfallen" (Vermeer 2002: 138). Auch auf die traditionellen Dichotomien wie »wörtlich vs. frei«, »treu vs. frei«, »verfremdend vs. aneignend« usw. kann und muss dann ebenfalls verzichtet werden (Vermeer 2002: 138).

Varianztheorem

Während traditionell die Funktionsgleichheit von Ausgangstext und Zieltext behauptet wird, geht die Skopostheorie davon aus, dass die Funktion des Ausgangstexts nicht von vornherein mit der des Zieltexts identisch sein muss. Monofunktionale Texte kommen in der übersetzerischen Wirklichkeit so gut wie nicht vor. Statt dessen hat es der Übersetzer meist mit polyfunktionalen Texten zu tun, das heißt mit komplexen Texten, deren Elemente mehrere Funktionen haben, die sich einander überlagern können und zudem häufig genug mit unterschiedlichen Interessen und kulturellen Hintergründen der Textverwender korrelieren. Funktionsgleiche Übersetzungen sind daher – genau besehen – eher die Ausnahme.

Dem Übersetzer kommt angesichts der Polyfunktionalität von Texten die Aufgabe zu, die für die Rezipienten in der Zielkultur relevanten Funktionen des Ausgangstexts herauszufiltern und für die skoposgeleitete Produktion des Zieltexts gegebenenfalls neu zu hierarchisieren. Auch dies ist eine Interpretationsleistung des Übersetzers.

Als Zielvorgabe für den Übersetzer treten **Funktionsgleichheit und Funktionswechsel** gleichberechtigt nebeneinander. Welche Zielvorgabe in einem konkreten Fall angestrebt werden soll, hängt vom Skopos der Übersetzung ab.

Funktionsgleichheit und Funktionswechsel

In enger Zusammenarbeit mit seinem Germersheimer Kollegen Heinz Göhring gelangte Vermeer schon in den 1970er Jahren zu der Grundüberzeu-

Kulturmittlung

gung, dass Übersetzen nicht nur in einem engeren Sinne als Sprachmittlung (wie in der Leipziger Schule üblich), sondern weiter gefasst als **Kulturmittlung** aufzufassen ist. Da jeder Text in einen kulturellen Kontext eingebettet ist, gibt es „keine autonomen Texte" (Vermeer 2000: 74), vielmehr ist jedes inter*linguale* Übersetzen somit gleichzeitig inter*kulturelles* Übersetzen. Die Skopostheorie will „*Kultur*phänomene und nicht nur Spracherscheinungen an den Rezipienten bringen" (Vermeer 2000: 58; Hervorh. im Orig.).

Während bis zur Jahrtausendwende sich außerhalb des handlungstheoretischen Paradigmas eine nennenswerte „»kultursensitive« Theorieentwicklung" nur im Bereich der *Descriptive Translation Studies* beobachten lässt (Witte 2000: 16), die dann in den 1990er Jahren schließlich zum „cultural turn" (Lefevere/Bassnett 1990: 1) geführt hat, gehört Vermeer zu den „ersten TranslationswissenschaftlerInnen, die mit Nachdruck eine Anbindung des Translationsprozesses an kulturelle Bedingtheiten forderten" (Wolf 2010: 45 f.). Zusammen mit Snell-Hornby (1990), die dafür plädiert hat, nicht mehr den Text, sondern die Kultur als grundlegende Übersetzungseinheit aufzufassen, ist Vermeer somit „one of the pioneers of the cultural turn in translation studies" (Gentzler 2001: 75).

3.3 | Theorie des translatorischen Handelns

Justa Holz-Mänttäri

Justa Holz-Mänttäri (*1936) wendet die handlungstheoretischen Begriffe auf den gesamten Objektbereich »Übersetzen« an. Sie versteht Übersetzen als professionelles Expertenhandeln (Holz-Mänttäri 1984: 86), das nicht isoliert in einem Studierzimmer oder Büro vor sich geht, sondern stets in einen gesamtgesellschaftlichen Produktionskontext eingebettet ist. Deshalb bezeichnet sie die Tätigkeit des Übersetzers als translatorisches Handeln.

Die Ähnlichkeiten zwischen der Skopostheorie und der Theorie des translatorischen Handelns sind augenfällig. Beide entstanden im „Bemühen um eine gemeinsame Sache" (Holz-Mänttäri 1984: 5) und können daher leicht „zu einer umfassenden Theorie vereinigt werden" (Reiß/Vermeer 1984: 219).

translatorisches Handeln

Das **translatorische Handeln** ist durch Professionalität, Handlungscharakter und Skoposorientiertheit gekennzeichnet (Prunč 2001: 180). Holz-Mänttäri beschreibt als zweckorientierte Tätigkeit, bei der Botschaftsträger (Texte, Bilder, Musik, Gesten, multimediale Dokumente) durch kompetente Experten über Sprach- und Kulturbarrieren hinweg produziert werden. Den am Translationsprozess beteiligten Handlungsträgern (Übersetzer, Auftraggeber, Übersetzungsagenturen, Adressaten, Rezipienten usw.) kommen jeweils bestimmte Rollen zu. Sie nennt sechs Rollenträger, die für das übersetzerische Handlungsspiel wichtig sind und weist ihnen spezifische Aktionen zu (Holz-Mänttäri 1984: 109):

Rolle	Aktion
Translations-Initiator/Bedarfsträger	braucht einen Text
Besteller	bestellt einen Text
Ausgangstext-Texter	produziert einen Text, von dem der Translator ausgeht
Translator	produziert einen (Ziel)Text
(Ziel)Text-Applikator	arbeitet mit dem (Ziel)Text
(Ziel)Text-Rezipient	rezipiert den (Ziel)Text

|Tab. 3.1
Rollen und Aktionen beim translatorischen Handeln

Holz-Mänttäri versteht Translation als zweckhaftes Handlungsgefüge, das immer „innerhalb einer komplexen Handlungsgefügehierarchie einem Gesamtziel untergeordnet" ist; deshalb kann es „definitorisch nicht mehr ausschließlich an Teilelementen des Gesamtgefüges" wie z. B. dem Ausgangstext oder der Autorenintention ausgerichtet werden (Holz-Mänttäri 1984: 84).

Der Translationsbegriff weist für Holz-Mänttäri drei konstitutive Merkmale auf: „Textproduktion, bedarfsträgerfremde Kultur und Expertenhandeln" (Holz-Mänttäri 1984: 86). Den „Zweck translatorischen Handelns" sieht sie in der „Produktion von Texten, die von Bedarfsträgern" letztlich zur „aktionalen und kommunikativen Überwindung von Kulturbarrieren" eingesetzt werden (Holz-Mänttäri 1984: 87). Translation ist daher „grundsätzlich an der Funktion der Zielprodukt[e] in neuen Handlungsgefügen auszurichten" (Holz-Mänttäri 1984: 89). Der Zweck steht allerdings nicht fest, sondern kann nur aus den „Komponenten (Rollen, Handlungen, Ziel usw.) des neuen Kooperationsrahmens erschlossen werden" (Holz-Mänttäri 1986: 362).

Der Ausgangstext ist nur noch „**Ausgangsmaterial für translatorisches Handeln**", genauer gesagt, er ist „Teil des Materials, das der Translator als Ausgangsmaterial verwendet" (Holz-Mänttäri 1984: 31). Diese Definition des Ausgangstextes bedeutet „nicht nur die Entthronung, sondern die völlige Auflösung des traditionellen Ausgangstextes in Informationseinheiten, deren einzige Gemeinsamkeit darin besteht, als Informationsbasis für die Herstellung des Translats zu dienen" (Prunč 2001: 180). Die Ähnlichkeit zu Vermeers Begriff des Informationsangebots ist überdeutlich.

Holz-Mänttäri sieht den Übersetzer nicht als Einzelkämpfer, der ausschließlich in einer Interaktion mit dem Ausgangstext steht, sondern entwirft als eine der ersten konsequent den **Übersetzer als gleichberechtigten Handlungspartner**, der in einem beruflichen und gesellschaftlichen Spannungsfeld steht und angesichts der Stakeholder im Translationsprozess verantwortungsbewusst agieren muss.

3.4 | Die funktionalistischen Ansätze

Die funktionalistischen Ansätze entstehen im Laufe der 1970er und 1980er an den universitären Ausbildungsstätten in Germersheim, Heidelberg und Wien. In Germersheim sind es vor allem Hans Hönig, Paul Kußmaul und Sigrid Kupsch-Losereit, in Heidelberg Christiane Nord und in Wien – *last but not least* – Mary Snell-Hornby. Sie übernehmen die Grundideen der Skopostheorie, vertiefen und erweitern sie jedoch, wobei sie stärker auf die Textfunktion als auf den Skopos abheben.

Die Entwicklung des Funktionalismus lässt sich grob in zwei Phasen gliedern: Während der ersten Phase ging es um die Formulierung des eigenen Ansatzes in Auseinandersetzung vor allem mit den linguistischen und hermeneutischen Theorien. Im Fokus standen die für das Übersetzungsprodukt relevanten *Handlungen*. In der zweiten Phase seit Ende der 1990er Jahre wechselte der Schwerpunkt auf die mentalen *Prozesse*, die für die Erstellung des Übersetzungsprodukts von Bedeutung sind.

Hans Hönig und **Paul Kußmaul** verfechten als erste Übersetzungstheoretiker im deutschen Sprachraum seit Mitte der 1970er Jahre eine finalistische Konzeption von Translation, die sie in ihrem gemeinsamem Buch *Strategie des Übersetzens* von 1982 zusammenfassend dargestellt haben. Sie bauen bei ihrem Ansatz vor allem auf die Sprechakttheorie und Textlinguistik auf, übernehmen aber auch von Jiři Levý wichtige Anregungen wie den Strategiebegriff und die Idee, dass Übersetzen ein Entscheidungsprozess ist.

Motto von Hönig/
Kußmaul

> Ihr Motto lautet: Der Übersetzer muss **„handeln und verwandeln"** (Hönig/Kußmaul 1982: 33).

Hönig und Kußmaul fassen Übersetzen als sprachliches Handeln auf. Dies wirkt sich unmittelbar auf die Rolle des Übersetzers im Übersetzungsprozess aus; denn der Übersetzer ist dadurch nicht mehr „der passive »Transformator«" von Texten (Hönig/Kußmaul 1982: 40), der eine schlichte Umkodierung vornimmt, sondern er wird zu einem professionellen Akteur, der die Verantwortung für sein Tun zu übernehmen hat.

Verantwortungs-
bewusstsein des
Übersetzers

> Das **Verantwortungsbewusstsein des Übersetzers** zeigt sich darin, dass er (1) sich um das Interesse spezifischer Benutzer(gruppen) am Text kümmert; dass er (2) dafür sorgt, dass die von ihm erstellten Zieltexte für die anvisierten Zwecke funktionieren; dass er (3) über ein ausreichendes Maß an Selbstreflexivität verfügt und die Komplexität seines eigenen translatorischen Handelns durchschaut; und dass er (4) die Grenzen seiner translatorischen, sprachlichen, kulturellen und fachlichen Kompetenz kennt und ggf. Aufträge ablehnt, die seine Kompetenzen übersteigen. (Hönig 1995: 76 f.)

In ihrem Buch empfehlen Hönig und Kußmaul (1982: 40) nicht die *eine* richtige Art oder Methode, wie zu übersetzen sei, sondern sie stellen *zwei* „Grundtypen der Übersetzung" vor, die sie als „Übersetzungsstrategien" bezeichnen, nämlich **Funktionskonstanz und Funktionsveränderung**. Sie wenden sich mit der Aufwertung der Funktionsveränderung als gleichwertiger Strategie explizit gegen die traditionelle, auch noch von der Translationslinguistik vertretene Vorstellung, dass beim Übersetzen Funktionskonstanz zu wahren sei.

Funktionskonstanz und Funktionsveränderung

Übersetzen ist ein **Entscheidungsprozess**. Als erstes muss der Übersetzer entscheiden, welche Funktion der Zieltext in der Zielkultur übernehmen soll. Zu den entscheidungsbeeinflussenden Faktoren gehören die Vorgaben des Auftraggebers, der Übersetzungsauftrag, die Rezipienten des Zieltextes sowie deren Vorwissen und Zielkultur. Um wohlbedachte übersetzerische Entscheidungen zu treffen, muss der Übersetzer strategisch vorgehen. Das strategische Vorgehen des Übersetzers beschreiben sie wie folgt:

Entscheidungsprozess

> Er nimmt den AS-Text als Übersetzer zur Kenntnis und bezieht ihn auf seine Situation als Übersetzer. Er präzisiert den Übersetzungsauftrag und legt die kommunikative Funktion des ZS-Textes fest, wobei er sich an den pragmatischen Erwartungen seiner Adressaten orientiert. Aus dieser kommunikativen Funktion leitet er den notwendigen Grad der Differenzierung ab, indem er die relevante Grenze zwischen Verbalisierung und soziokulturellem Situationshintergrund im AS-Text bestimmt, und dann als Sender des ZS-Textes auf dem Hintergrund der soziokulturellen Situation seiner Adressaten den notwendigen Grad der Differenzierung seiner Verbalisierung festlegt. (Hönig/Kußmaul 1982: 58)

Als Bewertungsmaßstab gilt ihnen nicht die Übereinstimmung mit dem Original (Äquivalenz), sondern der **notwendige Grad der Differenzierung**. Das Adjektiv *notwendig* verweist dabei „auf die funktionale Abhängigkeit dieser Bewertung von höherrangigen Entscheidungen" (Hönig/Kußmaul 1982: 63).

notwendiger Grad der Differenzierung

Der Übersetzer muss sich immer wieder fragen: „Wie differenziert muß ich an dieser Stelle sein, um mein kommunikatives Ziel zu erreichen?" (Hönig/Kußmaul 1982: 63).

Der notwendige Grad der Differenzierung ist somit zweierlei: Zum einen ist er ein Instrument des Übersetzers zur Produktion des Zieltextes; zum anderen ist er ein Instrument des Übersetzungskritikers zur Bewertung des Zieltextes bzw. zur Bewertung, inwieweit der Übersetzer seinen Übersetzungsauftrag erfüllt hat.

Der Übersetzungsauftrag ist entscheidend, damit der Übersetzer sich auf das Wissensniveau der künftigen Zieltextverwender einstellen und die zielkulturellen Textsortenkonventionen angemessen berücksichtigen kann.

übersetzungs-
relevante Textanalyse

Ausgangspunkt einer jeden Übersetzung sollte daher eine **übersetzungsrelevante Textanalyse** sein, worunter ein „Verstehen des AS-Textes *sub specie
translationis*" gemeint ist (Hönig 1986: 234), also ein auf das Übersetzen
gerichtetes Verstehen. Dabei werden die Ausgangstexte anhand von textinternen *und* textexternen Merkmalen untersucht. Die Textanalyse nimmt
damit in den funktionalistischen Ansätzen die Rolle ein, die die Verstehens-
phase in der Hermeneutik innehat.

Christiane Nord
(*1943)

Christiane Nord (1988; 1993; 1997) vertritt eine funktionale Übersetzungstheorie, die sich konsequent an den Bedürfnissen der Praxis orientiert.
Ihre Grundannahmen sind weitgehend mit denen der Skopostheorie identisch. Der Übersetzer ist auch bei Nord ein Experte, der über translatorische
translatologische Kompetenz verfügt und die Bedingungen und Normen für
Kommunikation sowohl in der Ausgangs- als auch in der Zielkultur kennt.

Übersetzen ist für Nord kein linearer Prozess, der vom AT zum ZT führt;
vielmehr ist es ein iterativer bzw. rekursiver Prozess, der kreisförmig verläuft.
Daher entwirft sie ein **Zirkelschema** des Übersetzungsprozesses (Nord 1988:
39), das aus sechs Stationen besteht: Analyse der Zieltextvorgaben; Festlegung
des Skopos; Ausgangstextanalyse; Verarbeitung ausgewählter Informationen;
Erstellung des Zieltexts; die Rückkopplung durch den Vergleich von AT und
ZT. Der Kreis steht für potentiell unendliche Iterationen (Durchläufe), so dass
der Übersetzer den Zirkel nur willkürlich abbrechen kann.

Der „zirkelförmige Ablauf des gesamten Übersetzungsprozesses enthält
in sich weitere rekursive Kreisbewegungen im kleinen" (Nord 1988: 39), und
zwar in der Weise, dass jeder Schritt mit seinen neuen Erkenntnissen auf den
vorhergehenden Schritt und dessen Erkenntnisse zurückwirkt, „die dadurch
bestätigt oder aber auch korrigiert werden" (Nord 1988: 39).

Übersetzen wird von Nord als **kommunikative Handlung** zur Überwindung von Sprach- und Kulturbarrieren definiert und ist – wie bei Holz-
Mänttäri – stets eingebettet in einen umfassenderen gesellschaftlichen und
kulturellen Rahmen. Beim Übersetzen geht es Nord zufolge um die Produktion eines funktionsgerechten Zieltexts in Anbindung an einen vorhandenen
Ausgangstext.

Funktion

Die **Funktion** einer Übersetzung wird unter Berücksichtigung der Aus-
gangstextfunktion und hinsichtlich der zielkulturellen Rezeptionsbedingun-
gen bestimmt. In der Regel handelt es sich nicht um eine „Einzelfunktion,
sondern um ein eventuell höchst komplexes Gefüge von hierarchisch ange-
ordneten Funktionen und Subfunktionen" (Nord 1993: 9). Darüber hinaus
unterscheidet Nord (1988: 52 ff.) zwischen Senderintention und Textfunktion. Die Funktion ist dynamisch gedacht und daher keine textimmanente
Eigenschaft: „Der Text selbst »hat« also nicht eine Funktion, sondern er
»erhält« eine Funktion in der Rezeptionssituation" (Nord 1993: 9). Die ange-
strebte oder geforderte Funktion des Zieltextes bestimmt Nord (2001: 232)
als Translatskopos. Dementsprechend soll die Übersetzung „so gestaltet sein,

dass sie den vom Auftraggeber … geforderten Zweck erfüllen kann" (Nord 2004b: 912).

Den Begriff der **Funktionsgerechtigkeit** hat Nord in den Übersetzungsdiskurs eingebracht. Funktionsgerechtigkeit kann sowohl über eine funktionskonstante als auch über eine funktionsändernde Strategie erzielt werden. Entscheidend ist, dass eine Übersetzung dem Translatskopos entspricht.

Funktionsgerechtigkeit

> Bei der Verwendung eines Textes aus einer Kommunikationssituation der Kultur A für eine Kommunikationssituation der Kultur Z ist in der Regel von einer (graduell unterschiedlich stark) veränderten Funktion auszugehen, gerade wenn am Text nichts oder wenig verändert wird. (Nord 2001: 232)

An die Stelle der (translationslinguistischen) Forderung nach Invarianz setzt Nord (2001: 232) bewusst die **Notwendigkeit von Bearbeitung und Änderung**, die beide „grundsätzlich ein integrativer Bestandteil des Übersetzungsvorgangs" sind. Dabei unterscheidet sie zwischen obligatorischen und fakultativen Bearbeitungen. Der Grad der Bearbeitung bzw. Änderung kann daher nicht mehr als Kriterium zur Unterscheidung von »eigentlichen« Übersetzungen gegenüber anderen, streng genommen nicht mehr als »Übersetzung« zu bezeichnenden Arten des interlingualen Texttransfers (Nachdichtung, Paraphrase, Adaptation usw.) herangezogen werden.

Der Ausgangspunkt jeder Translation ist das **„Interpretat des Translators"**, worunter „das Ergebnis der Interpretation des Ausgangstext-Informationsangebots durch den Translator-als-Rezipienten" zu verstehen ist (Nord 2004a: 243).

Übersetzung als Interpretat

Die Verantwortung des Übersetzers gegenüber dem Ausgangstextsender und dem Zieltextempfänger bezeichnet Nord (1988: 342) als **Loyalität**. Diese „doppelte Bindung" (Stolze 2001: 209) unterscheidet den handlungsbezogenen Begriff der Loyalität von dem traditionellen Begriff der Treue, der textbezogen ist. Die folgende Tabelle führt die wesentlichen Unterschiede beider Begriffe auf.

Treue	Loyalität
textbezogen	handlungsbezogen
Abbildungsverhältnis zwischen Texten	ethische Haltung gegenüber Handlungspartnern
bezieht sich auf Textbedeutung	bezieht sich auf Handlungsweise des Übersetzers
Korrektiv gegen Eigenmächtigkeiten des Übersetzers	Korrektiv gegen Manipulationen durch den Übersetzer
Korrektiv gegen Verfälschung der Autorintention	Korrektiv gegenüber rücksichtsloser Funktionsorientierung

Tab. 3.2
Treue und Loyalität
im Vergleich

Funktionsgerechtigkeit und Loyalität sind für Nord „nicht alternative Kriterien", sondern werden von ihr „als gleichberechtigt angesehen" (Nord 2004b: 913). Vor allem hebt sie die „ethische Qualität" des Loyalitätsbegriffs, der mit der Verantwortung des Übersetzers korreliert, gegenüber dem Treuebegriff hervor, bei dem es nur um ein „Abbildungsverhältnis zwischen Texten" geht (Nord 1988: 32).

> Die Verpflichtung zur »Loyalität« bedeutet, daß Übersetzer und Übersetzerinnen gegenüber ihren Handlungspartnern, also sowohl gegenüber den Auftraggebern und den Zieltextempfängern als auch gegenüber dem Autor/ der Autorin des Ausgangstexts, in der Verantwortung stehen. (Nord 1993: 18)

dokumentarische Übersetzung

Nord unterscheidet zwei Haupttypen von Übersetzungen: die dokumentarische und die instrumentelle Übersetzung (Nord 2001: 234). Die **dokumentarische Übersetzung** spiegelt die „Kommunikation zwischen Ausgangstextautor und Ausgangstextpublikum" wider. Sie gliedert sich in Wort-für-Wort-Übersetzung, wörtliche Übersetzung, philologische Übersetzung und exotisierende Übersetzung (Nord 2001: 235 ff.). Die **instrumentelle**

instrumentelle Übersetzung

Übersetzung dient hingegen zur „Erreichung eines kommunikativen Zieles in einer neuen, zielkulturellen Kommunikationshandlung" (Prunč 2001: 188). Sie gliedert sich anhand der Textfunktion in die funktionskonstante, die funktionsvariierende und die korrespondierende (auch homologe) Übersetzung (Nord 2001: 238 ff.). Als korrespondierende Übersetzung gelten vor allem Übersetzungen künstlerischer Texte.

Mit dem Aufschwung der Kognitionswissenschaften wandten sich die funktionalistischen Übersetzungstheoretiker seit Ende der 1980er Jahre auch den kognitiven Prozessen des Übersetzens zu. Sie hatten erkannt, dass der Übersetzer als erkennendes Subjekt nicht nur in die Konzeptualisierung der Textanalyse, sondern auch der Zieltextproduktion integriert werden muß.

Scenes-and-Frames-Semantik

Angeregt durch Mary Snell-Hornbys (Vannerem/Snell-Hornby 1986) Vorschlag, Fillmores (1977) **Scenes-and-Frames-Semantik** für die Übersetzungstheorie zu nutzen, wurde die „kognitive Wende" (Kautz 2000: 39) in der Übersetzungswissenschaft eingeleitet. Dadurch rückte der Kopf des Übersetzers immer stärker ins Zentrum des Interesses. Die Rezeption des Ausgangstextes und die Konzeption des Zieltextes durch den Übersetzer wurden auf dessen mentale Prozesse bezogen.

Mit dem *Konstruktiven Übersetzen* von **Hans Hönig** (1995) und dem *Kreativen Übersetzen* von **Paul Kußmaul** (2000) wurden zwei prominente Versuche unternommen, die Erkenntnisse aus den Kognitionswissenschaften für die Übersetzungswissenschaft fruchtbar zu machen. Das Ergebnis ist eine „**Prozeßtheorie des Übersetzens**" (Hönig 1995: 40), die die kognitiven Prozesse beim Übersetzen beschreibt und zeigt, wie sie für didaktische Zwecke in Unterrichtssituationen fruchtbar gemacht werden können.

Hans Hönig
(1941–2004)

Beide Autoren thematisieren die konstruktiven und kreativen **mentalen Prozesse** beim Übersetzen, zu denen vor allem die Verstehensprozesse, die Wortfindungs- und die Reverbalisierungsprozesse gehören. Dabei unterstellen sie „einen Zusammenhang von Textverstehen und übersetzerischen Entscheidungen" (Kupsch-Losereit 1996: 217).

Die funktionalistischen Ansätze stützen sich mehrheitlich auf das Strategiemodell der Linguisten van Dijk und Kintsch (1983), das zu den ausgereiftesten kognitionspsychologischen Textverarbeitungsmodellen gehört. Verstehen wird als Interaktion zwischen Text und mentalem Modell aufgefasst, wobei textbezogene und wissensbezogene Informationen miteinander verknüpft werden. Das Strategiemodell ist durch fünf Grundannahmen gekennzeichnet (van Dijk/Kintsch 1983: 6–13):

1. Die Konstruktionsannahme: Textverstehen ist ein konstruktiver Prozess.
2. Die Interpretationsannahme: Textverstehen ist ein interpretativer Prozess.
3. Die On-line-Annahme: Die Textbedeutung wird kontinuierlich und schrittweise aufgebaut.
4. Die präsuppositive Annahme: Die Textbedeutung wird unter Rekurs auf allgemeines Weltwissen, Erwartungen und Überzeugungen aufgebaut.
5. Die Strategie-Annahme: Die Interaktion zwischen Textinformation und Wissensbeständen ist ein strategischer, vom Rezeptionsziel gesteuerter Prozess.

Das Strategiemodell ist ein Gegenentwurf zur traditionellen Auffassung des Textverstehens als regelgeleiteten Dekodierungsprozess. Statt einzelne sprachliche Zeichen zu dekodieren, wendet der Rezipient verschiedene Strategien flexibel im Sinne von Arbeitshypothesen an, bis sich ein ausreichendes Verständnis einstellt.

Hönigs (1995: 183) **Konstruktivitätsprinzip** des Übersetzens verficht eine doppelte Bedeutungskonstruktion, wobei zunächst die Bedeutung des Ausgangstexts im Rezeptionsprozess und dann die Bedeutung des Zieltexts bei der Erstellung des Zieltexts konstruiert wird. Dabei geht Hönig von der „Subjektivität des Übersetzens" und der „Individualität der Übersetzer" aus, die mit der durch die kognitionswissenschaftliche Forschung nachgewiesenen „Subjektgebundenheit der Verstehensvorgänge" korrelieren (Hönig 1995: 100).

Konstruktivitäts-prinzip

Die kognitionswissenschaftlichen Erkenntnisse nutzt Hönig zur „Modellierung des übersetzerischen Problemlösens" (Salevsky 2002: 251). Die gewählten **Problemlösungsstrategien** verlaufen „eher zirkulär als geordnet-linear" (Hönig 1995: 49), wobei die einzelnen übersetzerischen Mikrostrategien an eine Makrostrategie gebunden sind (Hönig 1995: 55).

Funktionierende Übersetzungen sind das Resultat intelligenten Verhaltens. (Hönig 1995: 116)

Und dazu gehört der bewusste und strategisch gezielte Einsatz der kognitiven Fähigkeiten des Humanübersetzers. Deshalb gehört zu einer umfassenden wissenschaftlichen Ausbildung von Übersetzern auch „die Vermittlung prozeduraler und methodischer Kenntnisse" (Hönig 1995: 159). Dadurch könnte auch die weitverbreitete Frustration bei angehenden Übersetzern vermieden werden.

> Die eigentliche Ursache der Frustration von Lernenden und Lehrern des Übersetzens ist darin zu sehen, daß sie zwar die Komplexität der mentalen Vorgänge beim Übersetzen erleben, sich aber von ihr zu entlasten versuchen, weil sie sie nicht ausreichend durchschauen. (Hönig 1995: 57)

Ein wichtiges Ziel der Übersetzerausbildung stellt daher neben der Vermittlung grundlegender translatorischer Kenntnisse die **Reflexion** auf die kognitiven Prozesse beim Übersetzen dar. Der angehende Übersetzer soll sich der Bedeutungskonstruktionen während der Rezeptions-, Transfer- und Produktionsphase bewusst werden.

Zu diesem Zweck beschreibt Hönig ein komplexes Geflecht aus kontrollierten und unkontrollierten Mikro- und Makrostrategien sowie weiterer mentalen Prozesse. Er wendet sich gegen die blinde, unreflektierte Anwendung von Regeln, Strategien oder Gesetzmäßigkeiten, da es beim Übersetzen „keine absolut richtigen Regeln und Gesetzmäßigkeiten, sondern immer nur relativ nützliche" gibt (Hönig 1995: 50). Dem Übersetzer sind deshalb auch und vordringlich bestimmte **Metaregeln** für den richtigen „Umgang mit Regeln und Prinzipien des Übersetzens" beizubringen, die sagen, wann eine Regel oder Strategie am besten einzusetzen und wann sie besser nicht einzusetzen ist.

Aus seiner langjährigen Unterrichtserfahrung sieht Hönig (1986: 230) den Übersetzer zwischen „**Reflex und Reflexion**". Statt eines reflexartigen, regelgebundenen, quasi-mechanischen, auf genaue Analyse verzichtenden Herangehens an das Übersetzen fordert Hönig den Übersetzer zu Reflexion und Selbstreflexion auf. Vom Übersetzer verlangt Hönig die Reflexion auf den Text, die Reflexion auf die ausgangskulturellen und zielkulturellen Gegebenheiten, die Reflexion auf die zur Verfügung stehenden Mittel, die Reflexion auf die Übersetzungsstrategien und die Reflexion auf die eigene Person. Nur Übersetzer, die die „Fundamentierung ihrer Tätigkeit auf ihrer Persönlichkeit" durchschauen, können ihr kreatives Potenzial voll ausschöpfen; andernfalls empfinden sie die „Subjektivität ihrer mentalen Prozesse als belastend" (Hönig 1995: 61).

Bei seinen neueren Arbeiten beschäftigt sich **Paul Kußmaul** hauptsächlich mit der Frage der **Kreativität** beim Übersetzen und greift dazu vor allem auf

Reflex und Reflexion

Kreativität

die Prototypensemantik und deren Weiterentwicklung durch George Lakoff (1987), die Scenes-and-Frames-Semantik von Fillmore (1977), die Ausführungen von Roger Schank (1982) zum dynamischen Gedächtnis und die von Edward de Bono (1970) zum lateralen Denken zurück. Diese Ansätze lenken den Blick auf den Bereich, in dem Kreativität überhaupt stattfinden kann. Dieser kreative Raum ist nicht durch „logisch binär beschreibbare semantische Sprachstrukturen" gegeben, sondern „durch Zentralität und Unschärfe gekennzeichnete mentale Vorstellungen im Gehirn von Übersetzerinnen und Übersetzern" (Kußmaul 2000a: 306).

Paul Kußmaul
(*1939)

Kußmauls Überlegungen zum kreativen Übersetzen gipfeln darin, „**Übersetzen als Verändern**" (Kußmaul 1999: 177) aufzufassen. Damit widerspricht er der Auffassung, dass beim Übersetzen ein wie auch immer bestimmtes »Etwas« zu »bewahren« sei, also invariant bleiben müsse. Stattdessen spricht Kußmaul dezidiert davon, dass Übersetzen ohne Veränderungen nicht möglich ist.

Übersetzen als
Verändern

Natürlich hält auch Kußmaul an der Vorstellung fest, dass Ausgangstext und Zieltext durch bestimmte Invarianzen miteinander verbunden ist. Er ist beileibe kein Verfechter translatorischer Beliebigkeit; er setzt aber neue Akzente, indem er darauf hinweist, dass die Bewahrung des Gleichen (Invarianz) nur durch Veränderungen möglich ist.

Varianz ist für ihn also kein unerwünschtes Nebenprodukt des Übersetzens, sondern **die Bedingung der Möglichkeit von Invarianz**.

Varianz

Der Übersetzer muss stets damit rechnen, (1) „dass die Zielkultur eine inhaltliche Veränderung des Ausgangstexts nötig macht"; (2) dass die zielsprachliche Grammatik Änderungen erzwingt; und (3) dass eine „Funktionsveränderung der Übersetzung gegenüber dem Ausgangstext notwendig" sein kann (Kußmaul 1992: 480). Deshalb muss der Übersetzer bewusst **verändernde Verfahren** einsetzen. Zu den in der Praxis des Übersetzens seit langem üblichen verändernden Verfahren gehören die Transformation, die Transposition, die Explikation und die semantische Adaptation (Kußmaul 1999: 178 ff.).

Bei der Transformation erfolgt eine Anpassung an die zielsprachlichen Normen aufgrund von Sprachsystemzwängen. Bei der Transposition erfolgt eine Änderung der syntaktischen Formen (z. B. Wechsel von Wortarten) zur Wahrung der im Ausgangstext enthaltenen Semantik. Bei der Explikation setzt der Übersetzer etwas Neues hinzu, um die im Ausgangstext implizit enthaltene Bedeutung deutlicher zum Ausdruck zu bringen. Bei semantischen Adaptationen handelt es sich um übersetzungszweckkonforme Anpassungen des Zieltextes an die Erwartungen und Bedürfnisse der Zielkulturrezipienten.

Wort- und Satzbedeutungen sind nichts statisch Gegebenes, sondern „durch die Kommunikationssituation und den Kontext beeinflusst, ja oft

kontextsensitives
Verstehen

sogar zuweilen durch diese geschaffen" (Kußmaul 1996: 231). Dieses **kontextsensitive Verstehen** entsteht durch das Zusammenwirken von bottom-up-Prozessen, die den von außen kommenden Input verarbeiten, und top-down-Prozessen, bei denen der Rezipient seine Erwartungen und sein Vorwissen „auf die Äußerung projiziert" (Kußmaul 1996: 230). Dies zeigt sich besonders gut am Beispiel indirekter Sprechakte.

> Eine Äußerung wie »Können Sie das Fenster öffnen?« ist noch nicht verstanden, wenn der Hörer die linguistische Struktur des Satzes (das bottom-up-Material: hier ein Fragesatz) erfaßt hat, sondern erst dann, wenn der Hörer die mit dieser Äußerung verbundene Intention (hier eine Aufforderung oder Bitte) verstanden hat. (Kußmaul 1996: 230)

Auf der Grundlage der Scenes-and-Frames-Semantik experimentiert Kußmaul mit **Protokollen des lauten Denkens** (*Think aloud protocols, TAP*). Er möchte herausfinden, durch welche kognitiven Leistungen gute Übersetzungslösungen zustande kommen. Dabei geht er von zwei Hypothesen aus, die sich während seiner Forschung bestätigt haben:

1. Ein richtiges Verständnis müßte mit hoher Wahrscheinlichkeit zu einer guten Übersetzung führen. Szenische Veranschaulichung wäre damit eine erfolgversprechende Teilstrategie einer Übersetzungsstrategie.
2. Sind die Textstellen trotz richtigem Verständnis nicht zufriedenstellend übersetzt, liegt vermutlich ein Reverbalisierungsproblem vor. (Kußmaul 1996: 232 f.)

Zu den Ergebnissen seiner TAP-Forschung gehört auch, dass die Testpersonen oft nicht merken, dass sie eine gute Übersetzungslösung gefunden haben, weil sie auf Mikrostrukturen fixiert sind und das große Ganze aus den Augen verlieren, anstatt die eigenen Interpretationen zu würdigen und der eigenen Kreativität zu trauen. „Sehr häufig ist eine Übersetzung nämlich nichts anderes als die Verbalisierung unseres Verstehensprozesses" (Kußmaul 1996: 237).

Professionelle Übersetzer erarbeiten sich ein Verständnis einzelner Wörter stets in Verbindung zur Makrostruktur des Texts. Der Versuch hingegen, einzelne Wörter isoliert zu verstehen, ist für Kußmaul (1996: 236) ein Anzeichen für „nicht-professionelles Verhalten". Statt sich also mit mikrostrukturellen Gegebenheiten herumzuplagen, sollte die Auseinandersetzung mit der Makrostruktur des Texts im Mittelpunkt übersetzerischer Überlegungen stehen.

Daraus zieht Kußmaul die Folgerung, dass die Erhellung von Verstehensprozessen „auch Teil einer übersetzungsrelevanten Textanalyse" sein sollte (Kußmaul 1996: 231). Die Reflexion auf das eigene Tun, in diesem Fall auf das Verstehen des Ausgangstextes, wird somit zu einem wichtigen Ziel der Übersetzungsdidaktik. „*Sub specie translationis* ist Verstehen problematisiertes und bewusstes Verstehen" (Kußmaul 1996: 231).

Mary Snell-Hornby hat mit ihrem 1988 veröffentlichten Buch *Translation Studies: an Integrated Approach* einen das Fach- und Literaturübersetzen integrierenden Ansatz vorgelegt, den man als **Stratifikationsmodell** bezeichnen kann.

Mary Snell-Hornby
(*1940)

Snell-Hornby (1988: 2) geht von einem dynamischen Textbegriffs aus, wobei der Text-in-Situation als Bestandteil des kulturellen Hintergrunds nicht als „static specimen of language" aufzufassen ist, sondern als „verbalized expression of an author's intention as understood by the translator". Da es beim Textverstehen stets um interpretative Leistungen geht, kann es keine »perfekte Übersetzung« geben (Snell-Hornby 1988: 2).

Ihr Ansatz baut auf Fillmores Scenes-and-Frames-Semantik auf, die eine Weiterentwicklung der Prototypensemantik ist. Als *Scenes* bezeichnet Fillmore die konkret erlebten Situationen der Kommunikationsteilnehmer, während er unter *Frames* die linguistische Kodierung versteht. Die Übersetzerleistung besteht demzufolge darin, erstens die ausgangstextlichen *Scenes* zu verstehen, geeignete sprachliche Mittel (= zielsprachliche *Frames*) zu finden, um drittens beim Zieltextrezipienten die gewünschten *Scenes* hervorzurufen.

> Beim Verstehen von Text A geht der Übersetzer von einem vorgegebenen
> *frame* aus, nämlich dem Text und seinen linguistischen Komponenten. Dieser
> Text nun wurde von einem Autor erstellt, der dabei von seinem eigenen Erfah
> rungshintergrund, seinem Repertoire an z. T. prototypischen Szenen ausging.
> Der Gesamt-*frame* des Textes (und alle größeren und kleineren *frames* inner
> halb des Textes) lösen kognitive *scenes* in der Vorstellung des Lesers aus. (Van
> nerem/Snell-Hornby 1986: 189)

Da der Übersetzer gehalten ist, mit seinem Zieltext beim Zieltextrezipienten gleiche, ähnliche, analoge, adäquate oder äquivalente *Scenes* wie der Ausgangstext beim Ausgangstextrezipienten zu evozieren, geht es hierbei letztlich um die Erzielung von „Wirkungsgleichheit" (Schreiber 1993: 244).

Die Bedeutung der Scenes-and-frames-Semantik für die übersetzerische Berufspraxis, aber auch für die Übersetzungsdidaktik, mag das folgende Beispiel verdeutlichen, bei dem es um die ersten beiden Sätze von Umberto Ecos berühmtem Roman *Il nome della rosa* geht. Sie lauten auf Italienisch und in der Übersetzung von Burkhart Kroeber wie folgt:

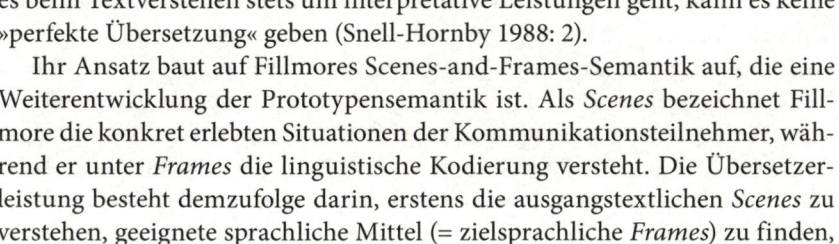

italienisches Original	deutsche Übersetzung
Era una *bella mattina* di fine novembre. Nella notte aveva nevicato un poco, ma il terreno era coperto di un *velo fresco* non più alto di *tre dita*. (Eco 1980: 29)	Es war ein *klarer spätherbstlicher* Morgen gegen Ende November. In der Nacht hatte es ein wenig geschneit, und so bedeckte ein *frischer weißer Schleier*, kaum mehr als *zwei Finger hoch*, den Boden. (Eco 1982: 31)

Bei den drei kursiv gedruckten Stellen müsste man im Rahmen äquivalenztheoretischer Modelle von übersetzerischen Ungenauigkeiten oder gar Übersetzungsfehlern sprechen. Bei Zugrundelegung funktionalistischer Grundsätze ist die Übersetzung als „genial" (Kupsch-Losereit 1999: 162) zu werten, denn der Übersetzer versucht hier, dem deutschen Leser dieselbe *Scene* wie dem Leser des italienischen Originals zu vermitteln.

Der deutsche Leser verbindet mit der Jahreszeit eher kalte Regen- und Nebelmorgen, aber keinen »schönen Morgen«, „gibt es doch bei uns keine schönen Novembermorgen und schon gar nicht gegen Ende des Monats" (Kupsch-Losereit 1999: 162). Die Ergänzung, dass es ein »weißer« Schleier war, und die perspektivische Verschiebung von »nicht höher« zu »kaum mehr« sind folgerichtig, weil der Übersetzer „nicht von der Grundbedeutung eines Wortes-an-sich", sondern „von größeren repräsentativen Bedeutungsstrukturen" ausgeht (Kupsch-Losereit 1999: 162), die man als *Scenes* und *Frames* beschreiben kann. Hinzu kommt, dass der Übersetzer davon auszugehen scheint, dass aufgrund des Körperbaus bei einem durchschnittlichen Deutschen zwei Finger ausreichen, um dieselbe Höhe anzugeben, für die ein durchschnittlicher Italiener drei Finger benötigt.

Sigrid Kupsch-
Losereit (*1942)

Übersetzen als
transkulturelle
Kommunikation

Sigrid Kupsch-Losereit greift bei ihrem Ansatz vor allem auf die Sprechakttheorie (Searle 1971) und die *Theorie des kommunikativen Handels* (Habermas 1981) zurück, die sie im Laufe der Zeit um kognitionswissenschaftliche Erkenntnisse ergänzt, modifiziert und in die funktionalistische Theorie integriert hat. Sie verfolgt dabei das Ziel, „das intersubjektive Verstehen auf methodischem Wege zu erreichen und operationalisierbar zu machen" (Kupsch-Losereit 1993: 207).

Kupsch-Losereit versteht **Übersetzen als transkulturellen Kommunikationsvorgang**, der dazu dient, „die Verständigung zu ermöglichen zwischen Menschen mit verschiedener Sprache und Kultur" (Kupsch-Losereit 1996: 217). Im Anschluss an sprechakttheoretische Modelle entwickelt sie ein umfangreiches „texttheoretisches Kommunikationsmodell" (Kupsch-Losereit 1991: 80).

Ihr Hauptinteresse gilt dem „Zusammenhang von Textverstehen und übersetzerischen Entscheidungen" (Kupsch-Losereit 1996: 217). Dabei fasst sie Verstehen nicht mehr „als Dekodieren einer semantischen Struktur", sondern als „Prozeß der Sinnkonstruktion" auf (Kupsch-Losereit 1993: 205). Die Frage an den Übersetzer lautet für sie daher nicht mehr: *Wie heißt das auf Französisch?* – sondern: *Mit welchen sprachlichen Mitteln realisiert der Franzose diese Intention in bestimmter Situation?* (Kupsch-Losereit 1991: 91).

Modell der beweg-
lichen Differenz

Die Überlegungen von Kupsch-Losereit führen schließlich zu einem **Modell der beweglichen Differenz**, bei dem es zum einen um die kulturelle Differenz und zum anderen um die Differenz zwischen Wort und Objekt geht. Im Rahmen dieses Modells gilt der Ausgangstext nicht mehr als „statischer, finiter und sinnkonsistenter Text" (Kupsch-Losereit 1996: 226), sondern als ein offener Text, dessen Sinnkonstitution das Ergebnis „der interpretativen Hypothesenbildung" der Rezipienten ist (Kupsch-Losereit 1999b: 159).

> Übersetzen wird von Kupsch-Losereit als **Sinngebungsprozess** verstanden, bei dem es um „Sinnkonstruktion in der Verstehensphase und Sinngebung in der Übersetzungsphase" geht (Kupsch-Losereit 1993: 215).

Sinngebungsprozess

Die Übersetzung fügt dem Ausgangstext „keinen zusätzlichen Sinn bei, der nicht in ihm selbst angelegt wäre", allerdings kann es zur „Entdeckung neuer/ anderer Sinnbezüge" kommen (Kupsch-Losereit 1993: 216). Der Übersetzungsprozess ist somit „eine *kreative*, strategische Leistung eines Translators" (Kupsch-Losereit 1999b: 158).

Übersetzen ist das Ergebnis eines **strategischen Vorgehens**, das von „übersetzerischen Zielsetzungen und übersetzerischen Hypothesen" sowie von „Relevanzentscheidungen des Übersetzers" abhängig ist. Für den Übersetzungsprozess gibt es drei bedeutsame „Strategien zur Inferenzbildung": Integration, Konstruktion und Intertextualisierung (Kupsch-Losereit 1996: 224 f.).

Integration ist eine semantische Verarbeitungsstrategie, bei der textuelle und kontextuelle Daten herangezogen werden, um mehrere mentale Repräsentationen ein und desselben sprachlichen Ausdrucks zu einer einzigen zu integrieren. Die Integration kommt auch zum Tragen, wenn „die Zuordnung von Textwelt und kommunikativer Absicht nicht gelingt", wie dies bei Ironie oder indirekten Sprechakten vorkommen kann (Kupsch-Losereit 1996: 225).

Zu Konstruktionen kommt es, wenn für eine Textpassage mit Hilfe des Sprach- und Weltwissens keine mentale Repräsentation hergestellt werden kann. Dies ist zum Beispiel bei Realia oder anderen kulturspezifischen Sachverhalten der Fall. Beim Übersetzen schlagen sich Konstruktionen zumeist in Erläuterungen, umschreibenden Wendungen oder bildhaften Erweiterungen nieder.

Die Intertextualisierung ist eine komplementäre kognitive Operation. Sie umfasst „die Identifizierung und (Re)Aktivierung von Referenztexten sowie die Selektion der für die Übersetzung relevanten Daten" (Kupsch-Losereit 1996: 225). Intertextualisierungen sind u. a. in Bezug auf Reime, Wortspiele, Anspielungen, Satiren usw. erforderlich. Sie unterscheidet die typologische Intertextualität (Verhältnis zwischen Text und Texttyp/Textsorte) von der referentiellen Intertextualität (Verhältnis zwischen Text und Referenztext, z. B. bei Zitaten oder Parodien).

Einer der großen Vorteile der funktionalistischen Übersetzungstheorie besteht in ihrer einfachen Umsetzbarkeit für den Übersetzungsunterricht und auch für die alltägliche Berufspraxis professioneller Übersetzer. Die übersetzungsrelevante Textanalyse ist lehr- und lernbar und sie ist praxistauglich.

Translations-
prozessforschung

Susanne Göpferich
(*1965)

Modell der Translato-
rischen Kompetenz

Hanna Risku
(*1967)

Susanne Göpferich (2008) gibt in ihrer Monografie zur **Translations-prozessforschung** einen systematischen Überblick über die kognitionswissenschaftlich inspirierten Forschungen zu den mentalen Prozessen beim Übersetzen und erörtert ausführlich die verschiedenen – auch softwaregestützten – Methoden zur quantitativen und qualitativen Datenerhebung.

Die Analyse von Zieltexten führt zu Produktdaten, die aber kaum valide Aussagen zu den zugrunde liegenden Prozessen zulassen. Mit Fragebögen, Protokollen des lauten Denkens, transkribierten Interviews oder Gesprächsprotokollen von aufgezeichneten Arbeitssitzungen von Übersetzerteams erhält man verbale Daten über die Gedanken, Vermutungen, Meinungen, Gefühle, Einstellungen oder Zweifel der Versuchspersonen. Auch bei den verbalen Daten sind kaum fundierte Aussagen zu den individuellen Prozesse beim Übersetzen möglich.

Die Verhaltensbeoachtung durch technische Hilfsmittel ist eine weitere Methode der Datenerhebung. Hier kommen u. a. Screen-Recording-Software zur Aufzeichnung aller vom Übersetzer aufgerufenen Bildschirmseiten, Keystroke-Logging-Programme zur Aufzeichnung des Schreibprozesses (z. B. Translog) oder das sogenannte Eye-Tracking zur Anwendung, bei dem die Pupillenbewegungen beim Lesen und Übersetzen aufgezeichnet werden. Auch neurowissenschaftliche Verfahren zur Aufzeichnung der Gehirntätigkeit kommen zum Einsatz.

Hanna Risku (1998: 17) verfolgt einen kognitiv-prozeduralen Ansatz und versucht den Zusammenhang von Sprache, Kultur und Handlung zu ermitteln. Sie hat ein umfassendes **Modell der Translatorischen Kompetenz** erarbeitet, um auf dieser Grundlage „kognitionsgerechte und damit handlungskohärente Lehr- und Lernmethoden" zu entwickeln. Translationsdidaktik und Übersetzerausbildung sind – wie bei fast allen Funktionalisten – auch bei ihr ein wesentliches Movens der Theorieentwicklung.

Der Kern des Modells besteht aus den Elementen Person, Rolle, Makrostrategie und System, die vielfältig miteinander verwoben sind. Der Übersetzer wird als Problemlöser gesehen, dessen kognitive, emotionale und motivationale Merkmale beim Übersetzen nicht ausgeblendet werden können. Er übernimmt aufgrund seiner sozio-kulturellen Position eine bestimmte Rolle, die bestimmte soziale Kompetenzen erfordert und an die vom Auftraggeber bzw. Bedarfsträger bestimmte Erwartungen geknüpft sind. Zur Erreichung seines translatorischen Ziels formuliert er einen projektspezifischen Skopos, den er mit geeigneten Makrostrategien umsetzt. Er ist eingebunden in ein zu steuerndes System, das im Falle der Translation den „Auftrag und die Zielkommunikation mit ihren Bezügen zur Ausgangskommunikation" beinhaltet (Risku 1998: 117). Die Bildung von Makrostrategien[3] hebt Risku besonders hervor:

---

3 Riskus projektbezogene Makrostrategien sind nicht mit den von Siever (2012; 2014) aufgestellten textbezogenen Makrostrategien zu verwechseln.

> Die Evolution der Makrostrategien reicht vom antizipierten Soll-Zustand eines mit zielsprachlichen Ausdrücken gefüllten Blattes bis zur Erweiterung des Wirkungskreises literarischer Werke, zu gelungenen internationalen Bildungskooperationen bzw. zu einem sprachdemokratischen wissenschaftlichen Diskurs. (Risku 1998: 145)

Risku sieht Übersetzen grundlegend als Expertentätigkeit. Der Übersetzer muss daher sein Tun „aus mehreren Perspektiven reflektieren", die Übersetzungslösungen mit den „Voraussetzungen und Zielen" korrelieren, die „Bedarfsträger in den Prozeß einbinden" und die „gesellschaftliche Relevanz der Resultate berücksichtigen" (Risku 1998: 103). In jeder Handlungssituation ist der Übersetzer somit gehalten „zwischen mehreren Handlungsstrategien und Ausdrucksmöglichkeiten" zu entscheiden (Risku 1998: 129). Übersetzerische Entscheidungen werden durch **Polytelie**, das gleichzeitige Polytelie Vorliegen mehrerer – teilweise konkurrierender – Ziele oder Zielvorgaben (z. B. fachspezifisch und trotzdem verständlich zu schreiben), deutlich erschwert, deshalb ist die Vernetzung von Einzelentscheidungen und deren Hierarchisierung erforderlich.

Mit ihrer Studie *Translationsmanagement* (2004/²2009) hat Hanna Risku die funktionale Translationstheorie auf die Erfordernisse der interkulturellen Fachkommunikation im Informationszeitalter hin ausgerichtet. Betrachtet man das Übersetzen als Teilkomponente der interkulturellen Fachkommunikation, sind damit mehrere Erweiterungen des Objektbereichs verbunden.

Erstens sieht sie die Tätigkeit des Übersetzers nicht mehr auf das Übersetzen als interlingualer Texttransformation beschränkt; vielmehr übernimmt der Übersetzer auch immer mehr Tätigkeiten in Sachen Textentwicklung, Textbearbeitung und Textgestaltung. Dies gilt besonders dann, wenn Übersetzungsprojekte bereits von vornherein als Teil der Produktentwicklung eingeplant sind.

Zweitens richtet sich der Blick nicht mehr nur auf den Übersetzer als Einzelperson, sondern auf das soziale Arbeitsumfeld, in dem der Übersetzer arbeiten und sich bewähren muss, wodurch seine sozialen Kompetenzen an Bedeutung gewinnen. Hierzu ist es vor allem wichtig, dass der Übersetzer sowohl in der internen als auch der externen Kooperation „zielgruppenorientiert zu kommunizieren" lernt (Risku 2009: 248). Die Ausrichtung seines beruflichen Tuns an unterschiedlichen Zielgruppen wird thematisiert, zu denen Auftraggeber, Bedarfsträger, Kunden, Kollegen, Rezipienten, Benutzer, aber auch Entwicklerteams und technische Berater gehören, die je unterschiedliche Erwartungen an den Übersetzer herantragen, wobei nicht alle Erwartungen textbezogen sind und einen konkreten Niederschlag im Zieltext finden.

Drittens wird die traditionelle Mensch-Text-Interaktion, die sowohl für die Übersetzertätigkeit als auch für die Übersetzungstheorie maßgeblich war, „auf die Interaktion von Teams in computerunterstützten multimedialen Kommunikations- und Arbeitsumgebungen erweitert" (Risku 2009: 14). Am augenfälligsten wird dies in der Auffassung vom Übersetzen als *Computer Supported Cooperative Work* (Risku 2009: 95). Die Beherrschung elektronischer Hilfsmittel – von Officeprogrammen über Translation-Memory-Systemen bis zu Desktop-Publishing-Software – wird heutzutage von den Arbeitgebern nicht nur vorausgesetzt, sondern erfordert auch auf theoretischer Ebene eine angemessene Konzeptualisierung.

3.5 | Fragen und Aufgaben

1 Nennen Sie drei wichtige Übersetzungsdenker des handlungstheoretischen Paradigmas!

2 Vergleichen Sie die Begriffe Skopos und Textfunktion! Worin bestehen die Unterschiede zwischen beiden Begriffen?

3 Welche Rolle spielt nach Kußmaul die Kreativität beim Übersetzen?

4 Was meinen Sie: Sollte der Sinn oder der Zweck (Skopos) die übersetzerischen Überlegungen leiten? Begründen Sie Ihre Meinung!

5 Worin bestehen die Unterschiede zwischen dem statischen und dem dynamischen Textbegriff?

3.6 | Verwendete und weiterführende Literatur

Ahrens, Barbara/Hansen-Schirra, Silvia/Krein-Kühle, Monika/Schreiber, Michael/Wienen, Ursula (Hrsg.) (2014): Translationswissenschaftliches Kolloquium III. Beiträge zur Übersetzungs- und Dolmetschwissenschaft (Köln-Germersheim). Frankfurt: Lang.

Bassnett, Susan/Lefevere, André (Hrsg.) (1990): Translation, History and Culture. London: Pinter.

Bernecker, Roland/Umlauf, Joachim (Hrsg.) (1999): Die Übersetzung in der Unterrichtspraxis. Akten eines DAAD-Fachseminars in Nantes. Münster: Nodus Publikationen.

de Bono, Edward (1970): Lateral thinking: creativity step by step. New York: Harper & Row.

Drescher, Horst W. (Hrsg.) (1997): Transfer. Übersetzen – Dolmetschen – Interkulturalität. 50 Jahre Fachbereich Angewandte Sprach- und Kulturwissenschaft der Johannes Gutenberg-Universität Mainz in Germersheim. Frankfurt: Lang.

Fillmore, Charles J. (1977): Scenes-and-frames semantics. In: Zampolli 1977: 55–88.

Frank, Armin Paul/Kittel, Harald/Greiner, Norbert/Hermans, Theo/Koller, Werner/Lambert, José/Paul, Fritz (Hrsg.) (2004): Übersetzung. Ein internationales Handbuch zur Übersetzungsforschung. 1. Teilband. New York: de Gruyter.

Gentzler, Edwin (1993/²2001): Contemporary Translation Theories. London: Routledge.

Gil, Alberto/Haller, Johann/Steiner, Erich/Gerzymisch-Arbogast, Heidrun (Hrsg.) (1999): Modelle der Translation. Grundlagen für Methodik, Bewertung, Computermodellierung. Frankfurt: Lang.

Göpferich, Susanne (1995): Textsorten in Naturwissenschaft und Technik. Pragmatische Typologie – Kontrastierung – Translation. Tübingen: Narr.

Göpferich, Susanne (1998): Interkulturelles Technical Writing: Fachliches adressatengerecht vermitteln. Ein Lehr- und Arbeitsbuch. Tübingen: Narr.

Göpferich, Susanne (2000): Übersetzungsgerechte Textproduktion. In: Technische Kommunikation 4 (2000): 4–8.

Göpferich, Susanne (2002): Textproduktion im Zeitalter der Globalisierung. Entwicklung einer Didaktik des Wissenstransfers. Tübingen: Stauffenburg.

Göpferich, Susanne (2008): Translationsprozessforschung. Stand – Methoden – Perspektiven. Tübingen: Narr.

Habermas, Jürgen (1981/⁴1987): Theorie des kommunikativen Handelns. Frankfurt: Suhrkamp.

Holz-Mänttäri, Justa (1984): Translatorisches Handeln. Theorie und Methode. Helsinki: Suomalainen Tiedeakatemia.

Holz-Mänttäri, Justa (1986): Translatorisches Handeln – theoretisch fundierte Berufsprofile. In: Snell-Hornby 1986: 348–374.

Holz-Mänttäri, Justa/Nord, Christiane (Hrsg.) (1993): Traducere Navem. Festschrift für Katharina Reiß zum 70. Geburtstag. Tampere: Universitätsbibliothek Tampere.

Hönig, Hans (1986): Übersetzen zwischen Reflex und Reflexion – ein Modell der übersetzungsrelevanten Textanalyse. In: Snell-Hornby 1986, 230–251.

Hönig, Hans (1993): Vom Selbst-Bewußtsein des Übersetzers. In: Holz-Mänttäri/Nord 1993: 77–90.

Hönig, Hans (1995): Konstruktives Übersetzen. Tübingen: Stauffenburg.

Hönig, Hans/Paul Kußmaul (1982/³1991): Strategie der Übersetzung. Tübingen: Narr.

Hurtado Albir, Amparo (2001): Traducción y traductología. Introducción a la traductología. Madrid: Cátedra.

Kadric, Mira/Kaindl, Klaus/Pöchhacker, Franz (Hrsg.) (2000): Translationswissenschaft. Festschrift für Mary Snell-Hornby zum 60. Geburtstag. Tübingen: Stauffenburg.

Kaindl, Klaus (1997): Wege der Translationswissenschaft. Ein Beitrag zu ihrer disziplinären Profilierung. In: TextconText 11 (1997): 221–246.

Kautz, Ulrich (2000): Handbuch Didaktik des Übersetzens und Dolmetschens. München: Iudicium.

Keller, Rudi (Hrsg.) (1997): Linguistik und Literaturübersetzen. Tübingen: Narr.

Kupsch-Losereit, Sigrid (1988): Die Übersetzung als soziale Praxis. Ihre Abhängigkeit vom Sinn- und Bedeutungshorizont des Rezipienten. In: Fremdsprachen Lehren und Lernen 17 (1988): 28–40.

Kupsch-Losereit, Sigrid (1990): Sprachlich-konzeptuelle Verarbeitung von Kulturdifferenz in der Übersetzung. In: Lebende Sprachen 36 (1990): 152–155.

Kupsch-Losereit, Sigrid (1991): Die Relevanz von kommunikationstheoretischen Modellen für Übersetzungstheorie und übersetzerische Praxis. In: TextconText 6 (1991) 2/3: 77–100.

Kupsch-Losereit, Sigrid (1993): Hermeneutische Verstehensprozesse beim Übersetzen. In: Holz-Mänttäri/Nord 1993: 203–218.

Kupsch-Losereit, Sigrid (1994): Die Übersetzung als Produkt hermeneutischer Verstehens-prozesse. In: Snell-Hornby/Pöchhacker/Kaindl 1994: 45–54.

Kupsch-Losereit, Sigrid (1995a): Übersetzen als transkultureller Verstehens- und Kommu-nikationsvorgang: andere Kulturen, andere Äußerungen. In: Salnikow 1995: 1–15.

Kupsch-Losereit, Sigrid (1995b): Die Modellierung von Verstehensprozessen und die Kon-sequenzen für den Übersetzungsunterricht. In: TextconText 10 (1995): 179–196.

Kupsch-Losereit, Sigrid (1996): Kognitive Verstehensprozesse beim Übersetzen. In: Lauer u. a. 1996: 217–228.

Kupsch-Losereit, Sigrid (1997a): Übersetzen als transkultureller Verstehens- und Produkti-onsprozeß. In: Snell-Hornby/Jettmarová/Kaindl 1997: 249–260.

Kupsch-Losereit, Sigrid (1997b): Übersetzen: ein integrativ-konstruktiver Verstehens- und Produktionsprozeß. In: Drescher 1997: 209–223.

Kupsch-Losereit, Sigrid (1999a): Vom Ausgangstext zum Zieltext oder: Dokumentarisches vs. Instrumentelles Übersetzen. In: Bernecker/Umlauf 1999: 11–25.

Kupsch-Losereit, Sigrid (1999b): Kognitive Prozesse, übersetzerische Strategien und Ent-scheidungen. In: Gil u. a. 1999: 157–176.

Kupsch-Losereit, Sigrid (1999c): Die kulturelle Kompetenz des Translators. In: Veisbergs/ Zauberga 1999: 160–172.

Kupsch-Losereit, Sigrid (2008): Vom Ausgangstext zum Zieltext: eine Wegbeschreibung translatorischen Handelns. Berlin: Saxa.

Kußmaul, Paul (1986): Übersetzen als Entscheidungsprozess. Die Rolle der Fehleranalyse in der Übersetzungsdidaktik. In: Snell-Hornby 1986: 206–229.

Kußmaul, Paul (1994): Semantic models and translating. In: Target 6 (1994) 1: 1–13.

Kußmaul, Paul (1995): Training the translator. Amsterdam: Benjamins.

Kußmaul, Paul (2000): Kreatives Übersetzen. Tübingen: Stauffenburg.

Lauer, Angelika/Gerzymisch-Arbogast, Heidrun/Haller, Johann/Steiner, Erich (Hrsg.) (1996): Übersetzungswissenschaft im Umbruch. Festschrift für Wolfram Wilss zum 70. Geburtstag. Tübingen: Narr.

Lefevere, André/Bassnett, Susan (1990): Introduction: Proust's grandmother and the thousand and one nights. The »cultural turn« in Translation Studies. In: Bassnett/ Lefevere 1990: 1–14.

Luhmann, Niklas (1987): Soziale Systeme. Grundriß einer allgemeinen Theorie. Frankfurt: Suhrkamp.

Müller, Ina (Hrsg.) (2004): Und sie bewegt sich doch... Translationswissenschaft in Ost und West. Festschrift für Heidemarie Salevsky zum 60. Geburtstag. Frankfurt: Lang.

Nord, Christiane (1988/³1995): Textanalyse und Übersetzen. Theoretische Grundlagen, Methode und didaktische Anwendung einer übersetzungsrelevanten Textanalyse. Hei-delberg: Groos.

Nord, Christiane (1991a): Scopos, Loyalty, and Translational Conventions. In: Target 3 (1991) 1: 91–109.

Nord, Christiane (1991b): Der Buchtitel in der interkulturellen Kommunikation: Ein Para-digma funktionaler Translation. In: Tirkkonen-Condit 1991: 121–130.

Nord, Christiane (1993): Einführung in das funktionale Übersetzen. Am Beispiel von Titeln und Überschriften. Tübingen: Francke.

Nord, Christiane (1996): „Wer nimmt denn mal den ersten Satz?". Überlegungen zu neuen Arbeitsformen im Übersetzungsunterricht. In: Lauer u. a. 1996: 313–327.

Nord, Christiane (1997): Translation as a purposeful activity: Functionalist approaches explained. Manchester: St. Jerome.

Nord, Christiane (1997a): Übersetzen – Spagat zwischen den Kulturen? In: TextconText 11(1997): 149–161.

Nord, Christiane (1997b): So treu wie möglich? Die linguistische Markierung kommunikativer Funktionen und ihre Bedeutung für die Übersetzung literarischer Texte. In: Keller 1997: 35–59.

Nord, Christiane (1998a): Transparenz der Korrektur. In: Snell-Hornby 1998: 384–387.

Nord, Christiane (1998b): La unidad de traducción en el enfoque funcionalista. In: Quaderns 1(1998): 65–77.

Nord, Christiane (1999): Der Adressat – das unbekannte Wesen? Möglichkeiten und Grenzen der Adressatengerechtheit beim Übersetzen. In: Gil u. a. 1999: 191–207.

Nord, Christiane (2001): Loyalität statt Treue. Vorschläge zu einer funktionalen Übersetzungstypologie. In: TextconText 15(2001)2: 227–244 [zuerst abgedruckt in: Lebende Sprachen 34(1989)3: 100–105].

Nord, Christiane (2004a): Loyalität als ethisches Verhalten im Translationsprozess. In: Müller 2004: 235–245.

Nord, Christiane (2004b): Die Übersetzung von Titeln, Kapiteln und Überschriften in literarischen Texten. In: A. P. Frank u. a. 2004: 908–914.

Nord, Christiane (2010): Fertigkeit Übersetzen. Ein Kurs zum Übersetzenlehren und -lernen. Berlin: BDÜ Fachverlag.

Nord, Christiane (2011): Funktionsgerechtigkeit und Loyalität. Theorie, Methode und Didaktik des funktionalen Übersetzens. Berlin: Frank & Timme.

Nord, Christiane (2014): Hürden-Sprünge. Ein Plädoyer für mehr Mut beim Übersetzen. Berlin: BDÜ Fachverlag.

Plett, Heinrich F. (1979): Textwissenschaft und Textanalyse. Heidelberg: Quelle & Meyer.

Reiß, Katharina/Vermeer, Hans J. (1984/²1991): Grundlegung einer allgemeinen Translationstheorie. Tübingen: Niemeyer.

Renn, Joachim/Straub, Jürgen/Shimada, Shingo (Hrsg.) (2002): Übersetzung als Medium des Kulturverstehens und sozialer Integration. Frankfurt: Campus.

Risku, Hanna (1998): Translatorische Kompetenz. Kognitive Grundlagen des Übersetzens als Expertentätigkeit. Tübingen: Stauffenburg.

Risku, Hanna (2004/²2009): Translationsmanagement. Interkulturelle Fachkommunikation im Informationszeitalter. Tübingen: Narr.

Salnikow, Nicolai (Hrsg.) (1995): Sprachtransfer – Kulturtransfer. Text, Kontext und Translation. Frankfurt: Lang.

Schreiber, Michael (2006): Loyalität und Literatur. Zur Anwendung des Loyalitätsbegriffs auf die literarische Übersetzung. In: Wolf 2006: 79–87.

Searle, John (1971): Sprechakte. Frankfurt: Suhrkamp.

Siever, Holger (2001): Kommunikation und Verstehen. Der Fall Jenninger als Beispiel einer semiotischen Kommunikationsanalyse. Frankfurt: Lang.

Siever, Holger (2012): Strategisches Übersetzen. In: Zybatow/Petrova/Ustaszewski 2012: 399–404.

Siever, Holger (2014): Strategisches Übersetzen – ein didaktisches Modell. In: Ahrens u. a. 2014: 63–80.

Snell-Hornby, Mary (Hrsg.) (1986): Übersetzungswissenschaft – Eine Neuorientierung. Tübingen: Francke.

📖 **Snell-Hornby, Mary (1988/²1995): Translation studies: An integrated approach. Amsterdam: Benjamins.**

Snell-Hornby, Mary (1990): Linguistic Transcoding or Cultural Transfer? A Critique of Translation Theory in Germany. In: Bassnett/Lefevere 1990: 79–86.

Snell-Hornby, Mary (Hrsg.) (1986): Übersetzungswissenschaft – Eine Neuorientierung. Tübingen: Francke.

Snell-Hornby, Mary/Pöchhacker, Franz/Kaindl, Klaus (Hrsg.) (1994): Translation Studies – an interdiscipline. Selected papers from the Translation Studies Congress, Vienna 9–12 September 1992. Amsterdam: Benjamins.

Snell-Hornby, Mary/Jettmarová, Zuzana/Kaindl, Klaus (Hrsg.) (1997): Translation as Intercultural Communication. Selected papers from the EST Congress – Prague 1995. Amsterdam: Benjamins.

Tirkkonen-Condit, Sonia (Hrsg.) (1991): Empirical Research in Translation and Intercultural Studies. Tübingen: Narr.

van Dijk, Teun A./Kintsch, Walter (1983): Strategies of discourse comprehension. New York: Academic Press.

Vannerem, M./Snell-Hornby, Mary (1986): Die Szene hinter dem Text: »scenes-and-frames semantics« in der Übersetzung. In: Snell-Hornby 1986: 184–205.

Veisbergs, Andrejs/Zauberga, Ieva (Hrsg.) (1999): Pragmatische Aspekte der Translation. Proceedings des zweiten Rigaer Symposiums, Riga 28.–30. April 1999. Riga: Universität Lettlands SIA „JUMI".

Vermeer, Hans J. (1978): Ein Rahmen für eine allgemeine Translationstheorie. In: Lebende Sprachen 23 (1978): 99–102. [wieder abgedruckt in: Vermeer 1983: 48–61]

Vermeer, Hans J. (1979): Vom »richtigen« Übersetzen. In: Mitteilungsblatt für Dolmetscher und Übersetzer 4 (1979): 2–8. [wieder abgedruckt in: Vermeer 1983: 62–88]

Vermeer, Hans J. (1982): Translation als Informationsangebot. In: Lebende Sprachen 3(1982): 97–100.

Vermeer, Hans J. (1983): Aufsätze zur Translationstheorie. Heidelberg: Groos.

Vermeer, Hans J. (1986): voraussetzungen für eine translationstheorie – einige kapitel kultur- und sprachtheorie. Heidelberg: o. V.

Vermeer, Hans J. (1986a): Übersetzen als kultureller Transfer. In: Snell-Hornby 1986: 30–53.

Vermeer, Hans J. (1988a): Handlungstheorie und Translation. In: TextconText 3 (1988) 2: 119–140.

Vermeer, Hans J. (1988b): Zur Objektivierung von Translaten – eine Aufforderung an die Linguistik. In: TextconText 3 (1988) 3/4: 243–276.

Vermeer, Hans J. (1989/²1990): Skopos und Translationsauftrag. Heidelberg: Groos.

Vermeer, Hans J. (1990a): Text und Textem. In: TextconText 5(1990)2: 108–114.

Vermeer, Hans J. (1994): Hermeneutik und Übersetzung(swissenschaft). In: TextconText 9(1994): 163–182.

Vermeer, Hans J. (1996): Die Welt, in der wir übersetzen: Drei translatologische Überlegungen zu Realität, Vergleich und Prozeß. Heidelberg: TextconText-Verlag.

Vermeer, Hans J. (1996b): A skopos theory of translation: Some arguments for and against. Heidelberg: TextconText-Verlag.

Vermeer, Hans J. (1997): Translation and the Meme. In: Target 9 (1997): 155–166.

Vermeer, Hans J. (2000): Mit allen fünf Sinnen oder: Sinn und Leistung des Kulturbegriffs in der Translation. In: Kadric/Kaindl/Pöchhacker 2000: 37–49.

Vermeer, Hans J. (2002): Erst die Unmöglichkeit des Übersetzens macht das Übersetzen möglich. In: Renn/Straub/Shimada 2002: 125–143.

Vermeer, Hans J. (2003): Versuch einer translatologischen Theoriebasis. In: Nord/Schmitt 2003: 241–258.

Vermeer, Hans J./Witte, Heidrun (1990): Mögen Sie Zistrosen? Scenes & frames & channels im translatorischen Handeln. Heidelberg: Groos.

Wilss, Wolfram (1988): Kognition und Übersetzen. Zu Theorie und Praxis der menschlichen und der maschinellen Übersetzung. Tübingen: Niemeyer.

Witte, Heidrun (2000): Die Kulturkompetenz des Translators. Begriffliche Grundlegung und Didaktisierung. Tübingen: Stauffenburg.

Wolf, Michaela (Hrsg.) (2006): Übersetzen – Translating – Traduire. Towards a „social turn". Berlin: LIT Verlag.

Zampolli, Antonio (Hrsg.) (1977): Linguistic Structures Processing. Amsterdam: North Holland.

Zybatow, Lew/Petrova, Alena/Ustaszewski, Michael (Hrsg.) (2012): Translationswissenschaft interdisziplinär: Fragen der Theorie und der Didaktik. Frankfurt: Lang.

Zum Weiterdenken

Übersetzungstypen

In der einschlägigen Literatur fällt immer wieder die Zweiteilung in einen invarianzdo-
minierten Übersetzungstyp und einen varianzdominierten Übersetzungstyp auf. Die
verschiedenen Autoren belegen diese beiden Typen mit je unterschiedlichen Bezeichnungen. Der folgenden Auflistung sind die wichtigsten Benennungen zu entnehmen.

Autor	Invarianzdominierter Übersetzungstyp	Varianzdominierter Übersetzungstyp
Quintilian	Übersetzung	Paraphrase
Joachim Du Bellay	Übersetzung	*Imitatio*
Novalis	grammatisch	verändernd
Johann Gottlieb Herder	*Über*setzung	Über*setzung*
Jacob Grimm	*Über*setzung	Über*setzung*
Martin Heidegger	*Über*setzung	Über*setzung*
Wolfgang Schadewaldt	dokumentarisch	transponierend
Fritz Güttinger	gelehrt	lebendig
Eugene Nida	formal	dynamisch
Juliane House	overt	covert
Peter Newmark	semantisch	kommunikativ
William Frawley	close translation	free translation
Arnt Lykke Jakobson	imitativ	funktional
Christiane Nord	dokumentarisch	instrumentell

Das semiotisch-interpretationstheoretische Paradigma

4.1 | Gemeinsamkeiten der semiotisch-interpretationstheoretischen Ansätze

Das semiotisch-interpretationstheoretische Paradigma ist das jüngste Paradigma in der selbst noch relativ jungen Übersetzungswissenschaft. Die Theorien dieses Paradigmas sind sowohl prozess- als auch produktbezogen. Die Leitdisziplinen des semiotisch-interpretationstheoretischen Paradigmas sind einerseits die Semiotik, wie sie von dem amerikanischen Philosophen und Zeichentheoretiker Charles Sanders Peirce (1960) und dem italienischen Sprach- und Zeichenwissenschaftler Umberto Eco (1985) ausgearbeitet wurde, und andererseits die Interpretationsphilosophie, die vor allem von den deutschen Philosophen Günter Abel (1993) und Hans Lenk (1993) entwickelt wurde.

Das semiotisch-interpretationstheoretische Paradigma weist drei Strömungen auf. Die wichtigsten semiotischen Ansätze haben William Frawley (1984a) und Dinda Gorlée (1994) vorgelegt. Der bedeutendste sozialkonstruktivistische Ansatz stammt von Don Kiraly (2000). Der bisher einzige interpretationstheoretische Ansatz stammt von Holger Siever (2010). Alle drei Strömungen arbeiten mit den Grundbegriffen ‚Interpretation‘, ‚Zeichen‘ und ‚Differenz‘, wodurch es möglich ist, sie in einem Paradigma zusammenzufassen. Mit einiger Vereinfachung lässt sich behaupten, dass die semiotischen Ansätze das Erbe der linguistischen Theorien unter semiotischen Vorzeichen weiterführen, während der sozialkonstruktivistische und der interpretationistische Ansatz die Erkenntnisse von Skopostheorie und Funktionalismus auf teilweise veränderter Theoriebasis fortschreiben.

Die beiden Grundbegriffe des Zeichens und der Interpretation haben in Semiotik und Interpretationsphilosophie eine spezifische Bedeutung erhalten, die sie von Verwendungsweisen in anderen Kontexten unterscheidet. Beim Zeichenbegriff müssen wir einerseits zwischen dem traditionellen Zeichenbegriff, wie er seit Aristoteles überliefert ist und auch in der modernen Linguistik (vor allem im Strukturalismus) noch verwendet wird, und andererseits dem semiotischen Zeichenbegriff unterscheiden.

traditioneller Zeichenbegriff

Der **traditionelle Zeichenbegriff** ist diadisch (aus zwei Elementen aufgebaut) und geht von einer Identität oder Äquivalenz zwischen Signifikant und Signifikat aus. Man spricht daher auch vom Äquivalenzmodell des Zeichens.

semiotischer Zeichenbegriff

Der **semiotische Zeichenbegriff** ist hingegen „von der trivialen Identifikation mit der Idee der codierten Äquivalenz und Identität befreit" (Eco 1985: 1 f.). Er ist triadisch, also aus drei Elementen aufgebaut, und geht von einer grundlegenden Differenz zwischen Signifikant und Signifikat aus, die durch Schlussfolgerungen (Inferenzen) überbrückt werden muss und so zu einem dritten Element führt, dem Interpretanten. Man spricht daher auch vom

Inferenzmodell des Zeichens

Inferenzmodell des Zeichens.

Unter einem Zeichen versteht Peirce „[a]lles, was etwas anderes (seinen Interpretanten) bestimmt, sich auf ein Objekt zu beziehen, auf das es sich selbst (als sein Objekt) auf die gleiche Weise bezieht, wodurch der Interpretant seinerseits zu einem Zeichen wird, und so weiter *ad infinitum*" (Peirce 1986: 375). Wichtig ist für die Peircesche Zeichendefinition auch, dass „nichts ein Zeichen [ist], wenn es nicht als Zeichen interpretiert wird" (Peirce 1986: 374).

Äquivalenzmodell des Zeichens	Inferenzmodell des Zeichens
Aristoteles, Saussure, Linguistik	Peirce, Eco, Semiotik
diadisch: Signifikant und Signifikat *(aliquid stat pro aliquod)*	triadisch: Representamen, Objekt und Interpretant
Identität (p ≡ q) oder Äquivalenz (p ↔ q) zwischen Signifikant und Signifikat	Differenz (p ≠ q) oder Inferenz (p → q) zwischen Signifikant und Signifikat
Beziehung zwischen Signifikant und Signifikat ist statisch und notwendig	Beziehung zwischen Signifikant und Signifikat ist dynamisch und kontingent

Tab. 4.1
Äquivalenz- und Inferenzmodell des Zeichens

Dieses triadische Zeichenmodell von Peirce kann auf Zeichen jeglicher Komplexitätsstufe, also Buchstaben, Laute, Wörter, Sätze, Texte, auf multimediale Dokumente und ganze Diskurse angewendet werden und ist sowohl für *intra*linguale wie auch für *inter*linguale und sogar für intersemiotische Zeichenrelationen gültig. Es kann aber auch auf Merkmale angewendet werden, die traditionell eher der Ausdrucksseite als der Inhaltsseite zugeordnet werden, wie zum Beispiel: parasprachliche Merkmale, prosodische Merkmale, typografische Merkmale, Metrik, Rhythmus, Art des Satzbaus, Sprachfluss, Sprachmelodie usw. Auch diese Merkmale sind über das inferentielle Zeichenmodell von Peirce einer Interpretation und damit Sinnzuschreibung zugänglich, die sich dann auch auf die übersetzerischen Entscheidungen auswirken kann.

Ein Zeichen besteht für Peirce aus dem Repräsentamen (Zeichenträger), dem Objekt und dem Interpretanten. Der Interpretant eines Zeichens ist nach Peirce dasjenige (komplexe) Zeichen, mit dem die Bedeutung eines sprachlichen, parasprachlichen oder nicht-sprachlichen Zeichens erklärt werden kann. Anders ausgedrückt: Der Interpretant liefert eine Interpretation des betreffenden Zeichens.

Der Interpretant kann als Erklärung der Zeichenbedeutung aufgefasst werden. Die Genauigkeit der Erklärung (und das heißt: die Genauigkeit der Abgrenzung dieses Zeichens von einem anderen Zeichen) kann den Anforderungen des Zwecks, des Kontextes, der Adressaten und der Verwendungssituation angepasst werden. Manchmal genügt eine knappe Erklärung, manchmal kommt es auf feinere Unterscheidungen an.

Jedes Zeichenverstehen ist inferentiell.

Dabei sind Inferenzen auf unterschiedlichen Ebenen beim Zeichenverstehen involviert. Es gibt also einen inhärenten Zusammenhang zwischen Inferenz und Interpretation – und zwar derart, dass von einer „inferentiellen Struktur des Zeichens" (Biere 1989: 101) auszugehen ist. Interpretationsprozesse werden also nicht von außen an das Zeichen herangetragen, sondern das Zeichen selbst wird erst durch einen Interpretationsprozess konstituiert.

statischer Zeichenbegriff

Das traditionelle Äquivalenzmodell arbeitet mit einem **statischen Zeichenbegriff**. Das bedeutet, dass die Beziehung zwischen Signifikant und Signifikat dauerhaft und vor jeder Sprachverwendung bereits besteht. Deshalb handelt es sich auch um eine notwendige Beziehung. Das Inferenzmodell hingegen favorisiert einen **dynamischen Zeichenbegriff**, bei dem die Beziehung zwischen Signifikant und Signifikat erst in konkreten Sprachverwendungssituationen per Inferenz jedes Mal neu hergestellt wird. Inferenzen stiften aber keine notwendigen, sondern nur kontingente Beziehungen, da die Schlussfolgerungen in je verschiedenen Situationen jeweils anders ausfallen kann. Diesen Umstand verdeutlicht das folgende Zitat von Abel:

dynamischer Zeichenbegriff

> Die Bedeutung eines zur Übersetzung anstehenden Zeichens anzugeben heißt, eine Interpretation dieses Zeichens zu geben. Die Verbindung zwischen einem Zeichen und seiner Interpretation – Voraussetzung für jede gelingende Übersetzung – ist jedoch gerade *nicht* eine *notwendige* Verbindung, d.h. zu einem Zeichen gibt es jeweils *nicht* nur *eine einzige richtige* Interpretation. Vielmehr sind mehrere gleichermaßen legitime Interpretationen möglich. (Abel 1999a: 11; Hervorh. im Orig.)

Wenn wir von Interpretation sprechen, müssen wir grundsätzlich das hermeneutische Verständnis des Interpretationsbegriffs vom interpretationstheoretischen unterscheiden. In der Hermeneutik ist Interpretation ein ausschließlich rezeptiver Vorgang, während in der Interpretationsphilosophie unter Interpretation ein sowohl rezeptiver als auch produktiver Vorgang verstanden wird.

Diese extensionale Ausweitung des Interpretationsbegriffs auf fast alle Bereiche kognitiver Tätigkeit macht eine Binnendifferenzierung des Begriffs notwendig. Abel (1993: 14 f.) unterscheidet daher drei Ebenen der Interpretation, die er mit Indexzahlen kennzeichnet:

drei Ebenen der Interpretation

1) **Interpretationen$_1$:** die ursprünglich-produktiven und sich in den kategorialisierenden Zeichenfunktionen selbst manifestierenden konstruktbildenden Komponenten, die in jeder Organisation und Erfahrung bereits vorausgesetzt werden und in Anspruch genommen sind;

2) **Interpretationen**$_2$: die durch Gewohnheit verankerten und habituell gewordenen Gleichförmigkeitsmuster;

3) **Interpretationen**$_3$: die aneignenden Deutungen, z. B. die Vorgänge des Beschreibens, Theoriebildens, Erklärens, Begründens oder Rechtfertigens.

Nur diese dritte Ebene entspricht dem hermeneutischen Begriff der Interpretation (im landläufigen Sinne von Auslegung, Deutung oder Exegese). Interpretation im interpretationstheoretischen Sinne umfasst hingegen die Wahrnehmung, das Verwenden und Deuten von Zeichen. Das Abfassen eines (Ausgangs- oder Ziel-)Textes gilt somit als interpretativer Prozess.

Die semiotische Auffassung des Zeichenbegriffs und in dessen Folge auch des Textverstehens führt zu der Konsequenz, dass Interpretation unvermeidlich ist (Vermeer 2003: 256). Dies gilt für jede Art von Sprachverwendung und damit auch für das Übersetzen: **„Jedes Übersetzen ist ein Interpretieren"** (Abel 1999a: 11). Wir können also die Grundüberzeugung der Ansätze des semiotisch-interpretationstheoretischen Paradigmas in Anlehnung an Watzlawick in dem folgenden Satz zusammenfassen:

„Wir können nicht nicht-interpretativ »übersetzen«." (Abel 1999a: 16)

Die Theorien des interpretationstheoretischen Paradigmas betrachten den Zieltext als manifeste, mitteilbare, vom Übersetzer produzierte Interpretation des Originaltextes. Übersetzen wird dementsprechend als auf Interpretationsprozessen beruhender intra- oder interlingualer bzw. intersemiotischer Kommunikationsprozess konzipiert, bei dem den ausgangssprachlichen und den zielsprachlichen Zeichen anhand von Implikationen Sinn zugeschrieben wird.

Die semiotischen Ansätze | 4.2

Roman Jakobson ist einer der bedeutendsten Linguisten und Semiotiker des 20. Jahrhunderts. Er hat als einer der ersten die Tragweite der Peirceschen Semiotik erkannt und sie in seinem kurzen Aufsatz *On Linguistic Aspects of Translation* aus dem Jahr 1959 auf die Übersetzungsforschung angewendet. Daher muss Jakobson als Vorläufer und Begründer des semiotischen Ansatzes in der Übersetzungswissenschaft gelten (Gorlée 1994: 17).

Eine ausgefeilte Übersetzungstheorie unter semiotischen Vorzeichen haben allerdings weder Jakobson noch Cartellieri (1970) oder Wilss (1977a; 1980) vorgelegt, die in den 1970er Jahren auf die Bedeutung der Semiotik für die Analyse des Ausgangstextes hingewiesen haben. Allerdings findet sich schon bei Jakobson die grundlegende Gleichsetzung von Interpretation und Übersetzung: „die Erkenntnisebene der Sprache lässt nicht nur die Interpretation durch eine andere Codierung, das heißt Übersetzung, zu, sondern fordert sie geradezu" (Jakobson 1992a: 488). Die Bedeutung der Semiotik als theoretische Grundlage für den gesamten Übersetzungsprozess wurde jedoch erst relativ spät erkannt: „Semiotics and translation theory have until recently virtually ignored each other's existence" (Gorlée 1994: 10).

Zu den wichtigsten Vertretern semiotischer Übersetzungstheorien zählen William Frawley (1984a) und Dinda Gorlée (1994). Während sich Frawley stark auf Ecos Semiotiktheorie[1] stützt, knüpft Gorlée an die semiotischen Theorien von Jakobson und Peirce an.

Im semiotischen Verständnis liegen Texte nicht einfach vor, sondern sie entstehen durch Zeichenprozesse (Semiosen). Dies bedeutet, dass wir es beim Übersetzungsprozess mit – mindestens – drei verschiedenen **Semiosen** zu tun haben: (1) Die semiotischen Prozesse des Ausgangstextes, (2) die semiotischen Prozesse des Zieltextes und (3) die semiotischen Prozesse in der Transferphase, die vom Ausgangstext zum Zieltext führen.

Texte werden als komplexe Zeichen begriffen: „Texts are signs with sub-signs … and their translation is a new semiosis" (Gorlée 2004a: 54). Daraus folgt einerseits, dass Texte, Subtexte, Intertexte, Hypertexte und sogar Kontexte denselben theoretischen Status *als Zeichen* haben. Sie können mit demselben begrifflichen Apparat analysiert werden und unterscheiden sich nur durch ihre Komplexität und Funktion (Gorlée 2004a: 54).

Wesentlich für die semiotische Übersetzungsauffassung ist, dass zum einen die Eigenständigkeit der Übersetzung gegenüber dem »Original« und zum anderen die übersetzerische Kreativität betont wird. Deshalb geht es für die semiotischen Ansätze beim Übersetzen auch nicht um die „Herstellung von Äquivalenzbeziehungen", sondern um die „kreative Neuinterpretation in jedem Akt der Translation" (Prunč 1988: 124). Dies impliziert die Ablehnung jeder Auffassung, die Übersetzen als Transkodierung oder Nachahmung verstehen will.

Die Semiotik unterscheidet drei Zeichenfunktionen, die als Repräsentamen, Objekt und Interpretant bezeichnet werden. Jedes Zeichen ist durch
|Interpretant| ein anderes Zeichen darstellbar, das in dieser Funktion als **Interpretant** des ersten Zeichens gilt. In diesem Sinne kann das deutsche Wort *Hund* als Interpretant des englischen Wortes *dog* aufgefasst werden, es kann aber auch in einem anderen Kontext der Interpretant von *Rex* sein, wenn Rex der Name eines Hundes ist. Interpretanten werden durch weitere Interpretanten interpretiert, wodurch sich eine endlose Semiose ergibt. Für Peirce ist der Interpretant „a fully semiotic translation" (Gorlée 2004a: 58).

---

1 Inzwischen hat sich auch Umberto Eco (2001; 2003; 2006) direkt und systematisch zu übersetzungstheoretischen Fragen geäußert; allerdings sind seine Ausführungen zur Übersetzung erstaunlicherweise nicht als semiotisch zu werten, sondern oszillieren eher zwischen Linguistik und Hermeneutik.

Die Peircesche Semiotik ist eine konsequente Ausformulierung des Schlussmodells des Zeichens. Zu diesem Zweck hat Peirce die bekannten Schlussverfahren der Deduktion und Induktion um ein weiteres Schlussverfahren erweitert, das er Hypothese oder Abduktion nennt. **Abduktion** ist für Peirce dasjenige Schlussverfahren, mit dem eine Erklärungshypothese aufgestellt wird:

> Abduction is the process of forming an explanatory hypothesis. It is the only logical operation which introduces any new idea; for induction does nothing but determine a value, and deduction merely evolves the necessary consequences of a pure hypothesis. Deduction proves that something *must* be; induction shows that something *actually is* operative; abduction merely suggests that something *may be*. (Peirce 1960: 5.171; Hervorh. im Orig.)

Die Aufgabe der Abduktion besteht also in der Konstruktion und Selektion plausibler Prämissen (Wirth 2000a: 138), wie dies für das Finden bzw. Erfinden angemessener Übersetzungsvorschläge typisch ist.

Die drei Schlussmodi der Induktion, Deduktion und Abduktion sind dreigliedrig; sie umfassen jeweils einen Fall, ein Resultat und eine Regel, die je nach Schlussmodus zu zwei Prämissen und einer Konklusion gruppiert werden. Bei der Deduktion schließt man von der Regel über den Fall auf das Resultat, bei der Induktion vom Fall über das Resultat auf die Regel und bei der Abduktion von der Regel über das Resultat auf den Fall. Bei allen drei Schlussmodi kommt übrigens die Implikation zum Einsatz, um von den Prämissen zur Konklusion zu gelangen. Die implikative Struktur (Wenn-Dann-Struktur) der drei Schlussmodi wird in der folgenden Tabelle veranschaulicht:

Deduktion	Induktion	Abduktion
Wenn durch Feuer Rauch entsteht und	Wenn das, was ich sehe, Rauch ist und	Wenn durch Feuer Rauch entsteht und
wenn das, was ich sehe, Rauch ist,	wenn es brennt,	wenn es jetzt brennt,
dann brennt es.	dann entsteht Rauch durch Feuer.	dann ist das, was ich sehe, Rauch.

Tab. 4.2
Die drei Schlussarten nach Peirce

Die Abduktion hat den Vorteil, dass es sich bei ihr um ein überprüfbares Schlussverfahren handelt, auch wenn sie verglichen mit Induktion und Deduktion nur einen „schwachen Wahrheitswert" hat (Gorlée 2000: 163). Während die Deduktion *notwendige* und die Induktion *wahrscheinliche* Schlüsse liefert, kommen durch Abduktion immer nur *mögliche* Schlüsse

Marginalien: Abduktion · Aufgabe der Abduktion

zustande. Die Fallibilität ist somit ein wesentliches Merkmal der Abduktion. Sie ist eine Erklärungsmethode, die dazu dient, „eine attraktive Hypothese zu erzeugen", mit der zum Beispiel sprachliche Zeichen angemessen erklärt oder interpretiert werden können (Gorlée 2000: 163).

Die Abduktion ist damit dasjenige Verfahren, das am besten zum hypothetischen Status von Übersetzungslösungen passt. Jede zielsprachliche Formulierung stellt eine *mögliche* Lösung, *eine* unter mehreren *möglichen* Lösungen dar.

abduktive Kompetenz   Aus semiotischer Sicht ist die „**abduktive Kompetenz**" von zentraler Bedeutung für den Übersetzer, da sie den Kern der kommunikativen Kompetenz ausmacht, „indem sie interpretativ jede Äußerung in eine diskursive Begründungsstruktur integriert" (Wirth 2000a: 136). Ohne diese abduktive Kompetenz wäre weder ein konstruktives noch ein kreatives Übersetzen im Sinne von Hönig bzw. Kußmaul möglich.

> Im Rahmen der semiotischen Ansätze stellt sich **Differenz als Voraussetzung der translatorischen Semiose** heraus. Frawley (1984a: 169) spricht von der „essential difference necessary for semiosis". Differenz ist hier verstanden als Ermöglichungsbedingung für das Übersetzen, und nicht wie bei Derrida als Verweis auf die angebliche Unmöglichkeit des Übersetzens.

Peirce verwendet den Begriff Übersetzung in einem sehr weiten Sinne: „For him, translation is the same as sign interpretation, and sign interpretation is translation" (Gorlée 1994: 153). Allerdings ist sein Übersetzungsbegriff „wholly applicable to the different kinds of translation involving language" (Gorlée 1994: 153). Beim Übersetzen geht es nicht nur um textmanipulative Aktivitäten, sondern auch darum, den kinetischen Raum zwischen einem primären Textzeichen und seinen Interpretanten auszuloten (Gorlée 2004a: 60). Der sich im Übersetzungsprozess öffnende kinetische Raum wird für die Identifikation implizter Bedeutungen wichtig. Die Betonung liegt dabei „on the idea of growth through interpretation" (Gorlée 2004a: 54).

> Ich möchte die Interpretanten, aus denen die Übersetzung besteht, als Lösungen betrachten, die teilweise aus der Grammatik erzeugt werden – als Ergebnis einer umfassenden Suche – und teilweise neue Ideen oder zufällige Entdeckungen (in Peirces Sinn) sind. (Gorlée 2000: 166)

William Frawley   **William Frawley** zufolge müssen bei semiotisch verstandenen Übersetzungsprozessen ausgangssprachliche Informationen mit zielsprachlichen Parametern in Einklang gebracht werden. Auch wenn Frawley Übersetzen als Rekodierung bezeichnet, hat seine Auffassung von Rekodierung nur die Vorstellung des Codewechsels mit linguistischen Theorien gemein: „To recodify (translate) is not simply to take the elements of the matrix code and felicitously put them into the target code" (Frawley 1984a: 161).

Übersetzen ist eben „*not solely* the question of crossing languages" (Frawley 1984a: 160; Hervorh. im Orig.), vielmehr gibt es ein ständiges Hin und Her zwischen Ausgangstext und Zieltext (Frawley 1984a: 161). Für Frawley (1984a: 163) kann es eine code- bzw. sprachübergreifende Bedeutungsidentität nicht geben. Der Austausch von Zeichen auf der Basis identischer Bedeutungen ist für ihn kein Übersetzen, sondern „mimicry or transliteration" (Frawley 1984: 166).

Strukturelle Identitäten zwischen Zeichen verschiedener Sprachsysteme reichen nicht aus, um Übersetzungen hinreichend zu sichern (Frawley 1984: 167). Auch wenn einzelne sprachliche Elemente strukturell gleich sind, so sind die Sprachsysteme als Ganze niemals identisch. Frawley spricht vom „structural mismatch of the codes" (Frawley 1984: 167).

Der zielsprachliche Code kann nur Rahmenbedingungen für wohlgeformte Formulierungen festsetzen, aber keine exakt korrelierten Elemente – im strengen Sinne von Äquivalenzen – für die Übersetzung vorgeben (Frawley 1984: 168). Die Voraussetzung jeder Rekodierung und damit die Bedingung der Möglichkeit von Übersetzungen ist das **differential coding**, das der linguistischen Vorstellung einer Übertagung identischer Bedeutungen entgegengesetzt ist. Frawley empfiehlt sogar „a healthy disregard for identity, and an uncertain leap into the production of a new code and new information" (Frawley 1984a: 174).

Übersetzen ist für Frawley (1984a: 173) die Produktion neuer Zeichen, womit er sich eindringlich gegen die „ridiculous insistence on »preservation of meaning«" wendet. Deshalb spricht er nicht von übersetzten Zeichen (*translated signs*), sondern provokativ von „signed translation", also **zeichenproduzierendem Übersetzen**. Die kreative Leistung des Übersetzers kommt dadurch deutlich zum Ausdruck. Durch Übersetzen entsteht Neues. Der Übersetzer hat dabei die Wahl zwischen „moderate innovation", die einer „close translation" entspricht, und „radical innovation", die einer „free translation" entspricht (Frawley 1984a: 173).

Dinda Gorlée (1994: 232) bezeichnet ihren Ansatz als „semiotranslation". Die Möglichkeit zu übersetzen basiert für sie auf der grundlegenden Übersetzbarkeit von Zeichen (Gorlée 1994: 153). Damit steht sie in einem Gegensatz zu Benjamin und Derrida und verficht die prinzipielle Übersetzbarkeit *aller* Texte, auch von Übersetzungen: „A translation is always translatable" (Gorlée 2004a: 59).

Gorlée versteht unter Semiotranslation einen „one-directional, future-oriented, cumulative and irreversible process" (Gorlée 2004a: 59), der stets „mit Abduktion beginnt" (Gorlée 2000: 169). Dabei führen die kumulativen Übersetzungsprozesse zu einer immer höheren Rationalität, Komplexität, Kohärenz, Klarheit und Bestimmtheit, so dass zweifelhafte, missverständliche, falsche Übersetzungslösungen in zunehmenden Maße durch passendere ersetzt werden (Gorlée 2004a: 59).

zeichenproduzieren-
des Übersetzen

Dinda Gorlée
(*1943)

Für Gorlée (2004a: 59) sind auch „contradictory solutions, improvised equivalents, mistranslations and other translational faux pas" aus semiotischer Sicht als Übersetzungen, wenn auch als „fallible translations" zu betrachten. Für weniger gelungene Übersetzungslösungen gilt immer das Prinzip Hoffnung: „a translation is never finished and can always be improved upon" (Gorlée 2004a: 59).

Den Übersetzungsprozess erklärt Gorlée als Abfolge von drei logischen Interpretanten. Der erste logische Interpretant für ein zum ersten Mal wahrgenommenes ausgangssprachliches Zeichen (Wort, Satz usw.) entspricht „mehr der instinktiven als der rationalen Phase", während der „Geist des Übersetzers ... spontan und zwanglos einen Gedankenstrom" anstößt (Gorlée 2000: 173). Es liegt damit natürlich noch keine ausgereifte Übersetzung vor, sondern eher eine „improvisierte Übersetzung", eine „provisorische Skizze" oder einfach eine erste Arbeitshypothese, die anhand von weiteren „abduktiven Interpretanten" fortentwickelt werden kann (Gorlée 2000: 173).

Beim zweiten logischen Interpretanten kommt das zum Einsatz, was Peirce (1960: 5.480) die „kalte Dusche des Zweifels" genannt hat:

> In der Übersetzungssituation werden die einem mehr oder weniger glücklichen Zufall verdankten Vermutungen jetzt auf den Seziertisch gepackt und mit klarem Kopf analysiert. Das Ergebnis ist »eine« Übersetzung, die »eine« Lösung des Problems anbietet. Bestenfalls bietet sie eine erfolgreiche Lösung an, eine, die in der beabsichtigten Kommunikationssituation funktioniert und die in der Ziel-Kultur Sinn ergibt. (Gorlée 2000: 174)

Wenn der Übersetzer brauchbare Hypothesen gebildet hat, funktioniert diese Arbeitsübersetzung, andernfalls wird sie jedoch in diesem Stadium in der Zielkultur „mit gemischten Gefühlen, Schock oder sogar mit Zurückweisung aufgenommen" (Gorlée 2000: 174). Gute Übersetzer verharren nicht an diesem Punkt, sondern produzieren einen dritten logischen Interpretanten, der eine „beinahe perfekte Lösung verkörpert, mit welcher die Semiose zu einem (möglicherweise vorläufigen) logischen Stillstand kommt" (Gorlée 2000: 174). Auch wenn der Übersetzer mit seiner Endfassung zufrieden ist, kann das „Urteil über die Endgültigkeit" der erzeugten Interpretanten letztlich nur „bei der *communis opinio*" liegen (Gorlée 2000: 174).

4.3 | Der sozialkonstruktivistische Ansatz

sozialkonstruktivisti-
scher Ansatz

Die Beschäftigung mit den kognitiven Prozessen beim Übersetzen führte **Don Kiraly** (2000) zunächst zur Formulierung eines **sozialkonstruktivistisches Ansatzes**, bei dem er sich vor allem auf die Theorien von Lew Wygotski, Jean Piaget und John Dewey stützt. Die innovative Kraft von Kiralys Ansatz hat sich besonders für die Translationsdidaktik als von großer Bedeutung erwiesen. Diesen Ansatz entwickelte er im neuen Jahrtausend zu einem

emergenztheoretischen Ansatz weiter (Kiraly 2006; 2013a), der die wesentlichen Einsichten der sozialkonstruktivistischen Phase aus neuer Perspektive weiterführt und radikalisiert.

emergenztheoretischer Ansatz

Im Mittelpunkt seiner sozialkonstruktivistischen Phase steht die Frage, wie man am besten Übersetzen unterrichten kann, um den Studierenden zu einem „profesional self-concept" als Berufsübersetzer zu verhelfen (Kiraly 2000: 15). Zur Beantwortung dieser Frage kritisiert er zunächst die bis in die 1990er Jahre übliche Unterrichtsmethode an den einschlägigen Ausbildungsstätten, die er mit dem Nürnberger Trichter vergleicht und wegen ihres Didaktizismus ablehnt. Statt des lehrerzentrierten, auf Transmission ausgerichteten Unterrichts propagiert Kiraly den lernerzentrierten, auf Transformation ausgerichteten Unterricht. Die folgende Tabelle führt die wesentlichen Merkmale beider Unterrichtsmethoden auf (Kiraly 2000: 22).

Don Kiraly
(*1953)

Traditioneller Unterricht Transmission	Konstruktivistischer Unterricht Transformation
Wissen wird transferiert	Wissen wird konstruiert
Lerner als Student und Kunde gesehen	Lerner als ganze Person gesehen
lehrerkontrolliert	lernerkontrolliert
öffentliches Wissen	privates Wissen
extrinsische Motivation	intrinsische Motivation
molekulares Lernen	holistisches Lernen
Lerner haben ähnliche Lernstile	jeder Lerner hat seinen eigenen Lernstil
individuelles Lernen	gemeinschaftliches Lernen
Wissen als Inhalt aufgefasst	Wissen als Prozess aufgefasst

Tab. 4.3
Traditioneller und konstruktivistischer Unterricht

Die Rolle des Lehrers wandelt sich somit vom allwissenden Inputgeber zum Projektleiter, Moderator oder Feedbackgeber, der primär für eine gute Lernatmosphäre sorgt. „From sage on the stage to guide on the side" (King 1993: 30) könnte das Motto dieser Veränderung sein.

Empowerment ist das Ziel von Kiralys Unterrichtsmethode.

Empowerment

Aber auch die Rolle der Studierenden ändert sich dadurch. Statt passiv als „Wissenskonsument" (Kiraly 2000: 22) auf den Lehrer zu reagieren, müssen sie im sozialkonstruktivistischen Unterrichtssetting eine aktive Rolle einnehmen und den Unterricht durch eigene Beiträge, Gruppenarbeit und Diskussionen mitgestalten.

> Rather than entailing a set of finite skills and knowledge tob e ingested passively, memorized and regurgitated, I propose that translator education be seen as a dynamic, interactive process based on learner empowerment; on the

> emancipation of students from the domination of the teacher and from the institution as the designated distributors and arbiters of truth; on a change on focus from the tyranny of teaching, to learning as a collaborative, acculturative, and quintessentially social activity. (Kiraly 2000: 17 f.)

Dem sozialkonstruktivistischen Ansatz zufolge kommt es zu einem Lerneffekt, wenn wir unsere **mentalen Modelle**, die wir von der realen Welt in unserem Geist konstruiert haben, überdenken und anpassen müssen, weil wir neue Phänomene, die wir wahrnehmen (z. B. bestimmte Lehrinhalte), sonst nicht in unsere mentalen Modelle integrieren können (Kiraly 2000: 16).

Das Ziel des sozialkonstruktivistischen Unterrichts ist, den Studierenden die Möglichkeit zu geben, zu gut ausgebildeten, selbständigen und professionell agierenden Übersetzern zu werden, damit sie in die übersetzerische Praxisgemeinschaft hineinwachsen können. Als professionelle Übersetzer sollen sie über **Expertise und Professionalität** verfügen, wobei Kiraly (2000: 30) unter Expertise die Fähigkeit versteht, Übersetzungsaufträge zur Zufriedenheit der Kunden und in Übereinstimmung mit den Normen und Konventionen des Übersetzerberufs für die Abfassung von Übersetzungen zu erledigen. Professionalität beschreibt Kiraly (2000: 31) als die Fähigkeit, innerhalb der sozialen und ethischen Rahmenbedingungen und im Einklang mit den Berufsnormen zu arbeiten.

Übersetzungs-kompetenz Übersetzer-kompetenz	Kiraly (2000: 13) unterscheidet zwischen der **Übersetzungskompetenz** (der Fähigkeit, einen akzeptablen Zieltext anzufertigen) und der **Übersetzerkompetenz** (der Fähigkeit, als Übersetzer professionell zu agieren). Eine universitäre Übersetzerausbildung sollte beide Kompetenzen fördern.

emergenz-theoretische Phase

Die **emergenztheoretische Phase** von Kiraly ist geprägt von den Begriffen Komplexität, Emergenz und Enaktion, die er von den Biologen und Wissenschaftstheoretikern Maturana und Varela (1987) übernimmt. Ausgangspunkt dieser Weiterentwicklung sind zum einen diese autopoietischen Ideen von Maturana und Varela und zum anderen die Rezeption neuerer postpositivistischer Ansätze der Pädagogik, vor allem von Davis (2000; 2004).

Wissenschaftliche Theoriebildung bestand bis weit ins 20. Jahrhundert hinein vor allem aus Generalisierung und Simplifizierung. Im 21. Jahrhundert sind die Welt und die wissenschaftlichen Welterklärungen so komplex geworden, dass simplifizierende Modelle nicht mehr ausreichen. **Komplexität** ist eine Eigenschaft unserer Welt. Statt simpler, eindimensionaler Modelle sind deshalb heutzutage komplexe, mehrdimensionale Modelle gefordert.

Auf die Übersetzungswissenschaft und die Übersetzerausbildung bezogen bedeutet dies, dass die Entwicklung zu einem kompetenten Übersetzer als „highly complex process of socially-embedded, enactive emergence on the basis of experience" aufzufassen ist (Kiraly 2013c: 214). Die Arbeit des Übersetzers ist „der Inbegriff von Komplexität", da sie nicht auf Regeln beruht;

insofern ist für den Übersetzer „eine anpassbare Heuristik von weit größerem Nutzen … als streng eingehaltene Regeln" (Kiraly 2013a: 16).

Als emergent werden Prozesse bezeichnet, die „selbstorganisiert, selbstreferentiell, rekursiv und symbiotisch" sind (Kiraly 2013a: 28). **Emergenz** bedeutet auf den Bereich Lernen bezogen soviel wie, dass etwas Neues (z. B. Wissen oder Kompetenz) entsteht, ohne dass dieses Neue auf eine konkrete Ursache oder einen bestimmten Urheber (z. B. den Lehrer) zurückgeführt werden kann. Emergenz ist somit ein Gegenbegriff zur Kausalerklärung.

Kiraly (2013c: 198) lehnt das in der Pädagogik des letzten Jahrhunderts vorherrschende reduktionistische positivistische Paradigma ab und rekurriert stattdessen auf „the situated, embodied and emergent nature of human cognition". Erkenntnis oder Kognition ist nicht durch Instruktionen herbeizuführen, sondern entsteht als emergentes Phänomen in konkret erlebbaren Situationen: „learning is clearly the result of a complex interplay of processes and not the direct result of teaching" (Kiraly 2013c: 212).

Für Pädagogik und Didaktik bedeutet der emergenztheoretische Ansatz, dass Wissen oder Kompetenz nicht im traditionellen Sinne als Input »vermittelt« werden können, der Lehrende streng genommen also den Lernenden nichts »beibringen« kann, sondern dass die Lernenden selbst **„zum Wissen gelangen"** (Kiraly 2013a: 14), wozu sie allerdings eine proaktive Rolle im Unterrichtsgeschehen einnehmen und „proactive searchers of knowledge" werden müssen (Kiraly 2013c: 214). Kompetenz, speziell translatorische Kompetenz, kann nicht »erworben« werden, sondern entsteht in einem „Prozess autopoietischer Emergenz (Kiraly 2013c: 214).

Als **Enaktion** bezeichnet Varela den leibgebundenen, fortwährenden Prozess des Werdens, wie er bei allen Organismen auftritt. Auf die didaktische Situation bezogen stellt sich für Kiraly (2013a: 18) „die Entwicklung übersetzerischer Kompetenzen als enaktiver Prozess" dar.

In letzter Konsequenz bedeutet diese emergenztheoretische Sicht den Verzicht auf Ausbildung im herkömmlichen Sinne, daher „können Übersetzer nicht *ausgebildet* werden, sondern sie *entwickeln* sich" schrittweise, eigenverantwortlich, in rekursiven Prozessen und durch Selbsterfahrung zu professionellen Übersetzern (Kiraly 2013a: 18; Hervorh. im Orig.). Lernziele, Lehrmethoden und Unterrichtsdesign müssen entsprechend angepasst werden. Ausbildung mutiert zur Selbsterfahrung.

Im Rahmen emergenter Lernprozesse wandeln sich Rolle und Bedeutung des Lehrenden erneut zu einer „orienting, scaffolding and facilitating role"; denn: „The teacher no longer pre-determines what students are to learn, but participates in a multi-facetted, multi-perspective learning adventure along with them" (Kiraly 2015: 17). Der Lehrer übernimmt die „helfende und begleitende Rolle als stützendes Gerüst" (Kiraly 2013a: 29).

Beide Phasen verbindet das übergeordnete Ziel der „Machtübertragung an die Studierenden" (Empowerment), das Kiraly (2013a: 13) von Beginn an

Emergenz

Enaktion

verfolgt und bei dem es darum geht, „dazu beizutragen, dass sich aus Studierenden selbständige Denker, heuristische Problemlöser und fachkundige Übersetzer entwickeln" (Kiraly 2013a: 20).

4.4 | Der interpretationstheoretische Ansatz

Holger Siever
(*1960)

Eine der jüngsten übersetzungswissenschaftlichen Theorien ist der interpretationstheoretische Ansatz von **Holger Siever** (2010). Er verbindet die Einsichten der Peirceschen und Ecoschen Semiotik mit den Grundannahmen der Interpretationsphilosophie von Abel (1993) und Lenk (1993). Zu den unter 4.1 schon genannten Grundbegriffen Interpretation, Zeichen und Differenz treten hier noch Implikation und Inferenz als weitere Grundbegriffe hinzu. Die Basis der interpretationstheoretischen Übersetzungstheorie bildet die Einsicht in die **interpretative Grundstruktur des Zeichens** und in den abduktiv-inferentiellen Charakter jeder Art von Sprachverwendung, einschließlich des Übersetzens.

> Ein wesentliches Merkmal der Interpretation ist ihr inferentieller Charakter. Die Bedeutung von Wörtern, Sätzen, Texten oder allgemein von Zeichen ist für den Rezipienten nur über Inferenzprozesse zu erschließen. (Siever 2010: 314)

Die interpretationstheoretische Übersetzungstheorie versucht, den „eklektischen Methodenpluralismus" (Apel/Kopetzki 2003: 42) zu überwinden, der die Übersetzungswissenschaft in den letzten fünfzig Jahren gekennzeichnet hat. Insbesondere versteht sie sich als Weiterentwicklung der handlungstheoretisch fundierten Übersetzungstheorien von Hönig, Kußmaul, Nord und Vermeer. Ausgangspunkt war dabei der Umstand, dass Übersetzen nicht mehr ausschließlich als Handlung konzipiert werden kann, nachdem durch den Einbezug kognitionswissenschaftlicher Erkenntnisse vor allem durch Hönig (1995) und Kußmaul (2000) die mentalen Prozesse (die nicht als Handlungen zu fassen sind) in den Fokus gerückt sind.

Die handlungstheoretische Begründung des Übersetzens greift zu kurz. Übersetzen ist nicht angemessen *ausschließlich* oder *vornehmlich* als Handeln konzipierbar, denn dadurch würden gerade die mentalen Prozesse ausgeschlossen bleiben. Die kognitionswissenschaftliche Erweiterung des handlungstheoretischen Ansatzes machte somit eine »Tieferlegung« der theoretischen Grundlagen erforderlich, um eine einheitliche Grundbegrifflichkeit für die theoretische Beschreibung zur Verfügung zu stellen. Mit dem Grundbegriff der Interpretation ist dies möglich, da mit ihm Übersetzen sowohl in seinem Handlungscharakter (Handlungstheorie) als auch in seiner Prozesshaftigkeit (Prozesstheorie) beschrieben werden kann, ohne den Theorierahmen wechseln zu müssen.

Auch im interpretationstheoretischen Verständnis wird ein wesentliches Ausmaß der Tätigkeit des Übersetzers als Handlung verstanden. Webers (1985:

144) klassische Handlungsdefinition bestimmt Handeln als intentionales, mit subjektivem Sinn verbundenes Verhalten. Viele der mentalen Prozesse, die beim Übersetzen im Kopf des Übersetzers ablaufen, darunter vor allem die kreativen Prozesse, sind jedoch kaum als intentionale, bewusste Handlungen zu beschreiben. Es ist angemessener, diese Prozesse als Inferenz- bzw. Interpretationsprozesse zu konzeptualisieren. Einer jeden Handlung gehen Interpretationen voraus, die nicht selbst wieder als Handlung gelten können. Das heißt:

Der Interpretationsbegriff ist grundlegender als der Handlungsbegriff. Im Wesentlichen bietet der Grundbegriff der Interpretation vier Vorteile:

1. Er integriert Handlung und Prozess.
2. Er integriert Textrezeption und Textproduktion.
3. Der Textsinn ist nur über Interpretation erschließbar.
4. Er ist auf Zeichen jeglicher Art und Komplexitätsstufe anwendbar.

Interpretationsbegriff grundlegender als Handlungsbegriff

Es ist zu betonen, dass es nicht um eine *nachträgliche* Interpretation von Texten geht, sondern dass „jede Übersetzung ipso facto als eine Interpretation, d.h. als eine perspektivische, eine konjekturale, eine ein- und auslegende Konstruktbildung angesehen werden kann" (Abel 1999a: 11).

Die interpretationstheoretische Übersetzungstheorie stellt die übersetzungstheoretischen Grundbegriffe von Äquivalenz und Identität um auf die Grundbegriffe **Implikation und Differenz**. Die Umstellung auf den Begriff der Implikation ergibt sich unmittelbar aus der „grundsätzliche[n] Irreversibilität von Übersetzungen" (Schreiber 1999: 276).

Äquivalenz beschreibt eine bidirektionale Relation derart, dass wir sowohl vom Sachverhalt p auf den Sachverhalt q als auch vom Sachverhalt q auf den Sachverhalt p schließen können (p ↔ q; lies: wenn p, dann q und umgekehrt). Die Richtung spielt dabei eigentlich keine Rolle, weil das Ergebnis stets dasselbe bleibt. Mit einer Äquivalenzrelation wird in der Logik die Identität beider Sachverhalte behauptet. In der Übersetzungswissenschaft bezeichnet die Äquivalenzrelation die Identität der Bedeutung von Ausgangstext und Zieltext.

Äquivalenz

Die Erfahrung lehrt jedoch, dass selbst und gerade bei guten, gelungenen Übersetzungen von einer vollständigen Identität der Bedeutung mit dem Ausgangstext nicht die Rede sein kann. Und eine teilweise Identität ist keine Identität, sondern nur noch Ähnlichkeit. Hinsichtlich der Bedeutung differieren Zieltexte systematisch von den jeweiligen Ausgangstexten. Wie kann diese Erfahrung angemessen in die Theoriesprache übernommen werden? Durch den Begriff der Implikation.

Implikation beschreibt ebenfalls ein logisches Verhältnis zwischen zwei Sachverhalten (oder Texten), aber in der Weise, dass die (logische, zeitliche usw.) *Abkünftigkeit* des Sachverhalts q vom Sachverhalt p thematisiert wird.

Implikation

Es handelt sich um eine unidirektionale Relation: Der Weg führt von p zu q, aber nicht mehr von q zu p zurück (p → q; lies: wenn p, dann q). Dies spiegelt die übersetzerische Erfahrung wider, dass eine Rückübersetzung zwar möglich ist, aber nicht zu einem Text führt, der mit dem ursprünglichen Ausgangstext identisch ist.

Durch die Umstellung von Äquivalenz auf Implikation wird die Relation zwischen Ausgangstext und Zieltext dynamisiert. Dies ist einer der entscheidenden Unterschiede zum linguistischen Paradigma. Durch die **Dynamisierung** kommt es zu einer „Aufhebung der Statik" (Vermeer 2003: 241) auch in der Art des Beschreibens: Es *besteht* (statisch) keine Übersetzungsrelation, sondern sie wird hergestellt oder etabliert. Das Gesagte fasst die folgende Tabelle zusammen:

Tab. 4.4|
Äquivalenz und
Implikation im
Vergleich

Äquivalenz	Implikation
bidirektional	unidirektional
p ↔ q wenn p, dann q und umgekehrt	p → q wenn p, dann q
umkehrbar eindeutig	nicht umkehrbar eindeutig
statisch	dynamisch
entspricht nicht der Übersetzungsrelation	entspricht der Übersetzungsrelation

Die Veränderungen, die bei Rückübersetzungen fast unvermeidlich sind, lassen sich an einem berühmten Beispiel verdeutlichen. Einer häufig kolportierten Anekdote zufolge soll Goethes Gedicht *Wandrers Nachtlied* 1902 ins Japanische übersetzt worden sein. 1911 soll es aus dem Japanischen ins Französische und kurz darauf aus dem Französischen wieder ins Deutsche übertragen worden sein, „wo es als japanisches Gedicht unter dem Titel *Japanisches Nachtlied* in einer Literaturzeitschrift abgedruckt wurde" (Matten-Gohdes 1982: 66).[2]

Goethes Gedicht im Orignal	Rückübersetzung ins Deutsche
Über allen Gipfeln	Stille ist im Pavillon aus Jade
Ist Ruh,	Krähen fliegen stumm
In allen Wipfeln	Zu beschneiten Kirschbäumen im Mondlicht.
Spürest du	Ich sitze
Kaum einen Hauch;	Und weine.
Die Vögelein schweigen im Walde.	
Warte nur, balde	
Ruhest du auch.	

---

2   In der Forschung ist allerdings umstritten, ob sich die Anekdote tatsächlich so abgespielt hat oder ob es sich nicht eher um eine parodistische Mystifikation handelt, da die deutsche Literaturzeitschrift als Primärquelle nie zitiert wird.

Die interpretationstheoretische Übersetzungstheorie geht nicht mehr vom traditionellen Referenzmodell, sondern von einem **Inferenzmodell** sprachlicher Bedeutung aus. Bedeutung liegt demzufolge nicht durch den Bezug (Referenz) auf ein Objekt vor, sondern entsteht durch die Schlussfolgerung, dass ein bestimmtes Zeichen auf ein bestimmtes Objekt zu beziehen ist und deshalb in diesem Kontext eine bestimmte Bedeutung bekommt. Besonders auffällig ist dieser inferentielle Charakter der Bedeutungszuschreibung bei der Verwendung von Metaphern und bei ironischer Sprechweise.

Differenz ist eine logische Folge des zeitlichen Nacheinanders von Ausgangstext und Zieltext und ihres sprachlichen und kulturellen Nebeneinanders. Übersetzen ist ohne Differenz grundsätzlich nicht denkbar: „Die Differenz der Sprachen ist konditional für das Übersetzen" (Abel 1999a: 21).

Differenz

Die wesentlichen Unterschiede zwischen dem linguistischen Modell und dem Interpretationsmodell des Übersetzens fasst die folgende Tabelle zusammen:

Linguistisches Modell	Interpretationsmodell
Identität	Differenz
Äquivalenz	Implikation
Referenzmodell sprachlicher Bedeutung	Inferenzmodell sprachlicher Bedeutung
Wörter haben Bedeutung (statisch)	Wörtern wird Bedeutung zugeschrieben (dynamisch)
statische Übersetzungsrelation	dynamische Übersetzungsrelation
Verwendung von (statischen) Substanzbegriffen	Verwendung von (dynamischen) Funktionsbegriffen

Tab. 4.5
Das linguistische und das Interpretationsmodell der Translation

Die **interpretationstheoretische Definition von Übersetzung** lautet:

„Übersetzung ist, was zu einer Übersetzung erklärt wird" (Siever 2010: 310).

Sie entspricht damit zum einen der semiotischen Definition des Zeichens von Bense (1969: 10): „Zeichen ist alles, was zum Zeichen erklärt wird, und nur, was zum Zeichen erklärt wird." Und zum anderen weist sie eine strukturelle Ähnlichkeit zur romantischen Definition von Poesie auf, die Friedrich Schlegel (1967, II.1: 181) im Athenäums-Fragment 114 gegeben hat: „Poesie ist, was man zu irgendeiner Zeit, an irgendeinem Orte so genannt hat."

Im Rahmen des interpretationstheoretischen Ansatzes erfüllt ein Text die Funktion einer Übersetzung, wenn die Entstehung des Texts auf einen in einem anderen Zeichensystem vorliegenden Ausgangstext zurückgeführt wird oder werden kann. Ein Text *ist* also strenggenommen keine Übersetzung, sondern er *erfüllt die Funktion* einer Übersetzung, wenn er das Ergebnis eines Implikationsprozesses ist und ein Wechsel des Zeichensystems vorliegt. Man beachte, dass auch Bearbeitungen, Adaptationen, Nachdichtungen und andere Arten der Texttransformation im Sinne der obigen Definition als Übersetzungen zu gelten haben, sofern sie die Funktion einer Übersetzung in der Zielkultur erfüllen.

Im Rahmen des interpretationstheoretischen Zugriffs wird Interpretation nicht als zusätzlicher Vorgang begriffen, der hinzukommt, wenn sich der Textsinn nicht auf Anhieb einstellt. Vielmehr wird Interpretation als erkenntnistheoretischer Grundbegriff aufgefasst, ohne den weder Verstehen noch Sprechen möglich sind. „Da nichts ohne symbolische Formen kommuniziert werden kann", ist jegliche Kommunikation von einer „konventionellen Zeicheninterpretation" abhängig (Loenhoff 2002: 163).

vier Theoreme der
interpretations-
theoretischen
Übersetzungstheorie

> Der Kern der interpretationstheoretischen Übersetzungstheorie lässt sich anhand von vier Theoremen beschreiben.
>
> ► **Begründungstheorem**: Die für den Zieltext gewählten Formulierungen sind (bei Bedarf) zu begründen.
> ► **Kreativitätstheorem**: Übersetzen ist stets ein kreativer Vorgang (These von der doppelten Kreativität des Übersetzers).
> ► **Strategietheorem**: Die Übersetzungsstrategie ist die Operationalisierung der translatorischen Rahmenbedingungen (Skopos, Funktion, Adressat, Rezipient, Verwendungssituation, Zeit, Ort, Texttyp, Textsorte usw.).
> ► **Implikationstheorem**: Der Übersetzer gelangt vom as-Ausdruck über Implikationen zum zs-Ausdruck (der Zieltext ist Interpretant des Ausgangstexts).

Bestimmt man das Verhältnis von Ausgangstext und Zieltext als Implikationsverhältnis, folgt daraus, dass der Zieltext eine Interpretation des Ausgangstexts darstellt: **Der Zieltext ist Interpretant des Ausgangstexts**. Durch diese Konzeption wird der interpretative Charakter der Ausgangstextrezeption *und* der Zieltextproduktion durch den Übersetzer akzentuiert.

Durch das Implikationsverhältnis, das zwischen Ausgangstext und Zieltext hergestellt wird und den Zieltext als Interpretanten des Ausgangstexts bestimmt, ist Beliebigkeit ausgeschlossen. Außerdem ist sichergestellt, dass nur eine *bestimmte* Menge von Texten als Übersetzung des Ausgangstexts gelten kann. Gleichzeitig ist damit auch klar, dass es nicht nur eine einzige (»die richtige«), sondern mehrere Übersetzungen eines einzigen Ausgangs-

Begründungs-
theorem

texts geben kann. Das **Begründungstheorem** besagt nun, dass der Übersetzer in der Lage sein muss, für die von ihm vorgeschlagenen Übersetzungslösungen gute Gründe zu ihrer Rechtfertigung anzuführen.

Kreativitätstheorem

Das **Kreativitätstheorem** betont, dass Übersetzen grundlegend – und nicht nur ausnahmsweise bei kniffligen Passagen – ein kreativer Vorgang ist. Schon der mexikanische Schriftsteller Octavio Paz (1971: 23) hat dies gewusst: „Übersetzung ist oftmals ununterscheidbar von Kreation." Auch moderne Kommunikationswissenschaftler sehen „im Translationsprozess einen kreativen Akt" (Loenhoff 2002: 171).

Der interpretationstheoretische Ansatz vertritt die **These von der doppelten Kreativität des Übersetzers**. Damit ist gemeint, dass der Übersetzer sowohl während der Rezeptionsphase als auch während der Produktionsphase kreativ sein muss. Kreativität wird hier nicht verstanden als zusätzliches Moment, das beim Lösen schwieriger Probleme hinzutritt, sondern als grundlegendes Moment, durch das menschliche Interpretationen gekennzeichnet sind. Wenn ich es richtig sehe, hat bisher nur Vermeer eine ähnliche Position vertreten, wenn er schreibt: „Angesichts der behaupteten Unschärfe gehört zur Produktion wie zur Rezeption Kreativität" (Vermeer 1994: 179).

These von der doppelten Kreativität des Übersetzers

Fasst man Übersetzungen als Interpretanten des Ausgangstexts auf, so kann für ihre Beurteilung „eine Art von Popper-Prinzip" herangezogen werden, „wonach, wenn es schon keine Regeln gibt, die uns versichern, welche Interpretationen die »besten« sind, es doch zumindest eine Regel gibt festzustellen, welche »schlecht« sind" (Eco 1987: 46).

Das **Strategietheorem** besagt, dass nicht die Treue zum Ausgangstext, sondern die Übereinstimmung des erstellten Zieltexts mit der vom Übersetzer gewählten Übersetzungsstrategie der wichtigste Parameter für die Beurteilung von Übersetzungen ist. Die Übersetzungsstrategie ist vom Übersetzer im Hinblick darauf zu wählen, dass der Zieltext in der zielkulturellen Verwendungssituation für den beabsichtigten Zweck funktioniert bzw. von den Adressaten und potentiellen Rezipienten als funktionierend erachtet wird. Die Übersetzungsstrategie stellt somit die Operationalisierung der translatorischen Rahmenbedingungen (Skopos, Funktion, Adressat, Rezipient, Verwendungssituation usw.) dar.

Strategietheorem

Übersetzen erfolgt in Urteilen. Das **Implikationstheorem** besagt, dass die übersetzungsrelevanten Urteile die logische Form der Implikation haben. Der Übersetzer gelangt vom ausgangssprachlichen Ausdruck über Implikationen zum zielsprachlichen Ausdruck:

Implikationstheorem

as-Ausdruck $\rightarrow$ Implikation(en) $\rightarrow$ zs-Ausdruck

Aber ganz so einfach wie in der obigen Darstellung ist es nicht. Denn der Übersetzer muss sich den ausgangssprachlichen Ausdruck ebenfalls erst über Implikationen erarbeiten.

Prämisse 1:	x steht im Ausgangstext für p.
Prämisse 2:	p bedeutet soviel wie q.
Konklusion:	Dann steht x für q.

Die beiden Prämissen sind das Ergebnis von Implikationen. Der Übersetzer kann nicht unkritisch und unreflektiert davon ausgehen, dass p im Ausgangstext steht. Vielmehr muss er aufgrund der Verteilung von Tintenklecksen auf weißem Papier (oder von elektronischen Bitfolgen in einer Datei oder von schwarz-weißen Lichtpunkten am Bildschirm usw.) – unser x – bestimmte Buchstaben und Buchstabenfolgen (Wörter) – unser p – identifizieren. Auch das Erkennen der bedeutungsunterscheidenden Funktion von Kursivierungen gehört hierher. Die Identifikation von Tintenklecksen als je bestimmte Buchstaben (»Lesen«) ist nicht trivial (man denke an chinesische Schriftzeichen), sondern eine Kulturtechnik, die zum Glück in unserer Kultur inzwischen eine Standardkompetenz geworden ist.

Die hinter der ersten Prämisse stehende Implikation umfasst also die Identifikation eines Wortes und eines Satzes: »Wenn x im Ausgangstext steht, ist x als p zu lesen«. Beispiele: Wenn die Buchstabenfolge K, ö, t, e und r im Text steht, ist sie als das deutsche Wort »Köter« zu lesen. Wenn das Merkmal Kursivschrift im Text steht, ist es als »Hervorhebung« (oder als Hinweis auf eine Mehrdeutigkeit) zu verstehen.

Die hinter der zweiten Prämisse stehende Implikation bezieht sich auf die Zuschreibung einer bestimmten Bedeutung q für p. Beispiele: Wenn im Ausgangstext »Köter« zu lesen ist, dann ist dies eine pejorative Bezeichnung für einen Hund. Wenn das Merkmal Kursivschrift als »Hervorhebung« im Text zu verstehen ist, dann soll damit auf die Bedeutung der Betonung für Aussprache und Verständnis hingewiesen werden.

Das Köter-Hund-Beispiel ist so einfach, dass es banal klingt. Wenn aber im Ausgangstext »Sau« zu lesen wäre, bräuchten wir mehr Kontextwissen, um entscheiden zu können, ob mit dem Wort »Sau« ein weibliches Schwein (neutral) oder ein Mitmensch (pejorativ) bezeichnet werden soll. Und selbst wenn feststünde, dass mit »Sau« ein Mensch gemeint ist, müssten wir noch ermitteln, ob die Bezeichnung nicht vielleicht ironisch gemeint ist. Sobald wir das Terrain des konventionalisierten Sprechens und Schreibens verlassen, können wir uns nicht mehr nur auf Implikationen verlassen, sondern sind immer mehr zur Hypothesenbildung, also zu abduktiven Schlüssen gezwungen.

Die Bedeutungszuschreibung in der zweiten Prämisse ist ebenfalls nicht trivial, sondern erfordert ein gehöriges Maß an Sprachkompetenz. Dies lässt sich an einer einfachen Zeichenfolge veranschaulichen: „tu es". Ohne weitere Hinweise könnte man diese Zeichenfolge als zwei deutsche Wörter lesen, zum einen das Verb *tun* im Imperativ 2. Person Singular, zum anderen das sächliche Personalpronomen 3. Person Singular im Akkusativ. Die gleiche Zeichenfolge ließe sich aber auch je nach Kontext als französische (*du bist*) oder portugiesische (ebenfalls: *du bist*) oder grammatisch falsche spanische Wortfolge – etwa als Vermischung von *usted es* (*Sie sind*) und *tu eres* (*du bist*) im Rahmen einer Spanisch-Klausur – interpretieren.

So wie der Textsinn des ausgangssprachlichen Textes über Implikationen und Abduktionen Stück für Stück zu ermitteln ist, sind auch die verschiedenen Übersetzungslösungen und die letztendlichen Formulierungen des Zieltextes implikativ und abduktiv zu erschließen.

Prämisse 1:	q entspricht in der Zielsprache r.
Prämisse 2:	r wird durch y wiedergegeben.
Konklusion:	Dann ist q durch y wiederzugeben.

Die in den beiden Prämissen implizit enthaltenen Implikationen, dass der ausgangssprachliche Sinn q durch den zielsprachlichen Sinn r und dieser seinerseits durch die zielsprachliche Formulierung y wiederzugeben sind, ist das Ergebnis einer Inferenz, deren Richtigkeit oder Angemessenheit nicht von vornherein verbürgt ist, sondern erst durch weitere Interpretationen und Inferenzen zu prüfen ist. Dies unterscheidet das Implikationsmodell vom Äquivalenzmodell.

Statt eines zweigliedrigen Ausdrucks x ↔ y (oder p ↔ q), wie beim Äquivalenzmodell, erhält man beim Implikationsmodell zwei dreigliedrige Schlüsse: x → p → q und q → r → y. Der per Implikations- und Abduktionsprozesse ermittelte Übersetzungsvorschlag ist anhand der Rahmenbedingungen (Zweck, Adressat, Kontext, Textsorte, Verwendungssituation, Verständlichkeit, Sprachvarietät usw.) zu prüfen. Die Prüfung erfolgt ebenfalls durch Implikationen, teilweise in Verbindung mit Abduktionen.

Die beiden interpretativen Verfahren der Implikation und der Abduktion sind also die grundlegenden Verfahren beim Übersetzen.

Die Verwendung des Abduktionsbegriffs und die grundbegriffliche Umstellung auf das Inferenzmodell des Interpretierens stellen den Schlusspunkt der Abkehr vom linguistischen Paradigma dar, das einem deduktiven Kodemodell des Verstehens verhaftet ist. Beim Inferenzmodell wird „nicht mehr das wechselseitige Kennen des Kodes" als notwendig vorausgesetzt (Wirth 2000a: 156).

Im Gegensatz zum Kodemodell setzt das Inferenzmodell einen Schritt früher an, denn beim Inferenzmodell müssen die „Äußerungsbedeutungen und die angewendeten diskursiven Regeln und Maximen erst *im Rahmen* des Interpretationsprozesses durch Abduktionen rekonstruiert werden" (Wirth 2000a: 156; Hervorh. im Orig.). Diese werden bei Kenntnis der entsprechenden (Fremd-)Sprache im Kodemodell unkritisch vorausgesetzt.

Für eine semiotisch-interpretationstheoretische Übersetzungstheorie wird somit nicht die Kenntnis einer Fremdsprache, sondern die abduktive Kompetenz zur Schlüsselkompetenz des Übersetzers.

Mit seinen Kolleginnen Judith Schreier, Eva Müller und seinem Kollegen Marcel Vejmelka zusammen hat Siever die interpretationstheoretischen Grundannahmen in eine translationsdidaktische Methode umgesetzt, die sie als **Modell des strategischen Übersetzen** bezeichnen. Die neun Schritte sind in „Zum Weiterdenken" im Anschluss an dieses Kapitel aufgeführt (S. 138 f.). Das Modell greift die didaktischen Ansätze der funktionalistischen Übersetzungstheorien auf und bringt sie in eine didaktisch sinnvolle Abfolge.

Die wesentliche Neuerung besteht in einem dreistufigen Strategiemodell, das Global-, Makro- und Mikrostrategien umfasst. Als **Globalstrategien** im Rahmen dieses Modells gelten die beiden Strategiepaare von Nord (dokumentarisches vs. instrumentelles Übersetzen) und Hönig/Kußmaul (Konstanz vs. Varianz). Hinzu kommt als drittes Gegensatzpaar das einbürgernde vs. verfremdende Übersetzen von Schleiermacher. Die **Globalstrategien** beziehen sich auf das Übersetzungsprojekt als Ganzem.

Makrostrategien Siever setzt acht **Makrostrategien** an, die auf den Gesamttext bezogen sind, die Textkonstitution regulieren und als Gegensatzpaare zu verstehen sind: Verständlichkeit vs. Genauigkeit, Verdichtung vs. Extension, Implizität vs. Explizität, Konventionalität vs. Kreativität. Sie sind unabhängig von konkreten Sprachenpaaren und setzen die gewählte Globalstrategie um. Der Übersetzer wählt aufgrund des Übersetzungsauftrags ein Subset dieser Makrostrategien aus, denen er bei konkreten Übersetzungsentscheidungen Priorität einräumt, d.h. er wählt diejenige Formulierung aus, die die gewählten Makrostrategien besser befolgt.

Mikrostrategien Die **Mikrostrategien** setzen die Makrostrategien um und betreffen die syntaktische, semantische und pragmatische Manifestation in den einzelnen Textteilen. Sie beziehen sich auf einzelne Textpassagen (Sätze, Syntagmen, Wörter) und sind abhängig vom jeweiligen Sprachenpaar. Traditionell spricht man von Übersetzungsverfahren. Beispiele typischer Mikrostrategien für das Sprachenpaar Spanisch-Deutsch sind: (a) Umstellung der thematischen Reihenfolge, (b) Umstellung der Reihenfolge der Gliedsätze und Satzglieder, (c) Kürzen (von expliziten Informationen), (d) Hinzufügen (von expliziten Informationen), (e) Personalisierung, (f) Depersonalisierung, (g) Nominalisierung (Nominal- statt Verbalphrase), (h) Verbalisierung (Verbal- statt Nominalphrase), (i) Generalisieren (Oberbegriff statt Unterbegriff), (j) Spezifizieren (Unterbegriff statt Oberbegriff), (k) Stil- und Registerwechsel, (l) Informationsverlagerung und (m) Perspektivenwechsel.

Der dreistufige Aufbau des Modells soll die Studierenden anleiten, die translatorischen Zielvorgaben besser mit geeigneten translatorischen Mitteln zu korrelieren, und damit – im Sinne Kiralys – dazu beitragen, aus Studierenden reflektierte und verantwortungsbewusste Übersetzer zu machen.

4.5 | Fragen und Aufgaben

1 Welche Vorteile bringt ein zeichenorientierter Ansatz wie der von Gorlée gegenüber wort-, satz- oder textorientierten Ansätzen?

2 Erläutern Sie, was Kiraly unter Empowerment des Übersetzers versteht!

3 Nennen Sie die vier Grundtheoreme des interpretationstheoretischen Ansatzes von Siever!

4 Was bedeutet Abels Aussage: „Wir können nicht nicht-interpretativ übersetzen"?

5 Erläutern Sie die These von der doppelten Kreativität des Übersetzers!

Verwendete und weiterführende Literatur | 4.6

Abel, Günter (1993): Interpretationswelten. Gegenwartsphilosophie jenseits von Essentialismus und Relativismus. Frankfurt: Suhrkamp.

Abel, Günter (1994): Was ist Interpretationsphilosophie? In: Simon 1994: 16–35.

Abel, Günter (1995): Unbestimmtheit der Interpretation. In: Simon 1995, 43–71.

Abel, Günter (1999): Sprache, Zeichen, Interpretation. Frankfurt: Suhrkamp.

Abel, Günter (1999a): Übersetzung als Interpretation. In: Elberfeld u. a. 1999: 9–24.

Abel, Günter (2004): Zeichen der Wirklichkeit. Frankfurt: Suhrkamp.

Abel, Günter (Hrsg.) (1999b): Das Problem der Übersetzung – Le problème de la traduction. Berlin: Berlin Verlag.

Apel/Kopetzki (2003): Literarische Übersetzung. Stuttgart: Metzler.

Baker, Mona (Hrsg.) (1998/²2001): Routledge Encyclopedia of Translation Studies: London: Routledge.

Bartoszewicz, Iwona/Małgorzewicz, Anna (Hrsg.) (2014) Translationsforschung: Methoden, Ergebnisse, Perspektiven. Dresden: Neisse.

Bayertz, Kurt (1981): Wissenschaftstheorie und Paradigmabegriff. Stuttgart: Metzler.

Biere, Bernd Ulrich (1989): Verständlich-Machen. Hermeneutische Tradition – Historische Praxis – Sprachtheoretische Begründung. Tübingen: Niemeyer.

Borsche/Stegmaier (Hrsg.) (1992): Zur Philosophie des Zeichens. Berlin: de Gruyter.

Brandom, Robert B. (2001): Begründen und Begreifen. Eine Einführung in den Inferentialismus. Frankfurt: Suhrkamp.

Cartellieri, Claus (1970): Zur Analyse des Ausgangstextes beim Übersetzen (Beiträge zu einer angewandten Semiotik). Dissertation Universität Leipzig.

Cerquiglini, Bernard/Gumbrecht, Hans Ulrich (Hrsg.) (1983): Der Diskurs der Literatur- und Sprachhistorie. Wissenschaftsgeschichte als Innovationsvorgabe. Frankfurt: Suhrkamp.

Davis, Brent (2004): Inventions of teaching: A geneology. London: Lawrence Earlbaum.

Davis, Brent/Sumara, Dennis/Luce-Kapler, Rebecca (2000): Engaging Minds: Learning and teaching in a complex world. London: Lawrence Earlbaum.

Dizdar, Dilek (1997): Die Norm brechen. Möglichkeiten eines neuen Vokabulars in der Translationswissenschaft. In: TextconText 11 (1997): 129–147.

Eco, Umberto (1972): Einführung in die Semiotik. München: Fink.

Eco, Umberto (1973): Das offene Kunstwerk. Frankfurt: Suhrkamp.

Eco, Umberto (1977): Zeichen. Einführung in einen Begriff und seine Geschichte. Frankfurt: Suhrkamp.

Eco, Umberto (1979): The role of the reader. Explorations in the semiotics of texts. Bloomington: University of Indiana Press.

Eco, Umberto (1985): Semiotik und Philosophie der Sprache. München: Fink.

Eco, Umberto (1987): Streit der Interpretationen. Konstanz: Universitätsverlag.

Eco, Umberto (1990): Lector in fabula. Die Mitarbeit der Interpretation in erzählenden Texten. München: dtv.

Eco, Umberto (1992): Die Grenzen der Interpretation. München: Hanser.

Eco, Umberto (1994): Die Suche nach der vollkommenen Sprache. München: Beck.

Eco, Umberto (1996): Zwischen Text und Autor. Interpretation und Überinterpretation. München: dtv.

Eco, Umberto (2001): Experiences in translation. Toronto: University of Toronto Press.

Eco, Umberto (2003): Mouse or Rat? Translation as Negotiation. London: Weidenfeld & Nicolson.

Eco, Umberto (2006): Quasi dasselbe mit anderen Worten. Über das Übersetzen. München: Hanser.

Eco, Umberto/Nergaard, Siri (1998): Semiotic approaches. In: Baker 1998: 218–222.

Elberfeld, Rolf/Kreuzer, Johann/Minford, John/Wohlfahrt, Günter (Hrsg.) (1999): Translation und Interpretation. München: Fink.

Frawley, William (1984a): Prolegomenon to a theory of translation. In: Frawley 1984: 159–175.

Frawley, William (Hrsg.) (1984): Translation: Literary, Linguistic, and philosophical perspectives. Newark: University of Delaware Press.

Gorlée, Dinda L. (1994): Semiotics and the Problem of Translation with Special Reference to the Semiotics of Charles S. Peirce. Amsterdam: Rodopi.

Gorlée, Dinda L. (2000): Der abduktive Ansatz in Übersetzungspraxis und Übersetzungsforschung. In: U. Wirth 2000: 158–180.

Gorlée, Dinda L. (2004): On Translating Signs. Exploring Text and Semio-Translation. Amsterdam: Rodopi.

Greiner, Norbert/Kornelius, Joachim/Rovere, Giovanni (Hrsg.) (1999): Texte und Kontexte in Sprachen und Kulturen. Festschrift für Jörn Albrecht. Trier: Wissenschaftlicher Verlag Trier.

Habermas, Jürgen (1981): Theorie des kommunikativen Handelns. Frankfurt: Suhrkamp.

Hansen-Schirra, Silvia/Kiraly, Don (Hrsg.) (2013): Projekte und Projektionen in einer translatorischen Kompetenzentwicklung. Frankfurt: Lang.

Hartmann, Peter (1970): Übersetzen als Thema im linguistischen Aufgabenbereich. In: Hartmann/Vernay 1970: 12–32.

Hartmann, Peter/Vernay, Henri (1970): Sprachwissenschaft und Übersetzen. München: Hueber.

Hermans, Theo (2006): Translation without translators: A social systems perspective. In: Journal of Translation Studies 9 (2006) 1: 1–26.

Hönig, Hans (1995): Konstruktives Übersetzen. Tübingen: Stauffenburg.

Jakobson, Roman (1959): On linguistic aspects of translation. In: Brower 1959, 232–239.

Jakobson, Roman (1992): Semiotik. Ausgewählte Texte 1919–1982. Frankfurt: Suhrkamp.

Jakobson, Roman (1992a): Linguistische Aspekte der Übersetzung. In: Jakobson 1992: 481–491. [Übersetzung von Jakobson (1959)].

Jeannerod, Marc (1997): The Cognitive Neuroscience of Action. Oxford: Blackwell.

Kaindl, Klaus (1997): Wege der Translationswissenschaft. Ein Beitrag zu ihrer disziplinären Profilierung. In: TextconText 11 (1997): 221–246.

King, Allison (1993): From sage on the stage to guide on the side. In: College Teaching 41 (1993) 1: 30–35.

Kiraly, Donald (1990): Toward a systematic approach to translation skills instruction. Ann Arbor: U. M. I.

Kiraly, Donald (1995): Pathways to translation. Kent: Kent State University Press.

Kiraly, Donald (1998): Pesquisa sobre o exercício de tradução em sala de aula. In: Trad-Term 5 (1995) 2: 23–40.

Kiraly, Donald (2000): A social constructivist approach to translator education. Manchester: St. Jerome. 📖

Kiraly, Donald (2006): Beyond social constructivism: Complexity Theory and translator training. In: Translation and Interpreting Studies 6(2006)1: 68–86. 📖

Kiraly, Donald (2012): Growing a project-based translation pedagogy: A fractal perspective. In: Meta 57 (2012) 1: 82–95.

Kiraly, Donald (2013a): Kultivieren einer Translationsdidaktik: Eine fraktale Perspektive. In: Hansen-Schirra/Kiraly 2013: 10–33.

Kiraly, Donald (2013b): Skopos Theory goes to Paris: Purposeful translation and emergent translation projects. In: MTM 4 (2012): 119–144.

Kiraly, Donald (2013c): Towards a view of translator competence as an emergent phenomenon: Thinking outside the box(es) in translator education. In: Kiraly/Hansen-Schirra/Maksymski 2013: 197–224.

Kiraly, Donald (2014): From assumptions about knowing and Learning to praxis in translator education. In: inTRAlinea 2014. Online verfügbar: http://www.intra linea.org/ specials/article/from_assumptions_about_knowing_and_learning_to_ praxis [letzter Zugriff am 23.03.2015]

Kiraly, Donald (2015): Occasioning translator competence: Moving beyond social constructivism towards a postmodern alternative to instructionism. In: Translation and Interpreting Studies 2015 [im Druck].

Kiraly, Don/Hansen-Schirra, Silvia/Maksymski, Karin (Hrsg.) (2013): New Prospects and Perspectives for Educating Language Mediators. Tübingen: Narr.

Kittel, Harald (Hrsg.) (1992): Geschichte, System, literarische Übersetzung. Berlin: Schmidt.

Kuhn, Thomas S. (1967/¹³1995): Die Struktur wissenschaftlicher Revolutionen. Frankfurt: Suhrkamp.

Kußmaul, Paul (2000): Kreatives Übersetzen. Tübingen: Stauffenburg.

Lenk, Hans (1993): Philosophie und Interpretation. Frankfurt: Suhrkamp.

Lenk, Hans (1994): Interpretationskonstrukte. Zur Kritik der interpretatorischen Vernunft. Frankfurt: Suhrkamp.

Lenk, Hans (1994a): Von Deutungen und Wertungen. Eine Einführung in aktuelles Philosophieren. Frankfurt: Suhrkamp.

Lenk, Hans (1994b): Interpretationskonstrukte als Interpretationskonstrukte. In: Simon 1994: 36–56.

Lenk, Hans (1995): Schemaspiele. Über Schemainterpretationen und Interpretationskonstrukte. Frankfurt: Suhrkamp.

Loenhoff, Jens (2002): Kommunikationstheoretische Anmerkungen zum Problem der Übersetzung. In: Renn/Straub/Shimada 2002: 161–179.

Luhmann, Niklas (1987): Soziale Systeme. Grundriß einer allgemeinen Theorie. Frankfurt: Suhrkamp.

Matten-Gohdes, Dagmar (1982/2006): Goethe ist gut – Ein Lesebuch. Weinheim: Beltz und Gelberg.

Maturana, Humberto/Varela, Francisco (1987): Der Baum der Erkenntnis. Die biologischen Wurzeln des menschlichen Erkennens. München: Goldmann.

Nord, Britta/Schmitt, Peter A. (Hrsg.) (2003): Traducta Navis. Festschrift für Christiane Nord zum 60. Geburtstag. Tübingen: Stauffenburg.

Paz, Octavio (1971/³1991): Traducción: Literatura y literalidad. Barcelona: Tusquets.

Peirce, Charles S. (1960): Collected Papers. Cambridge: Harvard University Press.

Peirce, Charles S. (1986): Semiotische Schriften. Band 1. Frankfurt: Suhrkamp.

Peirce, Charles S. (1991): Semiotische Schriften. Band 2. Frankfurt: Suhrkamp.

Peirce, Charles S. (1991a): Schriften zum Pragmatismus und Pragmatizismus. Frankfurt: Suhrkamp.

Peirce, Charles S. (2000): Semiotische Schriften. Band 3. Frankfurt: Suhrkamp.

Poltermann, Andreas (1992): Normen des literarischen Übersetzens im System der Literatur. In: Kittel 1992: 5–31.

Prinz, W. (1998): Die Reaktion als Willenshandlung. In: Psychologische Rundschau 49 (1998) 1: 10–20.

Prinz, W. (2000): Kognitionspsychologische Handlungsforschung. Zeitschrift für Psychologie 208 (2000) 2: 32–54.

Reiß, Katharina/Vermeer, Hans (1984): Grundlegung einer allgemeinen Translationstheorie.

Renn, Joachim/Straub, Jürgen/Shimada, Shingo (Hrsg.) (2002): Übersetzung als Medium des Kulturverstehens und sozialer Integration. Frankfurt: Campus.

Rorty, Richard (1995): Kontingenz, Ironie, Solidarität. Frankfurt: Suhrkamp.

Roth, Gerhard (2003): Fühlen, Denken, Handeln. Wie das Gehirn unser Verhalten steuert. Frankfurt: Suhrkamp.

Salevsky, Heidemarie (2002): Translationswissenschaft. Ein Kompendium. Frankfurt: Lang.

Schlegel, Friedrich (1967): Kritische Friedrich-Schlegel-Ausgabe. München: Schöningh.

Schlieben-Lange, Brigitte (1983): Geschichte der Sprachwissenschaft und Geschichte der Sprachen. In: Cerquiglini/Gumbrecht 1983: 464–491.

Schreiber, Michael (1999): Von der »rechten« und der »linken« Grenze der Übersetzung. In: Greiner u. a. 1999: 269–279.

Schreiber, Michael (2014): Implikation statt Äquivalenz? Anmerkungen zu einem Vorschlag. In: Bartoszewicz/Małgorzewicz 2014: 11–19.

Siever, Holger (2010): Übersetzen und Interpretation – Die Herausbildung der Übersetzungswissenschaft als eigenständige wissenschaftliche Disziplin im deutschen Sprachraum im Zeitraum von 1960 bis 2000. Frankfurt: Lang.

Simon, Josef (Hrsg.) (1994): Zeichen und Interpretation. Frankfurt: Suhrkamp.

Simon, Josef (Hrsg.) (1995): Distanz im Verstehen. Zeichen und Interpretation II. Frankfurt: Suhrkamp.

Stein, Dieter (1980): Theoretische Grundlagen der Übersetzungswissenschaft. Tübingen: Narr.

Toulmin, Stephen (1978): Kritik der kollektiven Vernunft. Frankfurt: Suhrkamp.

Turk, Horst (1992): Geschichte und System: Zwei Schlüsselbegriffe der Übersetzungsforschung. In: Kittel 1992, IX–XVII.

Vermeer, Hans J. (2006): Versuch einer Intertheorie der Translation. Berlin: Frank & Timme.

Vermeer, Hans J. (1978): Ein Rahmen für eine allgemeine Translationstheorie. In: Lebende Sprachen 23(1978): 99–102. [wieder abgedruckt in: Vermeer 1983: 48–61]

Vermeer, Hans J. (1982): Translation als Informationsangebot. In: Lebende Sprachen 3 (1982): 97–100.

Vermeer Hans J. (1994): Hermeneutik und Übersetzung(swissenschaft). In: TextconText 9 (1994): 163–182.

Vermeer, Hans J. (1996): Die Welt, in der wir übersetzen: Drei translatologische Überlegungen zu Realität, Vergleich und Prozeß. Heidelberg: TextconText-Verlag.

Vermeer, Hans J. (2003): Versuch einer translatologischen Theoriebasis. In: Nord/Schmitt 2003: 241–258.

Weber, Max (1985): Gesammelte Aufsätze zur Wissenschaftslehre. Tübingen: Mohr.

Wirth, Uwe (2000a): Zwischen Zeichen und Hypothese: für eine abduktive Wende in der Sprachphilosophie. In: Wirth 2000: 133–157.

Wirth, Uwe (Hrsg.) (2000): Die Welt als Zeichen und Hypothese. Perspektiven des semiotischen Pragmatismus von Charles S. Peirce. Frankfurt: Suhrkamp.

Wittgenstein, Ludwig (1984): Werkausgabe Band 1: Tractatus logico-philosophicus – Tagebücher 1914–1916 – Philosophische Untersuchungen. Frankfurt: Suhrkamp.

Zum Weiterdenken

Das Modell des strategischen Übersetzens

1) **Übersetzungsrelevante Textanalyse**
   a) Analyse von Titel und Erscheinungsbild
   b) Benennen von Texttyp und Textsorte
   c) Lesen des Textes und Analysieren des Inhalts (Thema, thematische Progression)
   d) AT-Analyse: Senderintention, Textfunktion, Ort, Zeit, Adressaten, Rezipienten, ausgangskulturelle Verwendungssituation

2) **Übersetzungsrelevante Satzanalyse**
   a) Ermitteln der Gliedsätze und Satzglieder
   b) Ermitteln der intra- und transphrastischen Bezüge (Wort- und Sachverhaltsbezüge)

3) **Benennen von Übersetzungsproblemen**
   a) Fachterminologie
   b) gemeinsprachlicher Wortschatz
   c) syntaktische Strukturen
   d) kultureller Kontext

4) **Festlegen der benötigten Hilfsmittel und Recherchestrategien**
   a) Wörterbücher (fach-, gemeinsprachlich; ein-, zweisprachig; Buch, online)
   b) Internetressourcen (Website des Auftraggebers, thematisch relevante)
   c) Paralleltexte
   d) Retrieval Persons

5) **Festlegen des Übersetzungsauftrags**
   a) ZT-Analyse: Skopos, Ort, Zeit, Adressaten, Rezipienten, zielkulturelle Verwendungssituation
   b) Formulieren eines Übersetzungsauftrags

6) **Festlegen der Übersetzungsstrategie**

6.1) **Festlegen der Globalstrategie**
   a) dokumentarisches vs. instrumentelles Übersetzen
   b) einbürgerndes vs. verfremdendes Übersetzen
   c) Funktionskonstanz vs. Funktionsvarianz

6.2) **Festlegen der Makrostrategien**
   a) Priorität für Verständlichkeit oder Genauigkeit
   b) Priorität für Verdichtung oder Extension
   c) Priorität für Implizität oder Explizität
   d) Priorität für Konventionalität oder Kreativität

6.3) **Festlegen der Mikrostrategien**

7) **Übersetzen des Textes**
   a) Festlegen der Vorgehensweise (modular vs. linear)
   b) Festlegen des Settings (Zuhause/im Unterricht, mit/ohne Wörterbuch/Internet, Zeitrahmen)

8) **Korrekturlesen und Lektorieren der angefertigten Übersetzung**

    a) zieltextorientiertes Korrekturlesen (Überprüfen zielsprachlicher Normen/Konventionen: Orthografie, Interpunktion, Stilistik, Textsortenspezifik)

    b) ausgangstextorientiertes Korrekturlesen (Vergleich AT und ZT bzgl. Form und Inhalt)

    c) Lektorieren des ZT (Textoptimierung)

9) **Kommentieren der angefertigten Übersetzung**

    a) Benennen der gewählten Übersetzungsstrategie für den Gesamttext

    b) Benennen der gewählten Übersetzungsstrategie für Sätze oder Syntagmen

    c) Benennen der gewählten Übersetzungsverfahren für Sätze und Syntagmen

Das verstehenstheoretische Paradigma

5.1 | Gemeinsamkeiten der verstehenstheoretischen Ansätze

Die Leitdisziplinen des verstehenstheoretischen Paradigmas sind die Hermeneutik und der Dekonstruktivismus. Der Schlüsselbegriff des verstehenstheoretischen Paradigmas ist **Sinn**. Die Theorien dieses Paradigmas sind hauptsächlich produktbezogen. Sie können in vier Gruppen von Ansätzen gegliedert werden: hermeneutische, dekonstruktivistische und anthropophagische Ansätze sowie die sogenannte *Théorie du Sens* und Ecos Verhandlungsansatz. Diese fünf Gruppen weisen einige gemeinsame Züge auf:

Sinn

1. Sie speisen sich aus einer gemeinsamen historischen Quelle, nämlich dem (früh-)romantischen Sprach- und Übersetzungsdenken.
2. Die Grundidee besteht darin, dass nicht einzelne Wörter, sondern der Sinn des Textes zu übersetzen ist. Deshalb muss der Übersetzer den Originaltext erst gründlich verstehen, bevor er sich ans Übersetzen macht. Die Unterschiede zwischen den vier Gruppen von Ansätzen ergeben sich aus dem je unterschiedlichen Verständnis dessen, was unter Sinn zu verstehen und wie er zu behandeln ist.
3. Der Übersetzungsprozess basiert im Wesentlichen auf einer Beziehung zwischen Originaltext und Übersetzer.
4. Sie verwerfen den Äquivalenzbegriff.

Die wesentlichen Unterschiede zwischen den vier Gruppen von Ansätzen können wie folgt zusammengefasst werden:

Die Hermeneutiker gehen davon aus, dass es möglich ist, den Sinn jedes Textes zu verstehen, sofern man den hermeneutischen Zirkel oft genug durchläuft. Auch wenn es unmöglich ist, den Sinn eines Textes vollständig und vollkommen in allen denk- und undenkbaren Bedeutungsnuancen zu verstehen, so ist doch eine Minimalisierung des Unverständnisses durch eine **unendliche Annäherung** an den Sinn bis zu einem bestimmten Punkt möglich, der die Übersetzung des Textes dann doch ermöglicht. Das Ideal ist eine Übersetzung, die nur zu einer möglichst geringen Sinnänderung führt.

unendliche Annäherung

Diese Position vertreten mehr oder weniger Fritz Papecke, Radegundis Stolze und Larisa Cercel in Deutschland, George Steiner in Großbritannien, Jean-René Ladmiral in Frankreich oder Octavio Paz in Mexiko.

Die *Théorie du Sens* und Ecos Verhandlungsansatz basieren ebenfalls wie die hermeneutischen Ansätze auf dem Sinnbegriff und der Idee der Sinnerfassung, bringen aber zusätzliche Aspekte mit ein.

Die dekonstruktivistischen Übersetzungstheoretiker stützen sich auf die Arbeiten des französischen Philosophen Jacques Derrida und radikalisieren den Begriff der unendlichen Annäherung, indem sie sagen, dass niemals ein endgültiger Sinn erreicht werden kann. Der grundlegende Tatbestand ist die **différance** oder Sinnverschiebung, denn weder Worte noch Symbole können jemals vollständig erfassen, was sie bedeuten, sie können nur wieder

différance

über andere Worte und Symbole definiert werden, von denen sie abweichen und sich unterscheiden. Diese Sinnverschiebung führt letztlich dazu, dass Übersetzen unmöglich ist, weil der Sinn beim Übersetzen unendlich vielen Veränderungen unterliegt und nie zu fassen ist.

Die bekanntesten Vertreter sind, neben Jacques Derrida, Alfred Hirsch in Deutschland, Rosemary Arrojo in Brasilien und María del Carmen África Vidal Claramonte in Spanien.

Die anthropophagischen Ansätze heben vor allem die Wichtigkeit der Aneignung des Ausgangstextes oder der Ausgangskultur hervor. Der Sinn des Textes an sich – bzw. das, was der Autor sagen wollte – ist weniger wichtig als die Bedeutung, die er für den Zieltext oder die Zielkultur hat. Das Ideal ist keine »treue« Übersetzung, sondern eine Übersetzung, die die Zielkultur bereichert.

Zu ihren bekanntesten Vertretern gehören Haroldo de Campos und Else Ribeiro Pires Vieira in Brasilien sowie Serge Gavronsky in den USA.

Die hermeneutischen Ansätze │5.2

Die hermeneutischen Übersetzungstheorien haben ihre Wurzeln in der Romantik. Ihr Stammvater ist Friedrich Schleiermacher, von dem sie die gemeinsame Grundidee übernommen haben, dass der Übersetzer versuchen muss, den Sinn des heiligen Originals zu erfassen. Sie vertreten die Grundüberzeugung, dass der Übersetzer nur übersetzen kann, was er verstanden hat. Die hermeneutischen Theoretiker befassen sich in erster Linie mit dem Literaturübersetzen. Hermeneutische Arbeiten zum Fachübersetzen sind eher die Ausnahme.

Die hermeneutischen Theorien können in drei Gruppen oder Phasen gegliedert werden: erstens in die traditionellen hermeneutischen Ansätze (bis ca. 1970), zweitens in die neohermeneutischen Ansätze (ab ca. 1970) und drittens in die sogenannte Übersetzungshermeneutik (ab ca. 2000).

Die **traditionellen hermeneutischen Ansätze** beschränken sich auf eine Rekapitulation des Schleiermacherschen Ansatzes und der philologisch-historischen Tradition des übersetzerischen Denkens, wie es seit der Antike formuliert wurde und in verschiedenen Sammelbänden – u.a. von Störig (1963) für Deutschland oder von Vega (1994) für Spanien – dokumentiert ist. Zu den die Tradition rekapitulierenden Ansätzen gehören im deutschen Sprachraum vor allem Fritz Güttinger (1963), Hugo Friedrich (1965), Rolf Klöpfer (1967) und Friedmar Apel (1982). Für den englischsprachigen Raum ist George Steiner (1975), für Frankreich Jean-René Ladmiral (1979; 2011) beispielhaft zu nennen.

Nach hermeneutischem Verständnis sind Texte unveränderlich gegeben und der Textsinn etwas objektiv Feststehendes. Aus methodologischer Sicht verfechten sie grundsätzlich einen solipsistischen Standpunkt, der sich als

hermeneutische
Ansätze

nachteilig erweist, da er sich einer intersubjektiven Überprüfbarkeit entzieht. Solipsistisch bedeutet hier, dass der *Weg* zur Übersetzungslösung aufgrund der Intuition als favorisierter »Methode« in der Regel nicht intersubjektiv nachvollziehbar gemacht werden kann, da sich die Intuition aus systematischen Gründen der Selbstbeobachtung durch den Übersetzer entzieht.

„Hermeneutische Methoden sind nur schwer objektivierbar und operationalisierbar. Je sensibler und einfühlsamer der Verstehende ist, je mehr Vorwissen er hat, desto besser funktioniert die Methode" (Kußmaul 1996: 229). Da es aus hermeneutischer Sicht nicht möglich ist, methodische Regelmäßigkeiten aufzustellen, heißt dies für die Übersetzungsdidaktik, dass Übersetzen letztlich nicht unterrichtet werden kann.

Die hermeneutischen Übersetzungstheorien konzentrieren sich in erster Linie auf die Rezeption des Originals durch den Übersetzer. Die Hauptaufgabe des Übersetzers besteht demzufolge darin, das Original zu verstehen:

> **„Grundlage des Übersetzens ist das Verstehen"** (Stolze 1986: 134).

Zum besseren Verstehen des Ausgangstexts wird von hermeneutischen Übersetzungstheoretikern immer wieder auf den hermeneutischen Zirkel und die Intuition des Übersetzers als Textrezipient hingewiesen. Die übersetzerische Intuition spielt eine herausragende Rolle in den hermeneutischen Überlegungen, da Verstehen ein „intuitiver Vorgang" sei (Stolze 1986: 134).

Durch die Einengung der Perspektive auf die Deutung des zu übersetzenden Originals ist es hermeneutischen Übersetzungstheorien nicht möglich, den Übersetzungsprozess konsequent als Kommunikation aufzufassen. Stolze schreibt explizit: „Das Übersetzen ist daher nicht als zweistufiger Kommunikationsakt … anzusehen" (Stolze 1986: 133). Die Einbettung des Übersetzungsprozesses und der gesamten übersetzerischen Tätigkeit in einen größeren – beruflichen, gesellschaftlichen oder politischen – Zusammenhang kann daher theoretisch nicht eingeholt und angemessen thematisiert werden.

neo-hermeneutische Theorien

Die **neo-hermeneutischen Theorien** entstehen als Absetzbewegung gegen die linguistischen Theorien im Laufe der 1960er und 1970er Jahre. Sie knüpfen zwar an Schleiermacher an, aber setzen auch neue Akzente. Führende Vertreter in Deutschland sind Fritz Paepcke und Radegundis Stolze. Außerhalb Deutschlands ist vor allem der tschechische Übersetzungstheoretiker Jiří Levý zu nennen.

Übersetzen als Entscheidungsprozess

Zu den neuen Akzenten zählt erstens, dass das **Übersetzen als Entscheidungsprozess** aufgefasst wird; zweitens, dass der Übersetzer und mit ihm seine Subjektivität sowie seine Verantwortung ins Zentrum der Aufmerksamkeit gerückt wird (Stolze 1994: 195); und drittens wird die Rhetorik der Hermeneutik zur Seite gestellt, wodurch sich eine Arbeitsteilung ergibt: Die Hermeneutik sorgt für ein angemessenes Verstehen des Ausgangstextes, während die Rhetorik (bzw. Stilistik) für die Textproduktion zuständig ist (Stolze 1986: 133).

Jiří Levý wurde im Westen erst sehr spät rezipiert, nämlich anlässlich des viel beachteten Aufsatzes *Translation as a Decision Process* (Levý 1967, dt. 1981) rezipiert. Darin wird Übersetzen von Levý als komplexes Gefüge von Entscheidungsprozessen beschrieben.

Levý befasst sich vor allem mit dem literarischen Übersetzen. Er unterscheidet einen linguistischen und einen literaturwissenschaftlichen Zugang zum Übersetzen (Prunč 2001: 213). Die linguistischen Ansätze seiner Zeit kritisiert Levý, weil sie „den Einfluss des Übersetzers völlig außer Acht lassen" (Prunč 2001: 213).

Jiří Levý
(1926–1967)

Levý unterscheidet zwei Übersetzungsmethoden: die illusionistische und die antiillusionistische. Bei der **antiillusionistischen Übersetzungsmethode** geht es um die Zerstörung der Illusion. Sie wurde in der Übersetzungsgeschichte jedoch nur selten angewendet, da sie „eigentlich eine Antiübersetzung" (Prunč 2001: 215) ist und ihr meist nur ein experimenteller Status zukommt.

antiillusionistische
Übersetzungs-
methode

> Auch der Übersetzer kann von der übersetzerischen Illusion abschweifen, indem er seinen Beobachtungsstandpunkt enthüllt, nicht ein Originalwerk vortäuscht, sondern es kommentiert, bzw. indem er den Leser mit persönlichen und aktuellen Anspielungen »anspricht«. (Levý 1969: 32)

Bei der **illusionistischen Übersetzungsmethode** versucht der Übersetzer, das Original nachzuahmen. Die Illusion beruht auf dem wechselseitigen Abkommen, die Übersetzung letztlich als (neues) Original zu betrachten. Der Leser von Übersetzungen weiß genau, dass „er nicht das Original liest, aber er verlangt, dass die Übersetzung die Qualität des Originals beibehalte" (Levý 1969: 31 f.).

illusionistische Über-
setzungsmethode

Der Übersetzungsprozess wird von Levý – in Anlehnung an frühromantische Denker – als Rezeptionsprozess aufgefasst, für den drei „subjektive Transformationen" (Prunč 2001: 217) konstitutiv sind:

1. Die Umgestaltung der Wirklichkeit durch den Ausgangstextautor.
2. Die Interpretation des Originals durch den Übersetzer in Form der Übersetzung.
3. Die Konkretisierung des Zieltexts durch den Leser. (Levý 1965: 77)

drei subjektive
Transformationen

Levýs Konzeption zufolge muss der Übersetzer stets das Publikum vor Augen haben, für das er übersetzt, und dessen Erwartungen „in seinem übersetzerischen Kalkül vorwegnehmen" (Prunč 2001: 217). Gute Übersetzer sind also gehalten, bewusst einen Interpretationsstandpunkt mit Blick auf den Leser der Übersetzung einzunehmen (Prunč 2001: 217; vgl. Levý 1969: 51) und die übersetzerischen Entscheidungen entsprechend abzuwägen.

Fritz Paepcke
(1916–1990)

Für den weiteren übersetzungswissenschaftlichen Diskurs wurden Levýs Auffassung vom Übersetzen als Entscheidungsprozess, sein Normenkonzept sowie seine interpretative „Konzeption des Rezeptionsprozesses und sein systemischer Zugang zur Übersetzungskunst" (Prunč 2001: 215) bestimmend.

In Deutschland wendet sich seit Beginn der 1970er Jahre **Fritz Paepcke** mit seinem – von dem Philosophen Hans-Georg Gadamer inspirierten – hermeneutischen Denken dezidiert gegen den Alleinvertretungsanspruch der Linguistik für Fragen des Übersetzens.

Grundsatz

> Für Paepcke (1986b: 109) gilt beim Übersetzen der Grundsatz von der **„Identität des Gemeinten und der Differenz der Formulierung".**

Da dieses Paradox nie restlos aufgelöst werden kann, ist Übersetzen als ein „formal … unabgeschlossener Prozeß" aufzufassen (Paepcke 1986b: 112). Damit ist klar, dass Paepcke den linguistischen Äquivalenzbegriff ablehnen muss.

Paepcke vertritt einen statischen Textbegriff. Für ihn ist der Text unveränderlich gegeben und dient dem Übersetzer als fester Bezugspunkt. Der Fokus liegt auf dem Ausgangstext, da der Zieltext nicht hermeneutisch projektiert werden kann. Der Übersetzer muss den Sinn des Ausgangstextes erfassen. Wo sich das Verstehen nicht von selbst einstellt, tritt die Interpretation (Deutung, Auslegung) als zusätzliche Prozedur hinzu, bis ein ausreichendes Verständnis gesichert ist.

Übersummativität

Multiperspektivität

Individualität

Zu den Kennzeichen von Texten gehören laut Paepcke die Übersummativität, die Multiperspektivität und die Individualität. Unter **Übersummativität** versteht er, dass das Textganze mehr ist als die Summe seiner Teile: Der Sinn eines Textes ergibt sich nicht als Summe der Bedeutungen der einzelnen Wörter oder der einzelnen Sätze, die dieser enthält. **Multiperspektivität** bedeutet, dass in einem Text nicht nur *eine* Perspektive und nicht nur *eine* Sprachfunktion zum Tragen kommt, sondern stets mehrere, wodurch eine texttypologische Einteilung à la Reiß unmöglich sei. Auch die **Individualität** von Texten spreche gegen eine texttypologische Einteilung.

Es ist wohl unbestritten, dass Romane und andere literarische Texte sehr individuell verfasst sind, inwiefern dies aber auch für Gebrauchstexte (man denke an Gebrauchsanleitungen oder Rezepte) gilt, kann bezweifelt werden. Oft wird der Hermeneutik auch vorgeworfen, dass sie – trotz aller Multiperspektivität – reduktiv verfahre, wenn sie die in jedem Text vorhandene Mehrdeutigkeit beim Übersetzen auf einen einzigen Textsinn reduziert (reduktive Hermeneutik).

Während Paepcke noch einseitig auf die Verstehenskomponente beim Übersetzen fokussiert zu bleiben scheint, geht **Radegundis Stolze** von einer grundlegenden Arbeitsteilung aus: Während die Hermeneutik sich um die

Textrezeption kümmert, ist die Rhetorik (bzw. Stilistik) für die Textproduktion zuständig.

Das hermeneutische Übersetzen führt Stolze explizit als Alternative zu konkurrierenden Theorien ein. Die frühere Frontstellung gegen die linguistischen Ansätze vor allem der von Wilss (Stolze 1982) hat sich in ihrer zweiten Monografie (Stolze 1992) auf die funktionalistischen Ansätze verlagert.

Radegundis Stolze
(*1952)

Stolze (1992: 14) versteht die **„Übersetzungstheorie als reflektierte Praxis des Übersetzens".**

Deshalb steht bei ihr nicht der „Vergleich zwischen Text- und Übersetzungseinheiten", sondern die „Beschreibung der Tätigkeit des Übersetzens" im Mittelpunkt (Stolze 1992: 13). Deshalb soll die „Darstellung des Übersetzens konsequent aus der Sicht des Übersetzers erfolgen" und „nicht von den Textstrukturen" her (Stolze 1992: 22).

Der Übersetzer steht nach Stolze (1992: 22) zwischen „den beiden Polen der Treue zur Vorlage und der Intentionsadäquatheit der Übersetzung". Die Grundlage des Übersetzens bildet dabei das Verstehen, womit jedoch „keineswegs nur der Nachvollzug der Autorenmeinung" gemeint sei (Stolze 1986: 134).

Übersetzungen sind Mitteilungen, die sich an ein „sozial und historisch geprägtes Individuum" wenden (Stolze 1992: 19). Bei einer Übersetzung handelt es sich also um ein „Mitteilungsgeschehen zwischen einem Text und dem Übersetzer" (Stolze 1992: 19). Mit dem Begriff der Mitteilung wendet sich Stolze gegen die von Vermeer eingeführten Begriffe Information und Informationsangebot.

Übersetzungen als Mitteilungen

Stolze modifiziert das Konzept der Wirkungsäquivalenz. Die Übersetzung soll nicht mehr wie *das* Original wirken, sondern sie soll nur noch „wie *eine* originale Mitteilung wirken" (Stolze 1992: 19; Hervorh. H.S.). Dies setzt entsprechende „sprachliche Formulierungsentscheidungen" voraus, in denen Stolze das „eigentliche translatorische Problem" sieht (Stolze 1992: 20). Deswegen sei das **Übersetzen als „Such- und Entscheidungsablauf"** (Stolze 1992: 20) aufzufassen.

> Das Übersetzen ist daher nicht als zweistufiger Kommunikationsakt mit transkodierten Mitteln anzusehen, der exakt kontrollierbar wäre, sondern als ein Entscheidungsprozeß zur Vermittlung eines Sinnangebots durch einen Übersetzer an Empfänger in einer anderen sprachlichen und kulturellen Verortung. (Stolze 1986: 132)

Nach Stolze ist die Hermeneutik für den „rezeptiven Umgang mit der Textvorlage" zuständig, während sich die Rhetorik (Stilistik) „beim produktiven Umgang mit Sprache im zielsprachlichen Formulieren" entfaltet (Stolze 1986: 133). Bei der Zieltextproduktion wird der „verstandene Textsinn in der Zielsprache zusammenhängend und ganzheitlich formuliert" (Stolze 1992: 75).

Die Zieltextproduktion wird von Stolze nicht als Konstruktionsprozess konzipiert, sondern als „allmähliche[s] **Finden von Formulierungen**" (Stolze 1986: 134). Dabei hat der Übersetzer eine „doppelte Verantwortung", nämlich „gegenüber der Textvorlage und seinem zielsprachlichen Empfänger" (Stolze 1986: 134). Ihr wird er nicht durch eine eingehende Analyse der Ausgangstextstrukturen gerecht, die Stolze ablehnt, sondern durch Textexegese.

Ebenso lehnt Stolze den Funktionsbegriff der handlungstheoretischen Ansätze ab. Stattdessen spricht sie von der **Stimmigkeit der Übersetzung**, worunter sie versteht, dass die Gesamtmenge der Sinnmerkmale in Ausgangs- und Zieltext etwa gleich sein sollte. Der Text ist „als sprachliches Makrozeichen" eine „übersummative Größe" (Stolze 1986: 134), daher gewinnt er erst Bedeutung durch die Auslegung seitens des Lesers bzw. des Übersetzers (Stolze 1992: 19). Stolze (1986: 134) charakterisiert auch den Zieltext als „Interpretation", die der Übersetzer „anhand der Gegebenheiten auf der Textebene begründen" können muss. Das Ziel des Übersetzen besteht somit in der „Stimmigkeit des Sinns von Originaltext und translatorischem Entwurf" (Cercel 2013: 135).

> Stimmigkeit ist ein dynamisches Phänomen, und sie ist dann erreicht, wenn wie beim Verstandenhaben das Sprachgefühl sagt: »Jetzt ist die Formulierung gelungen, das ist genau das, was ich sagen wollte«. (Stolze 2003: 217)

Stolze wendet sich vehement gegen den Intuitionsbegriff von Wilss, dem sie „ein fundamental falsches Verständnis von Intuition" vorwirft (Stolze 1992: 27), weil er Intuition als „instrumentelles Mittel" begreife, das man »strategisch« einsetzen könne" (Stolze 1992: 27). Stattdessen versteht sie unter **Intuition** „die Fähigkeit zu raschem, ganzheitlich-synthetischem, überblicksartigem Erfassen von Zusammenhängen und Situationen, dessen Ergebnisse jederzeit auf ihre Genauigkeit und Adäquatheit hin überprüft und geändert werden können" (Stolze 1992: 27).

In ihrer letzten Monografie *Hermeneutik und Translation* geht Stolze (2003) auf die Forderung nach mehr begrifflicher und methodischer Stringenz ein und macht die „Verwissenschaftlichung des hermeneutischen Paradigmas im Übersetzen" zu ihrem Programm (Cercel 2013: 125). Dabei argumentiert sie „hermeneutisch mit sprachwissenschaftlichen Mitteln" (Cercel 2013: 126).

Stolze setzt **fünf translatologische Kategorien** an, nämlich: Thematik, Semantik, Lexik, Pragmatik und Stilistik, wobei die ersten drei für die rezeptiv-verstehende Phase des Übersetzungsprozesses wichtig sind und die letzten beiden für die produktive Phase der Zieltexterstellung.

Bei der Thematik geht es um den Ausgangstext als Text-in-Situation und seiner Zuordnung zu seinem außersprachlichen Umfeld (Verfasser, Erscheinungsort, Quellenangabe, Zeit, Kultur, Fachgebiet, Kommunikationsform). Bei der Semantik geht es um die Bestimmung von Isotopieketten, Konno-

Marginal notes:
Stimmigkeit der Übersetzung

Intuition

fünf translatologische Kategorien

tationen und Assoziationsketten, während die Lexik die terminologische Dimension behandelt. Zur Pragmatik gehören „der Zweck der Übersetzung und ihre Empfängerorientierung" (Cercel 2013: 129), während es bei der Stilistik um die Feststellung der stilistischen Merkmale des Ausgangstextes geht.

Die Übersetzungskompetenz sieht Stolze (2003: 80) „in einer breit angelegten vernetzenden Querschnittqualifikation", bei der solides Vorwissen und vernetztes Denken zu einer einfühlenden Teilhabe am Mitteilungsgeschehen des Ausgangstextes führen.

Bemerkenswert ist, dass auch Stolze den systemtheoretischen Begriff der Autopoiese aufgreift und auf den Translationsprozess anwendet:

> Der Prozess der allmählichen Herausbildung einer zielsprachlichen Form aus der kognitiven Repräsentation in der Translation kann als Autopoiese bezeichnet werden, die Sprachformen stellen sich im inneren Gespräch intuitiv ein. Unter Autopoiese wird der Prozess verstanden, der die dynamische Selbstgestaltung lebender Systeme verwirklicht. (Stolze 2003: 208)

Die **Übersetzungshermeneutik**, die vor allem von Larisa Cercel, Bernd Stefanink und Ioana Bălăcescu propagiert wird, versteht sich als Weiterentwicklung speziell des hermeneutischen Ansatzes von Stolze. Ihnen ist es nicht mehr um eine Anwendung der hermeneutischen Philosophie auf das Übersetzen zu tun, sondern entfalten die Übersetzungshermeneutik als Übersetzungstheorie auf hermeneutischer Grundlage.

Übersetzungs-hermeneutik

„Die Übersetzungshermeneutik geht methodisch vor" (Cercel 2013: 347). Darin besteht der große Unterschied zwischen ihr und Paepckes hermeneutischem Ansatz. Sie geht allerdings nur dann methodisch vor, „wenn übersetzerische Entscheidungen wissenschaftlich begründet und intersubjektiv nachvollziehbar gemacht werden müssen" (Cercel 2013: 347), nicht aber schon bei der Analyse des Ausgangstexts und der Erstellung des Zieltexts. In diesem Sinne kann man von einer „nachträglichen Methodik des übersetzungshermeneutischen Denkens" sprechen (Cercel 2013: 350).

Bernd Stefanink und **Ioana Bălăcescu** versuchen die hermeneutische Position durch kognitionswissenschaftliche Forschungen zu untermauern und nutzen dazu vor allem die ethnomethodologische Konversationsanalyse. Ihnen geht es um die intersubjektive Nachvollziehbarkeit übersetzerischer Entscheidungen (Bălăcescu/Stefanink 2006: 51). Anders als bei Protokollen des lauten Denkens setzen sie zwei oder mehr Übersetzer zusammen und lassen sie über ihre jeweiligen Übersetzungsentscheidungen diskutieren und diese begründen. Die Aufzeichnungen werden dann ausgewertet. Was in den Köpfen von Übersetzern vor sich geht, soll so verbalisiert und damit wahrnehmbar werden (Stefanink 1999). Die Grundthese zu dieser Forschungsmethode ist, dass mit ihr Intuition und Kreativität wissenschaftlich erfassbar und rational rekonstruierbar werden.

Bernd Stefanink
Ioana Bălăcescu

Larisa Cercel

Auch bei **Larisa Cercel** (2013: 345) bleibt das Verstehen des Ausgangstexts das zentrale Phänomen beim Übersetzen, wobei sie Verstehen als binären Prozess sieht, „der sich durch das Zusammenspiel von Kognition und Intuition konstituiert". Voraussetzung jeden Verstehens sind zum einen „die adäquate Situierung der Textvorlage in ihrer sprachlichen, geschichtlichen, fachlichen, kulturellen Welt" und zum anderen das Vorwissen des Übersetzers, „das in Sprach-, Sach-, Welt- und Interaktionswissen" unterteilt ist (Cercel 2013: 345).

Der Ausgangstext gilt Cercel (2013: 346) als „ein vom Autor initiiertes **Dialogangebot** an seine potenziellen Leser", das ein „komplexes Netz von dialogischen Zugriffen entstehen lässt, das durch Frage und Antwort, Frage und Gegenfrage, Infragestellungen und Sich-selbst-in Frage-Stellen geprägt ist. Das Verstehen wird dabei „nicht durch aufwendige Analysen des ganzen Originaltextes gesichert", wie dies im Funktionalismus der Fall ist, sondern durch Fokussierung auf bedeutende Aspekte (wie die Identifikation isotopischer Ebenen), auf problematische Stellen oder auf die „unterschiedlichen Aussageebenen eines Textes". Nach Cercel (2013: 347) gibt es drei Aussageebenen: „Gesagtes, Gemeintes und Nicht-Gesagtes, aber Intendiertes". Mit Derrida müsste man hier noch die Ebene des Nicht-Gesagten-und-auch-nicht-Indentierten noch hinzufügen.

Für Cercel (2013: 348) handelt es sich bei der Übersetzung nicht um eine „exegetische Auseinandersetzung" des Übersetzers mit dem Ausgangstext, sondern um die „**Präsentation der Mitteilung in der Zielsprache**". In keinem Fall darf die Übersetzung aber eine „Manipulation des Originaltextes zu eigenen Zwecken" sein (Cercel 2013: 348).

5.3 | Die *Théorie du Sens*

Danica Seleskovitch
(1921–2001)

Die *Théorie du Sens* (auch *Théorie interpretative*) wurde von **Danica Seleskovitch** und **Marianne Lederer**, zunächst nur als Dolmetschtheorie entwickelt und blieb in ihrer Wirkung außerhalb der Dolmetschwissenschaft bis heute stark auf den französichen Sprachraum begrenzt. Dieser Ansatz entstand an der *École supérieure d'interprètes et de traducteurs* (ESIT) in Paris in den 1970er Jahren; daher spricht man auch von der Pariser Schule. Zunächst als Dolmetschtheorie konzipiert (Seleskovitch 1975), wurde die *Théorie du Sens* später auch zu einer Theorie für die schriftlichen Formen der Translation weiterentwickelt (Lederer 1994).

Sinnhypothese

Leitmotiv dieses Ansatzes ist die Überzeugung, dass nicht bereits einzelne Wörter Bedeutung haben, sondern Bedeutung erst durch die Kombination von Wörtern zu Sätzen und Texten entsteht. Die Sprache dient als Sinnträger: „La raison d'être de la langue est d'exprimer un sens" (Seleskovitch 1975: 176). Die **Sinnhypothese** der *Théorie du Sens* besagt, dass der Sinn eine Kombination aus Sprache und Weltwissen erfordert und dass nur anhand *außer*sprachlichen Wissens beurteilt werden kann, ob sprachliche Äußerungen einen Sinn ergeben – und wenn ja, welchen (Lederer 1994: 99).

Erst durch das Zusammenspiel von sprachlicher Formulierung und außersprachlichen Kenntnissen kommt Sinnbildung zustande. Ziel des Übersetzens müsse es stets sein, die Ausdrucksabsicht des Autors zu erkennen und wiederzugeben (Seleskovitch/Lederer 1984: 22 ff.). Sie (1984: 25) stellen aber klar, dass das Sinnverstehen letztlich ein subjektiver Prozess ist und der vom Übersetzer oder Dolmetscher wiedergegebene Sinn nur annäherungsweise dem entsprechen kann, was der Autor sagen wollte.

Seleskovitch und Lederer greifen u. a. auf Saussures Unterscheidung von *Langue* und *Parole* zurück. Da Translation eine **Form der Sprachverwendung** sei, dürfe nicht von der *Langue*, sondern müsse von der *Parole* ausgegangen werden, denn es werden keine Sprache oder Sprachsysteme übersetzt, sondern Texte, die stets in konkrete Sprachverwendungssituationen eingebettet sind. Dies soll folgendes Beispiel verdeutlichen (Seleskovitch/Lederer 1984: 56 f.): Franz-Josef Strauß bezeichnete einmal Deutschland unter der sozialliberalen Regierung Willy Brandts als *Saustall*. Würde man *Saustall* mit *porcherie* übersetzen, was der im Wörterbuch verzeichneten allgemeinen »*Langue*-Bedeutung« (*signification*) entspricht, bliebe die Aussage für die Franzosen völlig unverständlich. Erst wenn man die Kommunikationssituation und die Äußerungsabsicht hinzunimmt, also von der konkreten *Parole*-Bedeutung (*sens*) ausgeht, kommt man zu Übersetzungslösungen wie *désordre*, *d'incurie* oder *de gabegie*, die den Sinn der Äußerung treffend wiedergeben.

Die kleinste Einheit der *Parole* bezeichnet Lederer (1994: 27) als Sinneinheit (*unité de sens*). Eine solche **Sinneinheit** umfasst rund sechs bis sieben Wörter, was in der Rede ca. 3 Sekunden und – wie kognitionspsychologische Forschungen bereits sehr früh nachweisen konnten (Miller 1956) – der Kapazität des Kurzzeitgedächtnisses entspricht. Nachdem der Übersetzer oder Dolmetscher eine Sinneinheit wahrgenommen hat, muss er den darin enthaltenen Sinn deverbalisieren und als Idee in seinem Kurzzeitgedächtnis festhalten. Die wahrgenommenen Wörter werden vergessen. Anschließend verbindet sich die deverbalisierte Idee mit dem kognitiven Kontext und dem Weltwissen, um den Sinn zu bilden (Lederer 1994: 41). Bei der Abfassung des Zieltexts muss dann die deverbalisierte Idee wieder – dann aber in einer anderen Sprache – reverbalisiert werden.

Sinneinheit

Marianne Lederer
(*1934)

Übersetzen stellt sich somit als Prozess der **Deverbalisierung** (Textrezeption) und anschließender **Reverbalisierung** (Textproduktion) dar.

Deverbalisierung und Reverbalisierung

Dies erinnert an Nidas Begriffe *decomposition* und *recomposition*. Wie eine sprachunabhängige Repräsentation von Sinn (als Idee) zu denken sei, ist in der einschlägigen – linguistischen und philosophischen – Forschung allerdings sehr umstritten.

explizite und impli-
zite Informationen

Seleskovitch und Lederer gehen davon aus, dass jeder Text **explizite und implizite Informationen** enthält. Während explizite Information im Text versprachlicht sind, finden sich die impliziten Informationen in den Voraussetzungen, Präsuppositionen und Andeutungen des Versprachlichten. Wenn sich der Übersetzer das Zusammenspiel der impliziten und expliziten Informationen des Ausgangstexts vergegenwärtigt, wird sich zum einen der Verstehensprozess beschleunigen und zum anderen ein tieferes Textverständnis einstellen.

Suche nach
Korrespondenz

Äquivalenz

Wie nicht anders zu erwarten, kritisieren Seleskovitch und Lederer das Transkodierungsprinzip der linguistischen Übersetzungstheorien. Die **Suche nach Korrespondenz** sei eine Übersetzungsmethode, die sich darauf beschränkt, die Signifikate zu bewahren, indem sie die Signifikanten austauscht (Lederer 1994: 67). Von der Korrespondenz, die es nur auf Wortebene gibt, ist die **Äquivalenz** zu unterscheiden, die erst auf der Textebene greift. Die Methode, textuelle Äquivalenz herzustellen, verlangt vom Übersetzer, den gesamten Text zu überblicken, beim Lesen die einzelnen Sinneinheiten zu erfassen, zu deverbalisieren und anschließend neue Formulierungen in der Zielsprache zu finden. Im Rahmen der *Théorie du Sens* besteht Übersetzen daher in dem Versuch, eine globale Äquivalenz zwischen Original und Übersetzung herzustellen (Lederer 1994: 50 f.).

Seleskovitch und Lederer vertreten einen **weiten Textbegriff**, der sowohl mündliche als auch schriftliche Äußerungen umfasst. Außerdem erhält er durch die leserseitigen Verstehensprozesse einen dynamischen Charakter (ähnlich wie bei Vermeer). Während allen Menschen eine Sprachkompetenz zukommt, verfügt der Übersetzer zusätzlich über eine fundierte Textkompetenz. Hierzu gehört, dass der Übersetzer *vor* der Lektüre sich die Gesamtsituation des Ausgangstexts und dessen Merkmale (Autor, Autorenmotivation, Epoche, Thema, Adressat usw.) vergegenwärtigt und geeignete Schlüsse daraus zieht. Der Sinn des Texts erschließt sich nur, wenn der Übersetzer diese textuelle Merkmale bei seiner Arbeit berücksichtigt.

Weitere Charakteristika professioneller Übersetzer sind – neben der fundierten Textkompetenz – eine gute Allgemeinbildung, umfassendes Weltwissen, ausgeprägtes Hörverständnis, gutes Sprachgefühl, Ausdrucksgewandtheit, überdurchschnittlich großer Wortschatz und profunde Sprachkompetenz (Seleskovitch 1988: 77 f.).

5.4 | Übersetzen als Verhandeln

Der italienische Semiotiker, Sprachphilosoph und Romancier **Umberto Eco** hat sich seit der Jahrtausendwende in mehreren Veröffentlichungen direkt mit dem Übersetzen auseinandergesetzt. Dabei verfolgt er einen sinnorientierten Ansatz, dem es nicht um Äquivalenzen auf der Wortebene zu tun ist.

Eco (2006: 12) konzipiert **„Übersetzung als Verhandlung"** (Eco 2006: 12).

Was heißt für Eco übersetzen? „Die erste und einfachste Antwort könnte lauten: dasselbe in einer anderen Sprache sagen" (Eco 2006: 9). Die Verwendung des Konjunktivs deutet an, dass es so einfach nicht ist, und zwar aus drei Gründen:

1. Wir können nicht ohne weiteres angeben, was es heißt das*selbe* zu sagen.
2. Wir wissen nicht immer, *was* da in einem Text eigentlich gesagt wird oder werden soll.
3. Wir wissen sogar manchmal nicht, was *sagen* heißt; z. B. im Fall beredten Schweigens.

Umberto Eco
(*1932)

Eingedenk dieser drei Problemfelder begnügt sich Eco damit darzulegen, „wie man, obwohl man weiß, daß man niemals dasselbe sagt, *quasi* dasselbe sagen kann" (Eco 2006: 10). Mit dem Adverb *quasi* ist angedeutet, dass es beim Übersetzen nicht um eine vollständige Identität der Bedeutungen von Ausgangstext und Zieltext gehen kann, sondern nur um eine Annäherung. Zu einer akzeptablen Annäherung gelangen der Übersetzer nur über ein spezielles Verfahren, das ein Abdriften zu einer völlig anderen Bedeutung verhindert und das „unter dem Zeichen der Verhandlung steht" (Eco 2006: 11).

Jede Verhandlung hat einen Kompromiss oder einen Konsens als Ziel. Den beim Übersetzen von Texten zu erreichenden Zielpunkt nennt Eco bald **„Wirkungsäquivalenz"** (Eco 2006: 18), bald „Wiedergabe der Textintention" (Eco 2006: 319). Eine mögliche Definition des Übersetzens könnte also lauten:

Wirkungsäquivalenz

> Übersetzen heißt … die Struktur eines in dieser Sprache gegebenen Textes verstehen und dann ein Double des Textsystems schaffen, welches … beim Leser ähnliche Wirkungen erzeugen kann. (Eco 2006: 18)

Der Ausdruck *ähnliche Wirkungen* bezieht sich dabei nicht nur auf die semantische und syntaktische Ebene eines Textes, sondern gilt auch in stilistischer, metrischer, lautsymbolischer und emotionaler Hinsicht (Eco 2006: 18). Hat der Übersetzer eine bestimmte Wirkung des Textes auf welcher Ebene auch immer festgestellt, „kann sich der Übersetzer nicht der Aufgabe entziehen, bei seinem Leser dieselbe Wirkung zu erzielen" (Eco 2006: 85).

Aufgrund der Vielschichtigkeit der Wirkungen ist es unumgänglich, dass „jede Übersetzung **Randzonen von Untreue** gegenüber einem Kern von angenommener Treue aufweist" (Eco 2006: 19). Je treuer eine Übersetzung dem Original ist, desto leichter fällt es, sie in die Ausgangssprache zurückzuübersetzen. Eco nennt dies das **Reversibilitätsprinzip**. Reversibilität ist kein binäres Maß (liegt vor vs. liegt nicht vor), sondern eine Meßlatte mit unendlichen Abstufungen von maximaler Reversibilität bis zu minimaler

Reversibilitätsprinzip

Reversibilität (Eco 2006: 76). Eco hat die Probe aufs Exempel gemacht und das über Google abrufbare Programm Babelfish mit einem kontextlosen Syntagma gefüttert (Eco 2006: 32):

Englisches Original	Speaker of the chamber of deputies
Italienische Übersetzung	Altoparlante dell'alloggiamento dei delegati
Englische Rückübersetzung	Loudspeaker of the lodging of the delegates

Auch ohne Italienisch zu können, ahnt man, dass mit *altoparlante* kein Mensch, sondern ein *Lautsprecher* und mit *alloggiamento dei delegati* nicht die Abgeordnetenkammer, sondern so etwas wie die *Unterkunft der Delegierten* gemeint ist. Anhand der Rückübersetzung erkennt man deutlich, dass die italienische Übersetzung professionellen Anforderungen nicht genügt. Wie dieses und Ecos andere Beispiele zeigen, ist das Reversibilitätsprinzip gut geeignet, den Nonsense aufzudecken, der beim automatischen Übersetzen ohne das kritische Zutun von Humanübersetzern entstehen kann. Aus den Beispielen zieht Eco den Schluss, dass „das Kriterium größtmöglicher Reversibilität nur für Übersetzungen sehr einfacher Texte, wie Wetter- oder Börsenberichte" gelten kann (Eco 2006: 79).

Eco plädiert für ein vernünftiges Reversibilitätsprinzip, das die goldene Mitte zwischen einer übertriebenen Maximalforderung und einer zu anspruchslosen Minimalforderung repräsentiert und bezeichnet dies als **optimale Reversibilität**. Als optimal gilt dann „diejenige Übersetzung, in der die größte Anzahl von Ebenen des übersetzten Textes reversibel bleibt" (Eco 2006: 80).

Für Eco ist es eine Sache der Verhandlung, eine optimal reversible Übersetzung zu erstellen. Dabei muss der Übersetzer dafür sorgen, dass eine größtmögliche Anzahl von Ebenen bei der Übersetzung eines Textes reversibel bleibt. Die Möglichkeit, verhandeln zu können, zeichnet den Humanübersetzer gegenüber inhumanen Übersetzungsprogrammen wie Babelfish aus.

Eco spricht von den verschiedenen Ebenen eines Textes, weil es ihm nicht nur um die Wiedergabe des semantischen Gehalts geht. Das Reversibilitätsprinzip gilt zum Beispiel auch für die rhythmische Ebene. Soll der Rhythmus eines Gedichtes bewahrt werden, „muß der Übersetzer sich von übertriebener Ehrfurcht vor dem Wortlaut des Ausgangstextes befreien" und sich „auch dem Urteil des Gehörs" anvertrauen (Eco 2006: 81), selbst wenn es zu Lasten der Wörtlichkeit geht (Eco 2006: 85).

Den Begriff der **Übersetzungstreue** versteht Eco so, dass „die Übersetzung so genau wie möglich sagt, was im Original geschrieben steht" (Eco 2006: 24). Was nun genau im Original geschrieben steht, ist eine Frage der Interpretation, die sich nicht nur auf die semantische Ebene beschränkt. Deshalb geht jeder Übersetzung zunächst einmal eine genaue und ausführliche Textinterpretation voraus.

optimale Reversibilität [margin note]

Übersetzungstreue [margin note]

Um einen Text zu verstehen und zu übersetzen, muß man eine Hypothese über die mögliche Welt aufstellen, die er repräsentiert. Das heißt, eine Übersetzung muß sich, wenn geeignete Spuren fehlen, auf Mutmaßungen stützen, und erst nachdem der Übersetzer eine Mutmaßung aufgestellt hat, die ihm plausibel erscheint, kann er sich daranmachen, den Text von einer Sprache in die andere zu bringen. (Eco 2006: 52)

Ecos translatologische Grundüberzeugung ist, dass „Übersetzen auf einer Reihe von Verhandlungsprozessen beruht" (Eco 2006, 20). Warum? Eco gibt dafür zwei Gründe an:

1. Verhandlung ist genau der Prozess, „bei dem man, um etwas zu erreichen, auf etwas anderes verzichtet" (Eco 2006, 20).
2. Bei einer Verhandlung gehen die Verhandlungspartner „am Ende mit einem Gefühl von vernünftiger wechselseitiger Befriedigung" auseinander, „geleitet vom goldenen Prinzip, daß man nicht alles haben kann" (Eco 2006, 20).

Durch das Aushandeln der bestmöglichen Übersetzung wird eines verhindert: dass der Übersetzer – getreu dem italienischen Motto *traduttore traditore* – zum Verräter wird; vorausgesetzt, es wird kein Element des Ausgangstextes mit Bedacht oder aus Unachtsamkeit im Vorhinein aus der Verhandlungsmasse ausgeschlossen.

Der Übersetzer steht im Mittelpunkt des Verhandlungsprozesses zwischen realen oder virtuellen Verhandlungsparteien, zu denen auf der einen Seite (a) der Ausgangstext, (b) der empirische Autor und (c) die Ausgangstext-Kultur gehören; und auf der anderen Seite (d) der Zieltext, (e) die Zieltext-Kultur, (f) die Erwartungshaltungen der vermutlichen Leser und – manchmal – (g) der Verlag mit seinen Publikationsvorgaben (Eco 2006: 21).

Gegenstand der **Verhandlung** zwischen diesen realen und virtuellen Parteien ist erstens „die **Bedeutung**, die in der Übersetzung ausgedrückt werden soll" (Eco 2006: 103) und zweitens die **Wirkung** des Zieltextes, wobei es gilt, mit der Übersetzung „die gleiche Wirkung zu erzeugen, die das Original angestrebt hatte" (Eco 2006: 94). Und schließlich muss auch die **Reversibilität** verhandelt werden (Eco 2006: 163).

Für Eco geht es beim Übersetzen immer um dreierlei:

1. darum, die für den Ausgangstext relevanten Faktoren zu identifizieren;
2. darum zu entscheiden, in welchem Maße die einzelnen Faktoren zur Textwirkung beitragen; und
3. darum zu verhandeln, in welcher Form die relevanten Faktoren in der Übersetzung wiedergegeben werden sollen.

Vorgehen beim Übersetzen

Das „Ideal einer Übersetzung wäre", wie Eco schreibt, „in einer anderen Sprache nicht weniger, aber auch nicht mehr als das wiederzugeben, was der Ausgangstext vorgibt" (Eco 2006, 266). Eco zufolge besteht der Weg, um dieses Ziel zu erreichen, in einem umfassenden Verhandlungsprozess. Hat der Übersetzer gut verhandelt, kann er sich danach getrost dem Mehr-oder-Weniger-Vergleich zwischen Ausgangstext und Zieltext stellen.

Die Grundlage von Ecos Vorstellung vom Übersetzen als Verhandeln bildet seine semiotische Interpretationstheorie. Die „große Entdeckung Umberto Ecos" (Jauß 1987: 9) ist das **Prinzip der interpretatorischen Offenheit**. Damit ist zunächst gemeint, dass ein Text keinen feststehenden Textsinn hat. Es gibt nicht nur *eine* Lesart des Textes. Aber ebenso wenig sind *alle* denkbaren Lesarten erlaubt. Vielmehr sind stets nur *einige oder mehrere* Lesarten eines Textes möglich. Sodann ist mit interpretatorischer Offenheit gemeint, dass der Text selbst die Mittel, die zu seiner Interpretation erforderlich sind, in Form der in ihm enthaltenen Zeichen und deren spezifischer Verknüpfung bereitstellt.

Prinzip der interpretatorischen Offenheit

Eco geht nicht vom Wort aus, sondern – grundlegender – vom Zeichen. Denn neben den Worten sind auch Interpunktion, Metrik, Rhythmus, Reim, Alliteration, Wortwiederholung usw. wichtige Interpretationshilfen, die aus semiotischer Sicht als Zeichen aufgefasst werden können. An der Vorgabe des materialiter vorliegenden Textes müssen sich sämtliche Interpretationen bewähren. Das bedeutet, dass „der interpretierte Text seinen Interpreten Zwänge auferlegt" (Eco 1992: 22), die bei der Interpretation zu beachten sind. Denn für Eco ist nicht jede Interpretation akzeptabel:

> Ich werde behaupten, daß eine Theorie der Interpretation – auch wenn sie davon ausgeht, daß Texte offen für multiple Lesarten sind – auch von der Möglichkeit ausgehen muß, einen *Konsens* zu erreichen; wenn schon nicht in bezug auf die unterschiedlichen Bedeutungen, die der Text *er-mutigt*, so doch zumindest in bezug auf jene, die der Text *ent-mutigt*. (Eco 1987: 32; Hervorh. H. S.)

Wenn der Textsinn nicht von vornherein feststeht und der Autor weder durch seine Wortwahl noch durch bestimmte syntaktische Strukturen noch durch die von ihm gewählte Vertextungsstrategie seine Leser auf eine einheitliche Textinterpretation verpflichten kann, dann kommt dem Leser eine besondere Verantwortung zu.

Der Leser arbeitet aktiv am Aufbau des Textsinns mit. Eco spricht von der **textuellen Mitarbeit des Lesers**. Sie beschränkt sich nicht auf ein simples Dekodieren von Zeichen, aus denen ein Text besteht. Der Leser ist vielmehr gehalten, aus den diskursiven, narrativen, aktantiellen und ideologischen Strukturen, die er aktualisiert hat, eine kohärente Textwelt zu konstruieren. Eine bestimmte Interpretation kann nur dann Akzeptanz oder Plausibilität beanspruchen, wenn sie in der Lage ist, anhand der im Text vorhandenen

textuelle Mitarbeit des Lesers

Hinweise einen kohärenten Textsinn zu konstruieren. In diesem Sinne ist ein Text „nichts anderes als die Strategie, die den Bereich seiner … Interpretationen konstituiert" (Eco 1990: 73).

Bei dem Versuch „über die Lösung zu verhandeln, die uns als die beste erscheint" (Eco 2006: 433), können sich die Gemüter schon mal erhitzen. Vielleicht ist da der Hinweis, den Umberto Eco uns ganz am Ende seines Buches gibt, hilfreich und bedenkenswert. Er schreibt, dass Treue nicht so sehr etwas mit Exaktheit und Äquivalenz zu hat. Hinter der Vokabel Treue stehen für ihn vielmehr die Tugenden eines guten Übersetzers: „Loyalität, Gewissenhaftigkeit, Achtung, Hingabe" (Eco 2006: 433).[1]

Die dekonstruktivistischen Ansätze | 5.5

Die Philosophie der Dekonstruktion wurde von **Jacques Derrida** entwickelt, der auch zwei bemerkenswerte Aufsätze zur Übersetzung verfasst hat und dabei an das Übersetzungsdenken von Walter Benjamin und dessen berühmtes Werk *Die Aufgabe des Übersetzers* anknüpft (Derrida 1997a; 1997b). Alle dekonstruktivistischen Ansätze greifen auf Derrida und seine Benjamin-Rezeption zurück.

Auch Derrida erweist sich bei genauerer Analyse als „ein Erbe der Romantiker" (Zima 1994: 86). Zu erkennen ist dies z.B. daran, dass Derrida die romantische Metapher der unendlichen Annäherung zur **Unmöglichkeit von Sinnpräsenz** umdeutet. Ein weiterer Hinweis auf die Nähe Derridas zur Romantik ist, dass der Romantiker Friedrich Schlegel bereits „wesentliche Gedanken der Dekonstruktivisten vorwegnimmt" (Zima 1994: 13).

Unmöglichkeit von Sinnpräsenz

Zu den Denkbewegungen der Dekonstruktion gehört es, einen Text soweit zu analysieren bzw. zu dekonstruieren, bis man auf einen darin enthaltenen unauflösbaren Widerspruch stößt. Solche **Aporien** zu benennen ist das Ziel der Dekonstruktion.

Dekonstruktion

Für Derrida ist die Dekonstruktion als Methode ein „permanentes Übersetzen", sie ist ein „ständiges In-Beziehung-Setzen des Erkannten oder Gesagten zu anderen Sinngefügen und dadurch die Produktion von neuem Sinn" (Prunč 2001: 271). Der Übersetzungsprozess gliedert sich in die Rezeption des Ausgangstextes, die Kommunikation des verstandenen Sinns und die Repräsentation dieses neuen Sinns. Die Sinnrepräsentation ist stets vorläufig und bildet *nie* den ursprünglichen Sinn des Ausgangstextes ab. Vielmehr dient die Übersetzung als Generator von ‚Differänz', wie Zima den Neologismus *différance* übersetzt.

Jacques Derrida
(1930–2004)

---

1 Bemerkenswert ist, dass Eco standardsprachliche Worte wie *Treue*, *Loyalität* und *Hingabe* verwendet, sie aber anders definiert als sie uns aus dem vorwissenschaftlichen Kontext, von Nord oder Spivak her bekannt sind.

différance

Im Gegensatz zur Hermeneutik, die die Einzigartigkeit des Originaltextes hervorhebt, stellt der Dekonstruktivismus auf die Aporien, inneren Widersprüche, Brüche, Lücken und Leerstellen ab. Während für die hermeneutischen Theorien die Sinn*erfassung* wesentlich ist, ist für die dekonstruktivistischen Ansätze die **Sinnverschiebung** (*différance*) konstitutiv. Aus dem Primat der Sinnverschiebung ergibt sich die Freiheit des Übersetzers, da er nicht mehr an die strikte Vorgabe der Treue gebunden ist.

Wie die Hermeneutik stehen auch die dekonstruktivistischen Ansätze in Frontstellung gegen die Translationslinguistik. Beide lehnen den Äquivalenzbegriff entschieden ab. Während die Translationslinguistik von einer Übersetzungsrelation zwischen Texten ausgeht, besteht für die dekonstruktivistischen Ansätze die Übersetzungsrelation zwischen Sprachen.

Zu Derridas Übersetzungsdenken ist kritisch anzumerken, dass er weder sagt, wie Übersetzer übersetzen sollen oder können, noch, wie sie Übersetzungsfehler vermeiden können, noch, wie Übersetzen gelernt werden kann. Aus translationsdidaktischer Sicht ist besonders bedauerlich, dass Derrida weder den Übersetzungsprozess beschreibt noch Bewertungskriterien für Übersetzungen angibt.

Positiv zu vermerken ist, dass Derrida dem translatologischen Diskurs wichtige Denkanstöße gegeben hat. So weist er auf die Hinterfragbarkeit des Originals hin, betont die **Wechselwirkung von Identität und Differenz**, problematisiert die sich in einem Text manifestierenden Interessen und Interessenkonflikte, thematisiert die Rahmenbedingungen von Text- und Kulturwelten, in denen Übersetzungen zu funktionieren haben, und fragt nach der Macht bei der Text-, Sinn- und Wissensproduktion (Prunč 2001: 294).

Wechselwirkung
von Identität und
Differenz

Rosemary Arrojo ist die bekannteste brasilianische Übersetzungstheoretikerin. Ihr dekonstruktivistischer Ansatz basiert nicht nur auf Derrida, sondern auch auf poststrukturalistischen Anregungen (Roland Barthes) und Überlegungen des mexikanischen, vom frühromantischen Denken beeinflussten Schriftstellers und Essayisten Octavio Paz (1971) zu Sprache, Literatur und Übersetzung. Sie versucht die Theorie der Dekonstruktion in die übersetzerische Lehre und Praxis umzusetzen.

Rosemary Arrojo
(* 1950)

Grundlegend ist auch für sie die Auffassung, dass Bedeutung weder textinhärent ist noch darauf wartet, von einem Rezipienten entziffert oder verstanden zu werden. Vielmehr sind es die Rezipienten, die aufgrund bestimmter Gegebenheiten und Konventionen Bedeutung erst produzieren (Arrojo 1992: 88). Beim Übersetzen geht es laut Arrojo nicht um die Bewahrung oder *Re*produktion von Bedeutung, sondern stets um deren Produktion.

Selbst wenn wir also als Übersetzer ganz traditionell versuchen, den Originaltext oder die Autorintention in unserem Zieltext wiederzugeben, müssen wir eingestehen, dass wir jeweils nur von unserer eigenen Konstruktion dessen ausgehen können, was sich uns als Originaltext oder Autorintention darstellt: „Unsere Übersetzung eines Textes, sei er poetisch oder nicht, wird nicht dem Originaltext treu sein, sondern dem, was wir für den Originaltext halten" (Arrojo 1986: 44). Es sei daran erinnert, dass „das Konzept des Originals erst eine Konstruktion der Aufklärung" ist (Prunč 2007: 286).

Um diesem Umstand gerecht zu werden, fordert sie neue Lehrmethoden für den Literatur- und Übersetzungsunterricht, die die Gebundenheit jeglicher Lektüre und Interpretation an die Weltanschauung von Lehrenden und Lernenden bewusst machen. In ihrem praxisorientierten Buch *Oficina de Tradução* (1986) versucht sie zu zeigen, wie ein dekonstruktivistisch informierter »Übersetzungsworkshop« aussehen könnte. Es ist eine der wenigen translationsdidaktischen Umsetzungen des Dekonsruktivismus.

Ein Schlüsselwort zum Verständnis von Arrojos Ansatz ist **Bewusstheit**: „Awareness about the notion of sign, meaning and reading, about the status of original texts and translations, and about the power of interpretation" (Leal 2014: 151). Der Übersetzer soll nicht nur reflektiert an seine Aufgabe herangehen, sondern sich auch über die Voraussetzungen und Folgen seines Tuns im Klaren sein. Dabei muss er sich auch seines eigenen kulturellen Backgrounds, seiner gesellschaftlichen Einbettung und seiner eigenen Weltanschauung vergewissern. Dementsprechend beruht ein Großteil ihres Übersetzungsworkshops nicht auf der Darstellung bestimmter Übersetzungsmethoden, sondern auf einer Vielzahl unterschiedlichster Beispiele, die der Einübung eines bewussten und reflektierten Umgangs mit Texten und Interpretationen dienen.

Bewusstheit

Bei der Bewertung von Übersetzungen geht es ihr nicht darum, Übereinstimmungen oder Abweichungen gegenüber dem Ausgangstext, sondern bezogen auf die Interpretation des Übersetzers aufzuzeigen. Dies zeigt eine gewisse Nähe zur funktionalen Übersetzungstheorie, auch wenn sie die Rolle des Übersetzungsauftrags nicht berücksichtigt.

Die anthropophagischen Ansätze

|5.6

Das Anthropophagie-Konzept stammt ursprünglich von dem Brasilianer Oswald de Andrade, der es in den 1920er Jahren entwickelte. Es diente in der intellektuellen Auseinandersetzung der Lateinamerikaner, speziell der Brasilianer, mit Europa u.a. dazu, den Standort der lateinamerikanischen Kultur und Literatur im Zusammenspiel mit und in Abgrenzung gegen den europäischen Einfluss zu bestimmen. Das Anthropophagie-Konzept ist einer der wenigen brasilianischen Beiträge zur Übersetzungswissenschaft, die außerhalb Brasiliens wahrgenommen wurden (Baker 1998: 332).

Das portugiesische Wort *Antropofagia* ist aus den griechischen Wortstämmen *anthropos* = Mensch und *phagos* = Nahrung zusammengesetzt und bedeutet *Kanibalismus*, *Menschenfresserei*. Anthropophagie ist im Kern also eine gewaltsame **Transformationsmetapher**, die eine bestimmte Art der Nahrungsaufnahme mit dem Übersetzungsprozess vergleicht. Demnach

Transformationsmetapher

rezipiert (isst, verschlingt) der Übersetzer (Kannibale) einen Ausgangstext (Mensch als Nahrung) und formt ihn um (verdaut ihn). Der Übersetzungsprozess wird also mit dem Stoffwechsel (Metabolismus) verglichen. Betrachtet man Übersetzung als eine „Dimension sozialen Austauschs" (Fuchs 2002: 296), als Aufnahme oder Absorption von Fremdem ins Eigene, dann liegt der Vergleich zu Stoffwechselvorgängen auf der Hand. Mittels Anthropophagie soll das »Andere« im Text „absorbiert, und mit autochthonen Elementen versehen, neu produziert" werden (Wolf 1998: 103).

Die dem Anthropophagie-Konzept zugrunde liegende Vorstellung ist in dem Sinne nicht typisch brasilianisch, als es in wesentlichen Punkten dem europäischen, vor allem romantischen Bild einer gelungenen Übersetzung entspricht: „Das klassische Bild ist das einer erfolgreichen Integration – und damit Absorption – des ursprünglich Fremden ins Eigene, in die eigene Sprache" (Fuchs 2002: 293). Wenn wir eine Sache durchdacht und verstanden haben, sagen wir auch umgangssprachlich, wir hätten sie »verdaut«. Auch einen Schicksalsschlag müssen wir erst einmal »verdauen«. Das Bild der Absorption wurde jedoch in Brasilien zur Einverleibung radikalisiert.

Oswald de Andrade hatte mit dem Antropofagia-Konzept die Idee verbunden, dass die kannibalistisch verfahrende Kultur Brasiliens die aus Europa stammende geistige Nahrung in sich aufnimmt. So wie der Stoffwechselprozess dafür sorgt, dass die lebenswichtigen Bestandteile der Nahrung vom Körper aufgenommen und zum Aufbau und Erhalt des Körpers eingesetzt werden, so sorgt der Übersetzer dafür, dass bestimmte geistige Bausteine von der Zielkultur aufgenommen und – wenn auch teilweise in anderer Form – in sie integriert werden.

Haroldo de Campos
(1929–2003)

Transkreation

Der brasilianische Dichter und Übersetzer **Haroldo de Campos** verwendet die Antropofagia-Metapher und bezeichnet den Übersetzungsprozess als Transformation (*transformação*) oder **Transkreation** (*transcreação*), also nicht Neu-, sondern Umschöpfung. Zusammen mit seinem Bruder Augusto gehört er zu den bedeutendsten Vertretern der konkreten Poesie in Brasilien. Beide versuchen bei ihren Übersetzungen sowohl intertextuelle als auch intersemiotische Bezüge zur brasilianischen Kultur herzustellen, die im Original nicht vorhanden sind.

Else Pires

Die Brasilianerin **Else Ribeiro Pires Vieira** bringt ihren anthropophagischen Ansatz in den Postkolonialismus-Diskurs ein. Für sie sind anthropophagisches und postkoloniales Übersetzen auf Kreativität, Dialog und Bedeutungsvielfalt angelegt. Sie vertritt einen erweiterten Textbegriff, der auf kulturelle Translationsprozesse anwendbar ist. Dadurch ist Übersetzen für sie keine Einbahnstraße. Statt des unidirektionalen Übersetzens favorisiert

bidirektionales
Übersetzen

sie ein **bidirektionales Übersetzen**, das „ein in beide Richtungen führendes, transkulturelles Unternehmen" sei (Pires Vieira 1999: 106). Sie thematisiert Übersetzen nicht mehr als gerichteten Kulturtransfer von A nach Z, sondern als gegenseitigen Kulturaustausch.

Fragen und Aufgaben |5.7

1 Erläutern Sie, in welcher Weise der Verstehensprozess nach hermeneutischer Auffassung zur Erstellung des Zieltexts beiträgt!

2 Erklären Sie den Unterschied zwischen dem hermeneutischen Konzept der Sinnerfassung und dem dekonstruktivistischen Konzept der Sinnverschiebung!

3 Was versteht man im Rahmen der *Théorie du Sens* unter Deverbalisierung?

4 Erläutern Sie Ecos Auffassung des Übersetzens als Verhandeln!

5 Diskutieren Sie, inwieweit das Anthropophagie-Konzept auch für Übersetzungen außereuropäischer Literatur in europäische Sprachen tragfähig ist!

Verwendete und weiterführende Literatur |5.8

Andrade, Oswald de (1928): Manifesto antropófago. In: Revista de Antropologia 1(1928): 3–7. [auch in: Andrade, Oswald de (1990a): Obras completas. Bd. 6: A utopia antropofágica. São Paulo: Globo 1990.]

Andrade, Oswald de (1990): Anthropophagisches Manifest. In: Lettre 11(1990): 40–41.

Apel, Friedmar (1982): Sprachbewegung. Eine historisch-poetologische Untersuchung zum Problem des Übersetzens. Heidelberg: Winter.

Apel, Friedmar/Kopetzki, Annette (2003): Literarische Übersetzung. Stuttgart: Metzler.

Arrojo, Rosemary (1986/⁵2010): Oficina de Tradução. A teoria na prática. São Paulo: Editora Ática.

Arrojo, Rosemary (1993): Tradução, deconstrução e psicanálise. Rio de Janeiro: Imago.

Arrojo, Rosemary (1994): Deconstruction and the teaching of translation. In: TextconText 9(1994): 1–12.

Arrojo, Rosemary (1995): The death of the author and the limits of the translator's visibility. In: Snell-Hornby/Jettmarová/Kaindl 1995: 21–32.

Arrojo, Rosemary (1997a): Pierre Menard und eine neue Definition des Originals. In: Wolf 1997: 25–34.

Arrojo, Rosemary (1997b): Gedanken zur Translationstheorie und zur Dekonstruktion des Logozentrismus. In: Wolf 1997: 63–70.

Arrojo, Rosemary (1997c): Die Endfassung der Übersetzung und die Sichtbarkeit des Übersetzens. In: Wolf 1997: 117–132.

Arrojo, Rosemary (Hrsg.) (1992): O signo desconstruído: Implicações para a tradução, a leitura e o ensino. Campinas: Pontes.

Bălăcescu, Ioana (2009): Traduction et creativité. Craiova: Editura Universitară.

Bălăcescu, Ioana/Stefanink, Bernd (2005): Défense et illustration de l'approche herméneutique en traduction. In: Meta 50(2005)2: 634–643.

Bălăcescu, Ioana/Stefanink, Bernd (2006): Kognitivismus und übersetzerische Kreativität. In: Lebende Sprachen 2(2006): 50–61.

Bălăcescu, Ioana/Stefanink, Bernd (2009): Les bases scientifiques de l'approche herméneutique et d'un enseignement de la creativité en traduction. In: Cercel 2009: 211–266.

Bassnett, Susan/Trivedi, Harish (Hrsg.) (1999): Post-colonial translation. Theory and practice. London: Routledge.

Benjamin, Walter (1963): Die Aufgabe des Übersetzers. In: Störig 1963: 156–169. [auch in:
Benjamin 1972 ff., Bd. IV.1: 16 ff.]

Benjamin, Walter (1972–1991): Gesammelte Schriften. Band I–VII. Frankfurt: Suhrkamp.

Campos, Haroldo de (1963/1992): Da tradução como criação e como crítica. In: Tempo
Brasileiro 4–5. Wieder abgedruckt in: Campos 1992: 31–48.

Campos, Haroldo de (⁴1992): Translation as creation and criticism, Metalinguagem e
Outras Metas: Ensaios de Teoria e Crítica Literária. São Paulo: Perspectiva.

Cercel, Larisa (2009a): Übersetzen als hermeneutischer Prozess. Fritz Paepcke und die
Grundlagen der Übersetzungswissenschaft. In: Cercel 2009: 331–357.

Cercel, Larisa (2012): Übersetzungshermeneutik. Ein Spiel von Fragen und Antworten. In:
Cercel/Stanley 2012: 288–302.

Cercel, Larisa (2013): **Übersetzungshermeneutik. Historische und systematische Grundlegung. St. Ingbert: Röhrig.**

Cercel, Larisa (Hrsg.) (2009): Übersetzung und Hermeneutik – Traduction et herméneutique. Bukarest: Zetabooks.

Cercel, Larisa/Stanley, John (Hrsg.) (2012): Unterwegs zu einer hermeneutischen Übersetzungswissenschaft. Radegundis Stolze zu ihrem 60. Geburtstag. Tübingen: Narr.

Coulmas, Florian (1977): Rezeptives Sprachverhalten: eine theoretische Studie über Faktoren des sprachlichen Verstehensprozesses. Hamburg: Buske.

Derrida, Jacques (1997a): Theologie der Übersetzung. In: Hirsch 1997: 15–36.

Derrida, Jacques (1997b): Babylonische Türme. Wege, Umwege, Abwege. In: Hirsch 1997:
119–165.

Derrida, Jacques (1997c): Die Einsprachigkeit des Anderen oder die Prothese des Ur-
sprungs. In: Haverkamp 1997: 15–41.

Eco, Umberto (1972): Einführung in die Semiotik. München: Fink.

Eco, Umberto (1985): Semiotik und Philosophie der Sprache. München: Fink.

Eco, Umberto (1987): Streit der Interpretationen. Konstanz: Universitätsverlag.

Eco, Umberto (1992): Die Grenzen der Interpretation. München: Hanser.

Eco, Umberto (2003a): Dire quasi la stessa cosa. Esperienze di traduzione. Mailand: Bom-
piani.

Eco, Umberto (2003b): Mouse or Rat? Translation as Negotiation. London: Weidenfeld &
Nicolson.

Eco, Umberto (2006): **Quasi dasselbe mit anderen Worten. Über das Übersetzen. München: Hanser.**

Friedrich, Hugo (1965): Zur Frage der Übersetzungskunst. Heidelberg: Winter.

Fuchs, Martin (2002): Soziale Pragmatik des Übersetzens. Strategien der Interkulturalität
in Indien. In: Renn u. a. 2002: 292–322.

Grözinger, E./Lawaty, A. (Hrsg.) (1986): Suche die Meinung. Karl Dedecius zum 65. Geburtstag. Wiesbaden: Harrassowitz.

Güttinger, Fritz (1963/³1977): Zielsprache – Theorie und Technik des Übersetzens. Zürich: Manesse.

Haverkamp, Anselm (Hrsg.) (1997): Die Sprache der Anderen. Übersetzungspolitik zwischen den Kulturen. Frankfurt: Fischer.

Hirsch, Alfred (1995): Der Dialog der Sprachen. Studien zum Sprach- und Übersetzungsdenken Walter Benjamins und Jacques Derridas. München: Fink.

Hirsch, Alfred (1997a): Die geschuldete Übersetzung. Von der ethischen Grundlosigkeit des Übersetzens. In: Hirsch 1997: 396–428.

Hirsch, Alfred (Hrsg.) (1997): Übersetzung und Dekonstruktion. Frankfurt: Suhrkamp.

Humboldt, Wilhelm von (1963): Einleitung zu Aeschylos Agamemnon metrisch übersetzt. In: Störig 1963: 71–96.

Jakobson, Roman (1967): To honor Roman Jakobson. Essays on the occasion of his seventieth birthday. Den Haag: Mouton.

Jauß, Hans-Robert (1987): Einleitung – Drei Abhandlungen zum Streit der Interpretationen. In: Eco 1987: 9–13.

Klöpfer, Rolf (1967): Die Theorie der literarischen Übersetzung. Romanisch-deutscher Sprachbereich. München: Fink.

Ladmiral, Jean-René (1979): Traduire: Théorèmes pour la traduction. Paris: Payot.

Ladmiral, Jean-René (2011): Sourcier ou cibliste. Paris: Less Belles Lettres.

Leal, Alice (2014): Is the glass half empty or half full? Reflections on translation theory and practice in Brazil. Berlin: Frank & Timme.

Lederer, Marianne (1981): La traduction simultanée. Fondements théoriques. Paris: Minard.

Lederer, Marianne (1994/2006): La traduction aujourd'hui. Lo modèle interprétatif. Paris: Hachette.

Levý, Jiři (1967): Translation as a Decision Process. In: Jakobson 1967, Vol. II: 1171–1182.

Levý, Jiři (1969): Die literarische Übersetzung. Theorie einer Kunstgattung. Frankfurt: Athenäum.

Levý, Jiři (1981): Übersetzung als Entscheidungsprozeß. In: Wilss 1981: 219–235.

Miller, George A. (1956): The magical number seven plus or minus two: Some limits on our capacity for processing information. In: Psychological Review 63 (1956) 2: 81–97.

Paepcke, Fritz (1986): Im Übersetzen leben. Übersetzen und Textvergleich. Tübingen: Narr.

Paepcke, Fritz (1986a): Die Illusion der Äquivalenz. Übersetzen zwischen Unschärfe und Komplementarität. In: Grözinger/Lawaty 1986: 116–151.

Paepcke, Fritz (1986b): Textverstehen – Textübersetzen – Übersetzungskritik. In: Snell-Hornby 1986: 106–132.

Paepcke, Fritz/Forget, Philippe (1981): Textverstehen und Übersetzen/Ouvertures sur la traduction. Heidelberg: Groos.

Paz, Octavio (1971/³1991): Traducción: Literatura y literalidad. Barcelona: Tusquets.

Pires Vieira, Else Ribeiro (1992): Por uma teoria pós-moderna da tradução. Belo Horizonte: Universidade Federal de Minas Gerais.

Pires Vieira, Else Ribeiro (1994): A postmodern translational aesthetics in Brazil. In Snell-Hornby/Pöchhacker/Kaindl 1994: 65–72.

Pires Vieira, Else Ribeiro (1997): Eine postmoderne Übersetzungstheorie. In: Wolf 1997: 103–116.

Pires Vieira, Else Ribeiro (1999): Liberating Calibans: readings of Antropofagia and Haroldo de Campos' poetics of transcreation. In: Bassnett/Trivedi 1999: 95–113.

Prunč, Erich (2007): Entwicklungslinien der Translationswissenschaft: Von den Asymmetrien der Sprachen zu den Asymmetrien der Macht. Berlin: Frank & Timme.

Renn, Joachim/Straub, Jürgen/Shimada, Shingo (Hrsg.) (2002): Übersetzung als Medium des Kulturverstehens und sozialer Integration. Frankfurt: Campus.

Schleiermacher, Friedrich (1813/1963): Über die verschiedenen Methoden des Übersetzens. In: Störig 1963: 38–70.

Seleskovitch, Danica (1975): Langage, langues er mémoire. Étude de la prise de notes en intreprétation consécutive. Paris: Minard.

Seleskovitch, Danica (1988): Der Konferenzdolmetscher. Sprache und Kommunikation. Heidelberg: Groos.

Seleskovitch, Danica (2004): The practice and theory of consecutive and simultaneous interpretation. In: Kittel u. a. 2004: 779–789.

Seleskovitch, Danica/Lederer, Marianne (1984): Interpréter pour traduire. Paris: Didier Érudition.

Seleskovitch, Danica/Lederer, Marianne (1989): Pédagogie raisonnée de l'interprétation. Paris: Didier Érudition.

Snell-Hornby, Mary (Hrsg.) (1986): Übersetzungswissenschaft – Eine Neuorientierung. Tübingen: Francke.

Snell-Hornby, Mary/Hönig, Hans G./Kußmaul, Paul/Schmitt, Peter A. (Hrsg.) (1998/²2003): Handbuch Translation. Tübingen: Stauffenburg.

Snell-Hornby, Mary/Jettmarová, Zuzana/Kaindl, Klaus (Hrsg.) (1997): Translation as Intercultural Communication. Selected papers from the EST Congress – Prague 1995. Amsterdam: Benjamins.

Snell-Hornby, Mary/Pöchhacker, Franz/Kaindl, Klaus (Hrsg.) (1994): Translation Studies. An Interdiscipline. Amsterdam: Benjamins.

Stefanink, Bernd (1999): Ethnotraductologie: ethnoscience et traduction. In: Tenchea 1999: 76–100.

Steiner, George (1975): After Babel: Aspects of language and translation. Oxford: Oxford University Press.

Steiner, George (1981/2004): Nach Babel: Aspekte der Sprache und des Übersetzens. Frankfurt: Suhrkamp.

Stolze, Radegundis (1982): Grundlegung der Textübersetzung. Heidelberg: Groos.

Stolze, Radegundis (1986): Zur Bedeutung von Hermeneutik und Textlinguistik beim Übersetzen. In: Snell-Hornby 1986: 133–159.

Stolze, Radegundis (1987): Die textlinguistisch fundierte Interpretation als Übersetzungsgrundlage. In: Lebende Sprachen 32(1987): 105–108.

Stolze, Radegundis (1992): Hermeneutisches Übersetzen. Linguistische Kategorien des Verstehens und Formulierens beim Übersetzen. Tübingen: Narr.

Stolze, Radegundis (¹1994/⁶2011): Übersetzungstheorien. Eine Einführung. Tübingen: Narr.

Stolze, Radegundis (2003): Hermeneutik und Translation. Tübingen: Narr.

Stolze, Radegundis (2011): The translator's approach: introduction to translational hermeneutics – theory and examples from praxis. Berlin: Frank & Timme.

Stolze, Radegundis (2015): Hermeneutische Übersetzungskompetenz. Grundlagen und Didaktik. Berlin: Frank & Timme.

Störig, Hans Joachim (Hrsg.) (1963/²1969/³1973): Das Problem des Übersetzens. Darmstadt: Wissenschaftliche Buchgesellschaft.

Strutz, Johann/Zima, Peter V. (Hrsg.) (1996): Literarische Polyphonie: Übersetzung und Mehrsprachigkeit in der Literatur. Tübingen: Narr.

Tenchea, Naria (Hrsg.) (1999): Études de traductologie. Timişoara: Mirton.

Widlund-Fantini, Anne-Marie (2007): Danica Seleskovitch. Interprète et témoin du XXᵉ siècle. Paris: Éditions de l'age d'Homme.

Wilss, Wolfram (Hrsg.) (1981): Übersetzungswissenschaft. Darmstadt: Wissenschaftliche Buchgesellschaft.

Wolf, Michaela (Hrsg.) (1997): Übersetzungswissenschaft in Brasilien. Beiträge zum Status von Original und Übersetzung. Tübingen: Stauffenburg.

Wolf, Michaela (1998): Postkolonialismus. In: Snell-Hornby u. a. 1998: 102–104.

Zima, Peter V. (1994): Die Dekonstruktion. Einführung und Kritik. Tübingen: Francke.

Zima, Peter V. (1996): Der unfassbare Rest. Die Theorie der Übersetzung zwischen Dekonstruktion und Semiotik. In: Strutz/Zima 1996: 19–34.

Auslegen, Deuten, Interpretieren, Verstehen

In der Umgangssprache und vielfach auch in der Wissenschaft verwenden wir die Verben auslegen, deuten, interpretieren und verstehen in der Regel so gut wie synonym. „Verstehen ist … immer Interpretation" ist ein typisches Beispiel dafür (Coulmas 1977: 52 f.). Schaut man sich die verstehenstheoretische und translationswissenschaftliche Begrifflichkeit genau an, stellt man jedoch fest, dass die vier Begriffe je nach Theoretiker anders definiert sind.

Die herkömmliche Auffassung von Verstehen geht davon aus, dass der Sinn im Text enthalten ist und Verstehen darin besteht, den im Text verborgenen Sinn aufzuspüren. Dem Rezipienten wird eine rezeptive und passive Rolle beim Verstehen zugewiesen. Diese traditionelle Auffassung wird als **Paradigma der Sinnentnahme** bezeichnet. Philosophische sowie sprach- und kognitionspsychologische Forschungen haben zum neuen **Paradigma der Sinnkonstruktion** geführt. Verstehen wird nun als eine rezipientenseitige Aktivität betrachtet, bei der der Rezipient aktiv den Textsinn über mentale Prozesse konstruiert. Bei der Lektüre (translations)wissenschaftlicher Texte muss also darauf geachtet werden, ob dem Rezipienten beim Verstehen eine aktive oder passive Rolle zugesprochen wird.

Siever unterscheidet zwischen Verstehen und Interpretation und grenzt seinen **interpretationstheoretischen Verstehensbegriff** strikt vom **verstehenstheoretischen Verstehensbegriff** ab. Während mit »Verstehen« ein sozialer bzw. kommunikativer Prozess gemeint ist, wird mit »Interpretation« der mehrstufige Vorgang der Bedeutungszuschreibung bezeichnet, der bei der Wahrnehmung von Zeichen als bedeutungsvoll beginnt, über Mustererkennung und Schematisierung (»Lesen«) zum Zwecke des aneignenden Deutens voranschreitet und schließlich beim Begründen, Rechtfertigen und Theoretisieren endet. Im Ergebnis bedeutet dies, dass Übersetzen ohne Interpretation nicht möglich ist.

Eine Gegenpostion vertritt **Stolze**. Sie unterscheidet Auslegen und Interpretieren. Während das **Auslegen** eine Erschließungsfunktion hat, text- und autorzentriert ist, und somit für das Verstehen als unerlässlich gilt, kommen beim **Interpretieren** die ideologischen Anliegen und Interessen des Übersetzers ins Spiel. Die Auslegung dient der Offenlegung des Sinns, während die Interpretation als „ideologische Deutung" diffamiert wird (Stolze 2003: 176). Übersetzen beruht hier auf einer verstehenden Auslegung und soll auf keinen Fall das Resultat einer manipulierenden Interpretation sein.

Während für Stolze also Verstehen ohne Interpretation möglich (und wünschenswert) ist, bildet Interpretation für Siever die Grundlage jeglichen Verstehens.

Das systemisch-kultursemiotische Paradigma

6.1 | Gemeinsamkeiten der systemisch-kultursemiotischen Ansätze

Die Ansätze des systemisch-kultursemiotischen Paradigmas, die seit Beginn der 1970er Jahre entstanden sind, ordnen die Übersetzungsforschung der Vergleichenden Literaturwissenschaft zu. Sie sind sehr stark produktbezogen und vor allem an literaturwissenschaftlich orientierten Beschreibungen und Vergleichen von literarischen Übersetzungen interessiert. **Beschreibung** (Deskription) ist der zentrale Begriff des Paradigmas, der auf den bewussten Verzicht jeglicher Präskription und Wertung, aber auch jeglicher prospektiver Entwürfe abhebt.

Deskriptiv bedeutet in diesem Zusammenhang, dass literarische Übersetzungen als Teil der jeweiligen Literatur- und Kulturgeschichte beschrieben werden. Die Übersetzungen werden somit „nicht als Abbilder oder Stellvertreter der Originale betrachtet", sondern als „eigenständige sprachliche Kunstwerke" (Albrecht 1998: 193).

Zu den Vorläufern und Vordenkern des systemisch-kultursemiotischen Paradigmas gehören vor allem die russischen Formalisten und der Prager Strukturalismus, aber auch Jiří Levý hat wichtige Anregungen gegeben. Zu den wichtigsten Ansätzen des systemisch-kultursemiotischen Paradigmas gehören die *Descriptive Translation Studies,* die so genannte Göttinger Schule und der kultursemiotische Ansatz von Jurij Lotman.

Ihr Hauptinteresse gilt „den literarischen Systemen und der **Funktion der Übersetzung in den Nationalliteraturen**" (Prunč 2001: 303). Daher sind sie „von vornherein finalistisch und zielkulturell konzipiert" (Prunč 2001: 304). Sie verorten die einzelnen (literarischen) Übersetzungen in einem kultursemiotisch gedeuteten kulturellen System. Es geht ihnen um Fragen der kulturellen Einbettung von Übersetzungen in bestimmte Nationalkulturen, Fragen der Ermöglichungsbedingungen von Übersetzungen und Fragen des interkulturellen Transfers. Durch dieses Vorgehen können zum Beispiel epochenspezifische Gemeinsamkeiten von literarischen Übersetzungen als Ergebnis bestimmter zeitbedingter Übersetzungsnormen beschrieben werden.

Die systemisch-kultursemiotischen Ansätze orientieren sich zunächst an sprachlich-literarischen Kategorien und Schlüsselbegriffen, bevor sie in den 1990er Jahren beginnen, sich von der Literaturwissenschaft als Leitdisziplin zu emanzipieren. Dies ging einher mit der Rezeption der ethnologischen Selbstreflexion im Rahmen der Diskussion um die **Repräsentation fremder Kulturen,** die schließlich die „**kulturwissenschaftliche Wende** in der Übersetzungswissenschaft" herbeigeführt hat (Bachmann-Medick 1997: 1). Übersetzen erscheint unter diesem Blickwinkel als Form der interkulturellen Kommunikation (Apel/Kopetzki 2003: 26).

Bassnett und Lefevere (1990: 12) gehen aufgrund der kulturellen Wende sogar soweit, den Bruch mit dem literaturwissenschaftlichen Paradigma zu

cultural turn

fordern, und zwar in der Weise, dass sie die überkommenen Abhängigkeiten umkehren und die komparative Literaturwissenschaft zu einer „sub-category of Translation Studies" umdefinieren.

Neben einer stärkeren kulturtheoretischen Ausrichtung ist nicht zuletzt durch die Behandlung postkolonialer und feministischer Fragestellungen auch die Hinwendung zu Machtfragen zu beachten, was zur Ausbildung eines neuen Paradigmas geführt hat (siehe Einheit 7).

Ein wesentliches Element der kultursemiotischen Ansätze ist der Verzicht auf den linguistischen Äquivalenzbegriff bzw. dessen Umdefinierung und die Thematisierung der „**Repräsentation von Fremdheit und Andersheit**" in der Literatur und in literarischen Übersetzungen (Apel/Kopetzki 2003: 18 f.).

Kritisch anzumerken ist, dass durch die Ausrichtung auf das literarische Übersetzen der gesamte Bereich des Fachübersetzens aus den systemisch-kultursemiotischen Ansätzen ausgeblendet wird. Diese Ansätze tragen also kaum dazu bei, die Einheit der Übersetzungswissenschaft sicherzustellen, sondern perpetuieren die Zweiteilung in Fach- und Literaturübersetzen.

Damit verbunden ist eine Vernachlässigung der didaktischen Fragen. Durch die methodische Einschränkung auf Beschreibungen und Vergleiche ist eine Behandlung der Zieltexte nur als Übersetzungs*produkte* möglich. Der Übersetzungs*prozess* mit seinen textrezeptiven und textproduktiven Phasen gerät bei diesen Ansätzen aus dem Blick.

Die *Descriptive Translation Studies* | **6.2**

Seit den 1970er Jahren haben sich die *Descriptive Translation Studies* (DTS; dt. deskriptive Übersetzungsforschung oder deskriptive Translationswissenschaft) vor allem in Belgien, den Niederlanden, Großbritannien und Israel herausgebildet. Unter der Bezeichnung *Descriptive Translation Studies* können alle Schulen und Richtungen zusammengefasst werden, „die sich im Gegensatz zur normativen äquivalenzorientierten Translationswissenschaft die Beschreibung des (historischen) Phänomens der Translation zum Ziel gesetzt haben" (Prunč 1998: 226). Die deskriptive Übersetzungsforschung gehört „zu den führenden Schulen in der heutigen Übersetzungswissenschaft" (Snell-Hornby 1988: 22 ff.).

Die *Descriptive Translation Studies*, die vornehmlich von Literaturwissenschaftlern betrieben wird, kann als Gegenbewegung zur linguistischen Übersetzungstheorie verstanden werden. Zum einen wendet sie sich von der Leitdisziplin Linguistik ab und verortet sich innerhalb der komparativen Literaturwissenschaft, womit der Status der Translationswissenschaft als eigenständige Disziplin in Frage gestellt ist. Zum anderen lehnt sie den linguistischen Äquivalenzbegriff entschieden ab.

Die wichtigsten Vertreter sind James S. Holmes (1988), Theo Hermans (1985; 1999), Itamar Even-Zohar (1978; 1990), Gideon Toury (1980; 1995),

José Lambert, André Lefevere (1992), Hendrik van Gorp, Raymond van den Broeck, Susan Bassnett (1980; 1989), Mona Baker (1992; 2006) und Maria Tymoczko (1990). Die ersten Ergebnisse dieser Forschungsrichtung wurden 1985 in dem Sammelband *Manipulation of Literature: Studies in Literary Translation* veröffentlicht. Daher bezeichnet man diese Richtung auch als **Manipulation School**. Die Gemeinsamkeiten der Vertreter der *Descriptive Translation Studies* beschreibt Hermans wie folgt:

> What they have in common is, briefly, a view of literature as a complex and dynamic system; a conviction that there should be a continual interplay between theoretical models and practical case studies; an approach to literary translation which is descriptive, target-oriented, functional and systemic; and an interest in the norms and constraints that govern the production and reception of translations, in the relation between translation and other types of text processing, and in the place and role of translations both within a given literature and in the interaction between literatures. (Hermans 1985a: 10 f.)

Der Ansatz der *Descriptive Translation Studies* ist deskriptiv, zieltextorientiert, funktional, systemisch und aufgrund der empirischen und historischen Ausrichtung besonders produktiv auf dem Gebiet der literarischen Übersetzung (Hermans 1998: 96). In der „Betonung des funktionalen Aspekts und der Unidirektionalität der Übersetzung sowie der Adressatenorientiertheit" sind sogar gewisse Parallelen zur Skopostheorie erkennbar (Hermans 1998: 96).

Auf dem legendären, 1976 in Leuven abgehaltenen Symposium *Literature and Translation* wurden unter Holmes' Ägide, die wesentlichen Aufgaben, Prinzipien und Methoden der deskriptiven Übersetzungsstudien formuliert und in einen neuen Zusammenhang gestellt:

► die Ablösung von der Ausgangstextorientierung durch eine eindringliche Kritik der Äquivalenzbegriffe (van den Broeck),
► die Hinwendung zur Beschreibung der vorgefundenen Übersetzungen (Holmes),
► die Vielfalt der involvierten Normen (Toury),
► das Konzept des literarischen Polysystems und der Stellung der übersetzten Literatur in ihm (Even-Zohar),
► tentative Kategorien des Zusammenwirkens von Übersetzung und literarischem Austausch in einem systemhaften Untersuchungsrahmen (Lambert). (Frank 1988: 199; vgl. Albrecht 1998: 194 f.)

Im Rahmen der *Descriptive Translation Studies* werden die vorliegenden Übersetzungen, „so wie sie sind" (Stolze 2001: 150), also rein deskriptiv analysiert. Es sei naiv, Übersetzungen „auf Übereinstimmungen mit und Abweichungen vom Original zu vergleichen", weil vor allem „das literarische Umfeld und die Entstehungs- und Verstehensbedingungen" des Zieltextes zu berücksichtigen sind (Albrecht 1998: 196). Insbesondere sind auch andere Formen der Neuvertextung wie Bearbeitungen, Nachdichtungen, Parodien usw. von der Übersetzungsforschung zu untersuchen (Albrecht 1998: 196).

Um die Beschränktheit des linguistischen Paradigmas zu vermeiden, liegt den *Descriptive Translation Studies* eine sehr umfassende **Definition von Übersetzung** zugrunde. Jeder zielsprachliche Text, von dem behauptet wird, er sei eine Übersetzung, gilt als Übersetzung.

Übersetzung ist, was zur Übersetzung erklärt wird.

Definition von Toury

Oder in den Worten von Toury (1985: 20): „a translation will be taken to be any target-language utterance which is presented or regarded as such within the target culture, on whatever grounds". Da gemäß dieser Definition die Beziehung zum Ausgangstext für die Kennzeichnung eines Textes als Übersetzung nicht von entscheidender Bedeutung ist, gelten auch Pseudo-Übersetzungen (zu denen es keinen Ausgangstext gibt) als Gegenstand der Übersetzungswissenschaft.

Damit ist der linguistische Äquivalenzbegriff grundlegend in Frage gestellt. Eine Unterscheidung zwischen Übersetzung und Nicht-Übersetzung ist anhand dieser Definition nur noch dezisionistisch, also willkürlich möglich. Der Vorteil des deskriptiven Ansatzes ist, dass Übersetzungen nicht an einem a priori festgesetzten Idealzustand gemessen werden, sondern dass sie „in ihren tatsächlichen Erscheinungsformen, mit all ihren Fehlern und Schwächen, als historische und kulturelle Phänomene" betrachtet und untersucht werden (Hermans 1998: 97).

Itamar Even-Zohar
(*1939)

Polysystem-Theorie

Die *Descriptive Translation Studies* sind nicht an Fragen der Übersetzungskritik oder der Übersetzerausbildung interessiert. Es geht ihnen auch nicht um eine „Verbesserung der übersetzerischen Praxis", sondern darum, wie „Übersetzung in Gesellschaft und Geschichte funktioniert" (Hermans 1998: 97). Um das Funktionieren von Übersetzungen in einer Zielkultur erklären zu können, greifen die *Descriptive Translation Studies* auf die Polysystem-Theorie zurück.

Die **Polysystem-Theorie**, die vor allem von **Itamar Even-Zohar** (1978; 1990) entwickelt wurde, beruht auf dem russischen Formalismus und dem Prager Strukturalismus und besagt, „dass die jeweilige Literatur und Kultur vielschichtige miteinander interagierende und widerstreitende Gebilde darstellen, in denen verschiedene Gruppen um die Vorherrschaft wetteifern" (Hermans 1998: 97). Die verschiedenen Kräfte werden in Oppositionspaaren (z. B. Zentrum vs. Peripherie; innovativ vs. konservativ; kanonisch vs. nicht-kanonisch) dargestellt. Die Übersetzung wird durch ihre Einbindung in das Polysystem der Zielkultur verändert bzw. manipuliert (Hermans 1998: 97).

Die manipulationsinduzierte Gestaltung der Übersetzung findet „durch den Ausgangstext … keine ausreichenden Erklärungen" (Hermans 1998: 97). Der sprachliche Faktor, der im linguistischen Paradigma eine prominente Stelle einnimmt, spielt daher für den deskriptiven Ansatz eine untergeordnete Rolle. Worauf es ankommt, ist „die Akzeptabilität und die Kontrolle im poetologischen und ideologischen Sinn" (Hermans 1998: 97).

Der *methodologische* Schwachpunkt der *Descriptive Translation Studies* besteht im „Fehlen eines operablen Moduls zur komparativen Mikroanalyse von ZT und AT" (Hermans 1998: 99). Ihr *theoretischer* Schwachpunkt liegt darin, dass bis heute „noch nicht eindeutig klar" ist, „welches Ziel mit diesen Arbeiten verfolgt werden soll" (Hermans 1998: 99).

Descriptive Translation Studies	Zu den Leistungen der *Descriptive Translation Studies* gehört, dass sie die **„Kontextabhängigkeit der Übersetzung"** (Hermans 1998, 98), also ihr Eingebettetsein in einen kulturell-historischen, gesellschaftlich-politischen und literatursystemischen Kontext erkannt haben.

Darüber hinaus haben sie zum ersten Mal ein „Bewußtsein um die Vielfalt und Relativität der verschiedenen Übersetzungsbegriffe" geschaffen (Hermans 1998: 99). Durch die „historischen und transkulturellen Arbeiten" der *Descriptive Translation Studies* wird deutlich, „wie unbeständig die Auffassung von Übersetzung letztlich ist" (Hermans 1998: 99).

Einer der führenden Vertreter und Wegbereiter der *Descriptive Translation Studies* ist der amerikanische Wahl-Amsterdamer **James S. Holmes**, der 1972 eine vielbeachtete Einteilung der von ihm so genannten *Translation Studies* vorgelegt hat. Diese Bezeichnung sollte sich in den Folgejahren im angelsächsischen Raum allgemein durchsetzen. Demnach unterscheidet er zwischen reiner und angewandter Übersetzungsforschung. Die reine Übersetzungsforschung unterteilt er in eine (allgemeine und partielle) theoretische und eine deskriptive Übersetzungsforschung, die produkt-, prozess- oder funktionsorientiert sein kann. Die angewandte Übersetzungsforschung gliedert sich in Übersetzertraining, Übersetzungshilfen und Übersetzungskritik (Holmes 1988: 67–88).

James S. Holmes (1924–1986)

Gideon Toury (* 1942)

kultursemiotischer Ansatz

Der israelische Literatur- und Übersetzungstheoretiker **Gideon Toury** (1980; 1995) nimmt einen „besonderen Platz unter den Vertretern der *Descriptive Translation Studies*" (Salevsky 2002: 445) ein. Toury (1995: 25) bezeichnet seinen **kultursemiotischen Ansatz** als „target-oriented" und sieht darin eine Parallele zum ebenfalls zieltext- bzw. zielkulturorientierten Ansatz von Vermeer. Den wesentlichen Unterschied sieht Toury darin, dass sich die Skopostheorie mehr um „problems of an *applied* nature" kümmere, während sein Ansatz auf die „formulation of some *theoretical* laws" aus sei (Toury 1995: 25; Hervorh. im Orig.). Toury strebt letztlich als Ziel seiner Forschungen „die **Formulierung von Universalgesetzen** an, mit denen übersetzerisches Verhalten erfaßt werden kann" (Hermans 1998: 99; vgl. Toury 1995: 259 ff.).

Die Etikettierung als Übersetzung genügt nicht, damit ein Text als Übersetzung anerkannt werden kann. Zusätzlich muss ein Text noch drei empirisch überprüfbare Bedingungen erfüllen: Das Ausgangstextpostulat, das Transferpostulat und das Beziehungspostulat.

Das **Ausgangstextpostulat** besagt, dass es in einer anderen Sprache oder Kultur einen Text geben muss, „der in einem zeitlichen oder logischen Zusammenhang mit dem Zieltext steht" (Prunč 2001: 238). Es kann sich dabei um einen real existierenden, einen lediglich angenommenen oder sogar nur vorgetäuschten Text handeln (Pseudo-Übersetzungen). Das **Transferpostulat** besagt, dass ein Transfer in die Zielsprache bzw. Zielkultur stattgefunden hat, so dass zwischen Ziel- und Ausgangstext gewisse Gemeinsamkeiten oder Ähnlichkeiten festgestellt werden können. Das **Beziehungspostulat** schließlich besagt, dass zwischen Ausgangs- und Zieltext „Beziehungen nachweisbar sein" müssen, „die in der Zielkultur als notwendig und/oder ausreichend betrachtet werden, um einen Text als Übersetzung zu bezeichnen" (Prunč 2001: 239). {.margin-note: Ausgangstextpostulat / Transferpostulat / Beziehungspostulat}

Übersetzen ist Toury zufolge durch eine sehr große Variabilität gekennzeichnet, die sich in drei grundlegenden dynamischen Merkmalen zeigt: „*difference* across cultures, *variation* within a culture and *change* over time" (Toury 1995: 31; Hervorh. im Orig.).

> Die Betonung von **Differenz, Variation und Veränderung** ist ein Charakteristikum des fortschrittlichen übersetzungstheoretischen Denkens seit den 1990er Jahren, das so verschiedene Strömungen wie Dekonstruktivismus, Funktionalismus, Interpretationismus und *Descriptive Translation Studies* gemeinsam haben. {.margin-note: Differenz, Variation und Veränderung}

Toury (1995: 86) übernimmt Levýs Auffassung vom Übersetzen als Entscheidungsprozess und behauptet, dass „die Entscheidungen des Übersetzers nicht auf Zufälligkeit basieren, sondern von erlernten und in einer Kultur als gültig anerkannten Normen gesteuert werden" (Hermans 1998: 98). Übersetzen ist eine normengeleitete Tätigkeit, an der mindestens zwei Sprachen und zwei kulturelle Traditionen beteiligt sind (Toury 1995: 56). Das **Normenkonzept** bettet Toury in einen kultursemiotischen Ansatz ein. Demnach weist jede übersetzerische Tätigkeit Regularitäten auf, die durch die Befolgung ausgangs- oder zielkultureller Normen beschreibbar sind. Selbst das Auftreten obligatorischer Abweichungen vom Ausgangstext („obligatory shifts") ist normengeleitet (Toury 1995: 57). {.margin-note: Normenkonzept}

Übersetzungsnormen bilden bei Toury den zentralen Untersuchungsgegenstand: „it's norms that determine the (type and extent of) equivalence manifested by actual translations" (Toury 1995: 61). Normen zeichnen sich durch ihre soziokulturelle Spezifität und eine grundsätzliche Instabilität aus. Außerdem können sie nicht direkt beobachtet werden. Toury (1995: 58 f.) nennt vier Arten von Normen: Preliminary norms (translation policy, directness of translation), operational norms, matricial norms und textual-linguistic norms.

Normen   Die **preliminären Normen** gehen der eigentlichen Übersetzertätigkeit voraus: Welche Texte und Texttypen werden als übersetzungsrelevant ausgewählt (*translation policy*)? Sind auch indirekte Übersetzungen aus einer Drittsprache erlaubt (*directness of translation*)? Die **operationellen Normen** steuern die Übersetzungsentscheidungen während der übersetzerischen Tätigkeit. Die **Matrixnormen** regeln das Vorhandensein zielkulturellen Materials als Ersatz für das ausgangskulturelle Material, den Grad der Vollständigkeit der Übersetzung, die Distribution des Materials im Text und die Textsegmentierung. Schließlich steuern die **textlinguistischen Normen** die Materialauswahl für den Zieltext (Toury 1995: 58 f.).

Toury hält den Äquivalenzbegriff, so wie er im linguistischen Paradigma definiert wurde, für überholt und gibt ihm eine spezifisch andere Bedeutung. Sein **funktional-relationaler Äquivalenzbegriff** orientiert sich an den jeweils gültigen Translationsnormen.

> Thus, equivalence as it is used here is not one target-source relationship at all, establishable on the basis of a particular type of invariant. Rather it is a functional-relational concept; namely, that set of relationships which will have been found to distinguish appropriate from inappropriate modes of translation performance for the culture in question. (Toury 1995: 86)

Äquivalenz definiert sich für Toury (1995: 61) also nicht mehr über bestimmte Invarianzforderungen, vielmehr wird sie über die zielkulturbedingte Bewertung ihrer funktionellen Angemessenheit begründet.

> **Somit ist Äquivalenz nur im Nachhinein aufgrund von Interpretationsprozessen postulierbar.** Dabei unterscheidet Toury (1995: 86) zwischen potentieller und tatsächlicher Äquivalenz.

Akzeptabilität   Zusätzlich unterscheidet Toury zwischen der zielkulturell bestimmte
Adäquatheit   **Akzeptabilität** und der an den Normen der Ausgangskultur orientierten **Adäquatheit** einer Übersetzung (Toury 1995: 56 f.), wobei Tourys Begriff der *ausgangskultur*orientierten Adäquatheit nicht mit Vermeers Begriff der *zielkultur*orientierten Adäquatheit verwechselt werden darf. Akzeptabilität und Adäquatheit bleiben für Toury in jedem Fall an die jeweils geltenden translatorischen Normen rückgebunden.

Obwohl Toury ein ausgereiftes und mehrschichtiges Normenkonzept vorlegt, interessiert er sich nur für die retrospektive Seite der Normenanwendung; also dafür, welche Normen zu einer bestimmten Epoche in der Textgestalt der Übersetzung nachzuweisen sind. Sein Interesse gilt jedoch nicht der prospektiven Seite der Normenanwendung durch den Übersetzer: An welche Normen haben sich heutige Übersetzer (fallspezifisch) zu halten? Wie können sie mit der Verbindlichkeit von Normen umgehen oder die Normen aktiv bei ihren übersetzerischen Entscheidungen als Richtschnur einsetzen?

Von dem belgischen Übersetzungstheoretiker **André Lefevere** stammt zum einen der Begriff der Refraktion und zum anderen der daraus entwickelte, wirkmächtigere Begriff des *Rewriting*. Während Refraktion nur das Adaptieren, Aufbrechen und Reflektieren von Texten für ein bestimmtes – kulturell und weltanschaulich geprägtes – Zielpublikum im Hinblick auf bestimmte ästhetische Vorstellungen oder Normen meint, bezeichnet *Rewriting* jede Form der **Textmanipulation**. Für Lefevere ist Translation eine Sonderfall von *Rewriting*.

André Lefevere
(1945–1996)

Textmanipulation

> Translation is, of course, a rewriting of an original text. All rewritings, whatever their intention, reflect a certain ideology and a poetics and as such manipulate literature to function in a given society in a given way. Rewriting is manipulation, undertaken in the service of power … (Bassnett/Lefevere 1992: VII)

Zu den Formen des *Rewriting* zählen alle Transformationen fremdsprachiger Texte. Neben Übersetzungen im engeren Sinne sind hier auch Verfilmungen (intersemiotische Übersetzungen) und das Umschreiben literarischer Vorlagen zu Kinderbüchern oder Comics zu nennen. Aber das Abfassen von Metatexten wie Rezensionen, Kritiken, Berichten, Lexikonartikel, Kurzfassungen und Inhaltsangaben gehört hierher. Als Verfahren zur Aneignung des Fremden wirken sie an der Konstruktion der eigenen Literatur und Kultur mit.

Die Britin **Susan Bassnett** hat den Begriff der **kooperativen Translation** geprägt, den sie am Beispiel von Theaterübersetzungen erläutert. Der Übersetzer liefert nicht einen definitiven Zieltext ab, sondern eher ein **ausgangstextorientiertes Basisszenario**, das im Hinblick auf die in der Zielkultur geltenden Aufführungsstile, Theaterkonventionen und Publikumserwartungen in Zusammenarbeit mit dem Regisseur und dem Theaterensemble adaptiert und weiterentwickelt wird (Bassnett 1985: 91).

kooperative Translation

In der Geschichte des Übersetzens, so Bassnett und Lefevere (1998), können drei Modelle für die Beziehung zwischen Ausgangstext und Zieltext nachgewiesen werden, die sie als Hieronymus-, Horaz- und Schleiermacher-Modell bezeichnen. Das **Hieronymus-Modell** orientiert sich am Vorhandensein eines heiligen Originaltexts, für dessen Übersetzung maximale Treue maßgeblich ist. In diesem Modell, dass sich auf die sprachliche Ebene beschränkt, ist die Forderung nach Äquivalenz am stärksten ausgeprägt. Es steht für das „simplifizierende Leitbild von Translation" (Prunč 2007: 284), das zu einem negativen Image der Übersetzer geführt hat. Das **Horaz-Modell**

Susan Bassnett
(*1945)

175

fodert den *fidus interpres*, womit nicht der treue, sondern der – im Sinne Nords – loyale Übersetzer gemeint ist, der „seine Aufgabe zur Zufriedenheit der beteiligten Parteien erfülle" (Prunč 2007: 285). In diesem Modell ist der Übersetzer aufgefordert, für die jeweiligen Textsorten geeignete Übersetzungsstrategien zu finden und eine für alle Beteiligten akzeptable Form des Zieltexts auszuhandeln.[1] Das **Schleiermacher-Modell** schließlich bevorzugt das verfremdende Übersetzen, um anhand der Übersetzung bestimmter ausgewählter Ausgangstexte die Zielkultur nach Vorgaben der Ausgangskultur auszurichten. Auf diese Weise können Texte, Begriffe und andere Kultureme aus einer Kultur in eine andere »einwandern«. Übersetzen dient somit einem gesamtgesellschaftlichen Prozess der Akkulturation, der sowohl *„zwischen den Kulturen"* als auch *„innerhalb der Kulturen"* stattfindet (Prunč 2007: 285; Hervorh. im Orig.).

6.3 | Die Göttinger Schule

Als Göttinger Schule wird diejenige Gruppe von Wissenschaftlern bezeichnet, die im Sonderforschungsbereich (SFB) *Literarisches Übersetzen* an der Universität Göttingen von 1985 bis 1996 unter der Leitung von **Armin Paul Frank** gearbeitet und in diesem Rahmen ihre übersetzungstheoretischen Überlegungen entwickelt haben (Albrecht 1998: 196). Zu den Mitarbeitern von Frank gehörten u.a. Horst Turk, Harald Kittel, Andreas Poltermann, Brigitte Schultze und Doris Bachmann-Medick. Der Göttinger Sonderforschungsbereich kann mit seinen mehreren Dutzend Forschern als das bisher größte übersetzungsbezogene Forschungsprojekt bezeichnet werden (Hermans 1999: 152).

Armin Paul Frank

Der Sonderforschungsbereich wollte „die Kulturgeschichte der literarischen Übersetzung ins Deutsche erarbeiten" (Poltermann 1992: 5). Dazu untersuchte er Übersetzungen in die deutsche Sprache hinsichtlich der „literarischen, linguistischen und kulturspezifischen Differenzen zwischen Original und Übersetzung" (Salevsky 2002: 445). Außerdem sollten die Rezeptionswege „einzelner literarischer Strömungen und Werke, wie sie sich in den Übersetzungen widerspiegeln", nachgezeichnet werden (Prunč 2001: 298). Dazu war es sinnvoll, auch die sogenannten Übersetzungen aus zweiter Hand, also Übersetzungen von Übersetzungen, in das Forschungsprojekt aufzunehmen. Darüber hinaus wurde der „Wandel von Übersetzungsnormen und die Einflüsse des Literaturbetriebs auf die Auswahl übersetzter Werke und die Übersetzungspraxis" untersucht (Apel/Kopetzki 2003: 52). Die Göttinger Schule befasst sich somit vornehmlich mit der „Geschichte der Übersetzungskonzeptionen" und der „Geschichte der »Übersetzungspraxis«" (Frank 1988: 195).

---

1   Man beachte die Ähnlichkeit zu Umberto Ecos Vorstellung vom Übersetzen als Verhandeln (siehe Kapitel 5.4).

Im Unterschied zur eindeutigen Zieltext-Orientierung der *Descriptive Translation Studies* verfolgt die Göttinger Schule einen **transferorientierten Ansatz**, bei dem die Übersetzung „als *Über*setzung, also gewissermaßen als grenzüberschreitender Verkehr zwischen zwei Sprachen, Literaturen und Kulturen" (Frank 1987: XIII; Hervorh. im Orig.) zu untersuchen ist.

Bei der Untersuchung literarischer Übersetzungen greift die Göttinger Schule auf die kultursemiotischen Anregungen der *Descriptive Translation Studies* zurück und übernimmt auch deren zentralen Begriff der Norm. Aufgrund der eigenen **Transferorientierung** teilen sie aber weder die Auffassung der Literatur als System im Sinne der Polysystemtheorie noch übernehmen sie Lefeveres Konzept des *Rewriting*. Dies liegt teils an grundlegenden theoretischen Erwägungen teils daran, dass „noch keine Nationalliteratur als System voll ausgearbeitet worden ist" (Frank 1987: XIII). Statt dessen setzen sie sich intensiv mit Luhmanns soziologischem Systembegriff auseinander (Poltermann 1992; Turk 1992).

Der Fokus der Göttinger Schule liegt auf empirischen Untersuchungen und Fallstudien, deren Ergebnisse in nunmehr 17 Sammelbänden veröffentlicht wurden. Eine ausgereifte Theorebildung wie bei den Vertretern der *Descriptive Translation Studies* liegt kaum vor, da sich die Göttinger Forscher „in theoretischer Hinsicht stärker zurückgehalten" haben (Albrecht 1998: 196). Die theoretische Selbstvergewisserung erfolgt zumeist in den Einleitungen zu den Sammelbänden.

Das vorrangige Interesse zielt auf existierende Übersetzungen und deren retrospektive Beschreibung; es richtet sich hingegen nicht auf die Produktion von noch zu erzeugenden Übersetzungen und der prospektiven Beschreibung der übersetzerischen Tätigkeit.

Die Arbeiten der Göttinger Schule lassen sich in **vier Phasen** einteilen. In der ersten Phase (Schultze 1987; Kittel 1988; Frank 1989) wurden die literarischen Beziehungen zwischen jeweils zwei Sprachen bzw. Literaturen untersucht. In der zweiten Phase (Frank/Kittel 1991; Kittel 1992; Kittel 1998) wurde der „integrative Aspekt" stärker betont, um die Konturen einer Übersetzungskultur im deutschsprachigen Raum aufzuzeigen (Kittel 1998: 9). In der dritten Phase (Lönker 1992; Frank u.a. 1993; Bachmann-Medick 1997; Huntemann/Rühling 1997) stand *die literarische Übersetzung als Medium der Fremderfahrung* – so der Titel des Sammelbandes von Lönker – im Mittelpunkt. Die vierte Phase (Schulte 1997; Kittel 1998) galt der Zusammenfassung der Ergebnisse unter Berücksichtigung weiterer hermeneutischer, historischer und systematischer Aspekte (Prunč 2001: 299).

Für die erste und zweite Phase scheint eine Ausrichtung anhand der Schlüsselbegriffe ‚Geschichte', ‚System' und ‚Norm' prägend gewesen zu sein, während die dritte Phase eher durch die Schlüsselbegriffe ‚Kultur', ‚Kulturtransfer', ‚Fremderfahrung' und ‚Interkulturalität' charakterisiert werden kann.

transferorientierter Ansatz

vier Phasen

System und Norm stehen für die Göttinger Schule in einem Spannungs-verhältnis. Sowohl Sprach- als auch Literatursystem werden als Ermögli-chungsbedingungen oder als Rahmen gedacht, die immer mehr Realisatio-nen ermöglichen, als der Norm nach erlaubt sind (Turk 1992: XI). Dabei ist zu beachten, dass im Rahmen der Göttinger Schule mit System stets „**Literatur als Sozialsystem**" im Sinne Luhmanns gemeint ist und nicht „Literatur als Textsystem" im Sinne der Polysystem-Theorie (Turk 1992: X).

Der Begriff der Norm ist äußerst vielschichtig. In einem literatur- oder übersetzungstheoretischen Rahmen ist mit dem Ausdruck Norm weder eine „absolute, explizite, gesetzte und durch Aufsichtsmaßnahmen durchgesetzte Norm" noch eine „statistische Norm" gemeint, sondern eine „relative, impli-zite, »sich selbst regulierende« Norm" (Frank/Schultze 1988: 100). Diese **relativen Normen** sind „durch das Wechselspiel von Befolgung und Abwei-chung" charakterisiert (Frank/Schultze 1988: 100).

Die Möglichkeit der Abweichung macht den relativen Normbegriff für die Göttinger Schule so interessant, denn nur durch Abweichungen lassen sich Veränderungen von sprachlichen und literarischen Vorlieben oder ästhetischen Konstruktionsprinzipien erklären. Anhand von normabwei-chenden Übersetzungen können somit geschichtliche Epochenabfolgen kon-statiert werden. Eine literarische Epoche geht ihrem Ende entgegen, sobald eine bestehende Norm nicht mehr durchgängig eingehalten wird und eine Zunahme gleichgerichteter Normabweichungen zu verzeichnen ist.

Normen

> Normen sind weder im Zeitverlauf unveränderlich noch gelten sie universell für alle Kul-turen. Normen sind also epochen- und kulturspezifische Konstrukte, die ausformuliert, zu erschließen oder einfacher Beobachtung zugänglich sind (Frank/Schultze 1988: 103). **Ausformulierte Normen** sind zum Beispiel die Prinzipien, denen ein Übersetzer nach eigener Aussage gefolgt ist. Zu den **zu erschließenden Normen** zählt die Normenstruk-tur eines Werks und zu den **beobachtbaren Normen** gehören die Textmerkmale von Ausgangstext und Zieltext.

Die Göttinger Schule fasst **Übersetzungen als „Folge von Entscheidungs-konflikten"** auf (Frank/Schultze 1988: 97). Dies liegt zum einen daran, dass der Übersetzer sich stets „sowohl zwischen gangbaren Alternativen als auch zwischen unvereinbaren Anforderungen" entscheiden muss (Frank/Schultze 1988: 98); und zum anderen daran, dass „literarische Übersetzungen in einem Kräftefeld einander widerstreitender Normen stehen" (Frank/Schultze 1988: 96). Interessant an dieser Formulierung ist, dass hier nicht *der Übersetzer* im Kräftefeld steht, sondern *die Übersetzung*.

äußere Überset-zungsgeschichte

Armin Paul Frank (1988: 197) beklagt, dass in der Vergangenheit vor allem **äußere Übersetzungsgeschichte** geschrieben wurde, und den defi-zitären Stand der Erforschung der Geschichte von Übersetzungen. Zudem wiesen die meisten Arbeiten eine philologische und keine translatorische Grundorientierung auf. Dies zeigt sich deutlich in „der Übergeneralisierung kleiner isolierter Übersetzungspröbchen, der allzu gläubigen Abhängigkeit von Selbstaussagen der Übersetzer, der Ansetzung des ursprachlichen Werks als einziger Bewertungsgrundlage und jeweils einer übersetzerischen Produktionstheorie als Kategorienspender für die Beurteilung" (Frank 1988: 200). Statt dessen empfiehlt er eine **innere Übersetzungsgeschichte**, die „konsequent das textorientierte Erschließen zusammenhängender übersetzerischer Textcorpora" verfolgt (Frank 1988: 200).

innere Übersetzungs-geschichte

Der inneren Übersetzungsgeschichte ist es um die „Erforschung der »impliziten Poetik«" von Übersetzungen zu tun (Frank 1988: 195). Dabei geht es (1) um das Herausarbeiten der „in der Textgestalt von Übersetzungen jeweils implizierten Übersetzungskonzeption"; (2) um die Konfrontation dieser implizierten mit der vom Übersetzer formulierten, explizierten Übersetzungskonzeption; und schließlich (3) um die Rekonstruktion der eigentlichen Übersetzungskonzeption, welche „aus der impliziten und explizierten Konzeption zusammengenommen" besteht (Frank 1988: 196).

Eine der wichtigsten Methoden der Göttinger Schule ist die **Kometen-schweifanalyse**, mit der die Gemeinsamkeiten und Unterschiede von Mehrfachübersetzungen ein und desselben Werks in dieselbe Sprache analysiert werden. Eines der frappierendsten Ergebnisse der Göttinger Forschungen besteht in dem unerwartet großen Maß an textlichen Übereinstimmungen zwischen „Übersetzungen innerhalb eines Kometenschweifs von Mehrfachübersetzungen desselben Werks" und der damit verbundenen Rolle der jeweiligen „Vorläuferübersetzungen in derselben Sprache" (Frank 1988: 202). Ein in dieser Hinsicht instruktives Werk ist Marín (2005), in dem eine Kometenschweifanalyse der deutschen Übersetzungen eines Cervantes-Textes vorgenommen wird.

Kometen-schweifanalyse

Die kulturwissenschaftliche Wende in der Übersetzungsforschung, die vornehmlich mit dem Namen **Doris Bachmann-Medick** (1997a) verbunden ist, beruht im Wesentlichen auf der Rezeption der interpretativen Kultursemiotik (Geertz 1987) mit ihrer Vorstellung von Kultur als Text und der ethnographischen *Writing-Culture*-Debatte (Clifford/Marcus 1986; Berg/Fuchs 1993; Bachmann-Medick 1996; 1997). Wesentlich für die kulturwissenschaftliche Wende ist die Auffassung von der „Übersetzung von Kulturen" und der „**Kultur als Übersetzung**" (Bachmann-Medick 1997a: 13).

Doris Bachmann-Medick (*1952)

Im Zuge der Auseinandersetzung mit den oben genannten Ansätzen erwies sich der sprachorientierte Übersetzungsbegriff als zu eng, da es nicht mehr nur um die Übertragung von Wörtern und Begriffen, sondern auch um die „Übertragung von Denkweisen, (fremden) Weltbildern und differenten Praktiken" ging (Bachmann-Medick 1997a: 5).

> **„Sprachübersetzung allein leistet noch keine Kulturübersetzung"** (Bachmann-Medick 1997a: 4), denn es sind zusätzlich auch die je kulturspezifischen Kontextualisierungsbedingungen von Original und Übersetzung zu reflektieren.

Der **„weite Übersetzungsbegriff"** entspricht der „Ausweitung des Übersetzungshorizonts von Wort zu Text hin zu Diskurs und sozialem Kontext" (Bachmann-Medick 1997a: 2 f.).

> Wenn literarische Texte aus einer Sprache in eine andere übersetzt werden, handelt es sich um mehr als um bloße Sprachübertragung. Übersetzungsanalysen sind darauf verwiesen, den kulturellen, ja kulturpolitischen Bedingungsrahmen als einen *vor* jeglicher sprachlichen Übersetzung wirksamen Horizont in den Blick zu nehmen: ein erweiterter Horizont, der die Übertragung von Texten in den umfassenden Handlungskontext der Übersetzung *von* und *zwischen* Kulturen einbindet. (Bachmann-Medick 1997a: 1; Hervorh. im Orig.)

6.4 | Der kultursemiotische Ansatz

Jurij Lotman
(1922–1993)

Der russische Literaturwissenschaftler und Semiotiker **Jurij Lotman** gehört zu den bedeutendsten Literaturtheoretikern des 20. Jahrhunderts. Er betrachtet Kultur als Text und hat einen kultursemiotischen Ansatz vorgelegt. Im Zentrum seiner kulturwissenschaftlich orientierten Semiotik steht das Übersetzungsphänomen. Insofern ist es gerechtfertigt, von einer „Semiotik des Übersetzung" zu sprechen (Frank/Ruhe/Schmitz 2010: 383).

Lotmans Grundthema ist das **Paradoxon der Übersetzbarkeit des Unübersetzbaren**. Für ihn ist nämlich der gesamte literarische und künstlerische Schaffensprozess durch „eine Art Spannungszustand" geprägt, „der das Unübersetzbare übersetzbar macht" (Lotman 2010a: 33).

> Der semiotische Raum präsentiert sich uns als vielschichtige Überschneidung verschiedener Texte, die sich zu einer bestimmten Schicht zusammenfügen, mit komplizierten inneren Beziehungen, einem unterschiedlichen Grad an Übersetzbarkeit und Räumen der Unübersetzbarkeit. (Lotman 2010a: 34)

Semiosphäre

Den semiotischen Raum bezeichnet er auch als **Semiosphäre**, worunter er denjenigen Raum versteht, innerhalb dessen kommunikative Prozesse stattfinden. Die Semiosphäre ist somit der Raum, in dem Kultur entsteht und sich entfaltet. Jede Semiosphäre ist gegliedert in **Zentrum und Peripherie**. Mit seinen Überlegungen zu Zentrum und Peripherie wird er anschlussfähig für die Ansätze des machttheoretischen Paradigmas.

Originell an Lotmans Ansatz ist, dass die kulturellen Veränderungen und Innovationen (z. B. neue Moden oder Musikstile) sich nicht im Zentrum ereignen, sondern in der grenznahen Peripherie. Die Peripherie der einen Semiosphäre steht im Austausch mit Peripherien anderer Semiosphären, wobei Lotman diesen Austausch als **kulturelle Translationsprozesse** begreift: „An der Grenze zwischen unterschiedlichen semiotischen Systemen … kommt es zu einem Übersetzungsakt" (Lotman 2010b: 109).

Den Begriff der Grenze sieht Lotman (2010b: 182) in seiner Ambivalenz: „Einerseits trennt sie, andererseits verbindet sie." Die Grenze gehört somit immer zu beiden benachbarten Kulturen bzw. Semiosphären. „Sie ist ein Übersetzungsmechanismus, der Texte aus einer fremden Semiotik in die Sprache »unserer eigenen« Semiotik überträgt" (Lotman 2010b: 182). Nach Lotmann dürfen wir uns die Grenze aber nicht als Linie, sondern als Raum vorstellen (Frank/Ruhe/Schmitz 2010: 399), gewissermaßen – um mit Homi Bhabha zu sprechen – als Schwellenraum oder *third space*.

Für Lotman (2010b: 191) ist Übersetzen „der elementare Akt des Denkens", und der „elementare Akt des Übersetzens … ist der Dialog". Jede Mitteilung muss interpretiert, also in Zeichen eines anderen semiotischen Codes übersetzt werden (Lotman 2010b: 206).

Damit wird Übersetzen bei Lotman zum **„grundlegenden kulturellen Mechanismus"** (Frank/Ruhe/Schmitz 2010: 390).

Übersetzungstheoretisch bedeutsam ist auch, dass er keinen ausschließlich schriftgebundenen Übersetzungsbegriff vertritt, sondern im Sinne Jakobsons intersemiotische Übersetzungen den interlingualen Übersetzungen gleichstellt. Dadurch verliert der Äquivalenzbegriff für ihn an Bedeutung: „Wenn wir aber eine Übersetzung aus der Sprache der Lyrik in die Sprache der Musik nehmen, wird semantische Eindeutigkeit und Genauigkeit prinzipiell unmöglich" (Lotman 2010a: 13). Wenn schriftliche Texte in Bilder oder Musik übersetzt werden, dann kann dabei keine „genaue Übersetzung" entstehen, sondern es ergibt sich nur „eine annähernde … Äquivalenz" (Lotman 2010b: 54).

> Eine solche »regelwidrige« und ungenaue, allerdings in bestimmter Hinsicht äquivalente Übersetzung ist ein wesentliches Element jedes schöpferischen Denkens. Gerade diese »**regelwidrigen**« **Annäherungen** geben Impulse für die Entstehung neuer Sinnverbindungen und prinzipiell neuer Texte. (Lotman 2010b: 54)

Lotman sieht den Text nicht als sinnhaltigen Behälter, sondern als einen **sinngenerierenden Mechanismus**. Deshalb kommt es bei jeder Art von Texttransformation zu einem „Zuwachs an Sinn" (Lotman 2010b: 25). Dementsprechend fasst er auch die Übersetzung als Akt auf, „in dem neue Information erzeugt wird" (Lotman 2010b: 24).

Die Vorstellung, dass der Sinn im Zuge von Texttransformationen vollständig invariant bleibt, lehnt Lotman ab. Ein Teil des Sinns wird bewahrt, ein Teil geht verloren und ein Teil kommt neu hinzu. Eine ähnliche Auffas-

Text als sinngenerierenden Mechanismus

sung vertrat übrigens schon Nida (1966: 13). Deshalb kann es auch keine Übersetzungen geben, deren Bedeutungsgehalt mit dem Original identisch sein könnte. Dies gilt für jede Form von intralingualer, interlingualer oder intersemiotischer Übersetzung. Statt in der Invarianz sieht Lotman in der **Interpretation** das zentrale Merkmal von Übersetzungen.

Interpretation

> Eine bestimmte Kompatibilität ist notwendig für ein erstes elementares Verstehen des Textes (zumindest zu verstehen, in welcher Sprache er geschrieben ist), doch die schiere Vielfalt der Traditionen, Kontexte, Übereinstimmungen und Nichtübereinstimmungen auf den unterschiedlichen hierarchischen Ebenen der kodierenden Struktur schafft nicht eine eindeutige Übersetzung von »deiner« Sprache in »meine«, sondern ein ganzes Spektrum von Interpretationen, das immer offen ist für mögliche neue Deutungen. (Lotman 2010b: 100)

In Lotmans Ansatz spielt der einzelne Übersetzer als Subjekt keine systematische Rolle. Er bevorzugt eine systemisch zu nennende Perspektive: Ihn interessieren vor allem die Übersetzungsprozesse, die innerhalb einer Semiosphäre oder zwischen verschiedenen Semiosphären ablaufen. Insofern ist sein Semiosphärenmodell mit den Ansätzen des systemtheoretischen Paradigmas kompatibel.

6.5 | Fragen und Antworten

1 Welches sind die Vor- und Nachteile, wenn man wie Toury alles als Übersetzung behandelt, was in einer bestimmten Kultur und Epoche als Übersetzung gilt?

2 Was versteht man im Rahmen der DTS unter Übersetzen als *Manipulation* und bei Lefevere unter Übersetzen als *Rewriting*? Vergleichen Sie beide Auffassungen miteinander!

3 Was versteht Toury unter dem Begriff Translationsnorm?

4 Was versteht man unter einer Kometenschweifanalyse? Geben Sie ein Beispiel!

5 Erläutern Sie das Semiosphärenmodell von Lotman!

6.6 | Verwendete und weiterführende Literatur

Albrecht, Jörn (1998): Literarische Übersetzung. Geschichte, Theorie, kulturelle Wirkung. Darmstadt: Wissenschaftliche Buchgesellschaft.

Apel, Friedmar/Kopetzki, Annette (2003): Literarische Übersetzung. Stuttgart: Metzler.

Bachmann-Medick, Doris (1997a): Einleitung: Übersetzung als Repräsentation fremder Kulturen. In: Bachmann-Medick 1997: 1–18.

Bachmann-Medick, Doris (2004): Kulturanthropologie und Übersetzung. In: Frank u.a. 2004: 155–165.

Bachmann-Medick, Doris (Hrsg.) (1996): Kultur als Text. Die anthropologische Wende in der Literaturwissenschaft. Frankfurt: Fischer.

Bachmann-Medick, Doris (Hrsg.) (1997): Übersetzen als Repräsentation fremder Kulturen. 📖
Berlin: Schmidt.

Baker, Mona (1992/2010): In Other Words: A Coursebook on Translation. London: Routledge.

Baker, Mona (2006): Translation and Conflict: A Narrative Account. London: Routledge.

Baker, Mona (Hrsg.) (2009a): Critical Concepts: Translation Studies. London: Routledge.

Baker, Mona (Hrsg.) (2009b): Critical Readings in Translation Studies. London: Routledge.

Bassnett, Susan (1980/³1996): Translation studies. London: Routledge. 📖

Bassnett, Susan (1985): Ways through the labyrinth. Strategies and methods for translating theatre texts. In: Hermans 1985: 87–102.

Bassnett, Susan (Hrsg.) (1997): Literature and Translation. Cambridge: Boydell and Brewer.

Bassnett, Susan/Lefevere, André (Hrsg.) (1990): Translation, History and Culture. London:
Pinter.

Bassnett, Susan/Lefevere, André (1992): General editor's preface. In: Lefevere 1992a:
vii–viii.

Bassnett, Susan/Lefevere, André (1998): Constructing Cultures. Clevedon: Multicultural
Matters.

Bassnett, Susan/Trivedi, Harish (1999a): Introduction. Of colonies, cannibals and vernaculars. In: Bassnett/Trivedi 1999: 1–18.

Bassnett, Susan/Trivedi, Harish (Hrsg.) (1999): Post-colonial translation. Theory and practice. London: Routledge.

Berg, Eberhard/Fuchs, Martin (Hrsg.) (1993): Kultur, soziale Praxis, Text. Die Krise der ethnographischen Repräsentation. Frankfurt: Suhrkamp.

Clifford, James/Marcus, George E. (Hrsg.) (1986): Writing culture. The poetics and politics
of ethnography. Berkeley: University of California Press.

Frank, Armin Paul (1987): Einleitung. In: Schultze 1987: IX–VXII.

Frank, Armin Paul (1987a): Literarische Übersetzung und Intertextualität. In: Poetica
19(1987): 190–194.

Frank, Armin Paul (1988): Rückblick und Ausblick. In: Kittel 1988: 180–206.

Frank, Armin Paul (1989a): Einleitung. In: Frank 1989: 1–10.

Frank, Armin Paul (1989b): Translation as system. In: New Comparison 8(1989): 85–98.

Frank, Armin Paul (1992): Towards a cultural history of literary translation. „Histories",
„Systems", and other forms of synthesizing research. In: Kittel 1992: 369–387.

Frank, Armin Paul (Hrsg.) (1989): Die literarische Übersetzung. Der lange Schatten kurzer
Geschichten. Amerikanische Kurzprosa in deutschen Übersetzungen. Berlin: Schmidt.

Frank, Armin Paul/Kittel, Harald (2004): Der Transferansatz in der Übersetzungsforschung.
In: Frank/Turk 2004: 3–67.

Frank, Armin Paul/Schultze, Brigitte (1988): Normen in historisch-deskriptiven Übersetzungsstudien. In: Kittel 1988: 96–121.

Frank, Armin Paul/Schultze, Brigitte (2004): Historische Übersetzungsreihen I: »Kometen-
schweifstudien«. In: Frank/Turk 2004: 71–92.

Frank, Armin Paul/Kittel, Harald (Hrsg.) (1991): Interculturality and the Historical Study of
Literary Translations. Berlin: Schmidt.

📖 Frank, Armin Paul/Kittel, Harald/Greiner, Norbert/Hermans, Theo/Koller, Werner/Lambert, José/Paul, Fritz (Hrsg.) (2004): Übersetzung. Ein internationales Handbuch zur Übersetzungsforschung. 1. Teilband. New York: de Gruyter.

Frank, Armin Paul/Maaß, Kurt-Jürgen/Paul, Fritz/Turk, Horst (Hrsg.) (1993): Übersetzen, verstehen, Brücken bauen. Geisteswissenschaftliches und literarisches Übersetzen im internationalen Kulturaustausch. Berlin: Schmidt.

Frank, Armin Paul/Turk, Horst (Hrsg.) (2004): Die literarische Übersetzung in Deutschland. Studien zu ihrer Kulturgeschichte in der Neuzeit. Berlin: Schmidt.

Frank, Susi/Ruhe, Cornelia/Schmitz, Alexander (2010): Jurij Lotmans Semiotik der Übersetzung. In: Lotman 2010a: 381–414.

Gambier, Yves/Tommola, Jorma (Hrsg.) (1993): Translation and knowledge. Proceedings from the Scandinavian Symposium on Translation Theory (SSOTT IV). Turku 1992. University of Turku: Centre for Translation and Interpreting.

Geertz, Clifford (1987): Dichte Beschreibung. Beiträge zum Verstehen kultureller Systeme. Frankfurt: Suhrkamp.

Hagemann, Susanne (Hrsg.) (2009): Deskriptive Übersetzungsforschung. Berlin: Saxa.

Hermans, Theo (1985a): Introduction. In: Hermans 1985: 7–15.

Hermans, Theo (1993): Literary translation: the birth of a concept. In: Lambert/Lefevere 1993: 93–104.

Hermans, Theo (1998): Artikel „Descriptive Translation Studies". In: Snell-Hornby u. a. 1998: 96–100.

Hermans, Theo (1999): Translation in systems. Descriptive and systemic approaches explained. Manchester: St. Jerome.

Hermans, Theo (Hrsg.) (1985): The Manipulation of Literature: Studies in Literary Translation. London: Croom Helm.

Heydebrand, Renate von (Hrsg.) (1998): Kanon – Macht – Kultur: theoretische, historische und soziale Aspekte ästhetischer Kanonbildungen. Stuttgart: Metzler.

Holmes, James (1972/1988): The Name and Nature of Translation Studies. In: Holmes 1988: 67–88.

Holmes, James (1978): Describing literary translations: models and methods. In: Holmes/Lambert/van den Broeck 1978: 69–82.

📖 Holmes, James (1988): Translated! Papers on Literary Translation and Translation Studies. Amsterdam: Rodopi.

📖 Holmes, James/Lambert, José/van den Broeck, Raymond (Hrsg.) (1978): Literature and Translation. New Perspectives in Literary Studies. Leuven: Acco.

Huntemann, Willi/Rühling, Lutz (1997a): Einleitung: Fremdheit als Problem und Programm. In: Huntemann/Rühling 1997: 1–25.

Huntemann, Willi/Rühling, Lutz (Hrsg.) (1997): Fremdheit als Problem und Programm. Die literarische Übersetzung zwischen Tradition und Moderne. Berlin: Schmidt.

Kittel, Harald (1988a): Kontinuität und Diskrepanzen. In: Kittel 1988: 158–179.

Kittel, Harald (1998): Inclusions and Exclusions: The »Göttinger Approach« to Translation Studies and Inter-Literary History. In: Mueller-Vollmer/Irmscher 1998: 3–13.

Kittel, Harald (Hrsg.) (1988): Die literarische Übersetzung. Stand und Perspektiven ihrer Erforschung. Berlin: Schmidt.

Kittel, Harald (Hrsg.) (1992): Geschichte, System, literarische Übersetzung. Berlin: Schmidt.

Kittel, Harald (Hrsg.) (1995): International Anthologies of Literature in Translation. Berlin: Schmidt.

Kittel, Harald/Frank, Armin Paul (Hrsg.) (1991): Interculturality and the historical study of literary translations. Berlin: Schmidt.

Lambert, José (1993a): History, historiography and the discipline. A programme. In: Gambier/Tommola 1993: 3–25.

Lambert, José (1993b): Translation, societies and the shift of values. In: Folia translatologica 3(1993): 27–47.

Lambert, José (1993c): Auf der Suche nach literarischen und übersetzerischen Weltkarten. In: Frank u. a. 1993: 85–105.

Lambert, José (1995): Translation, systems and research: The contribution of Polysystem Studies to Translation Studies. In: Traduction, Términologie, Rédaction 8 (1995) 1: 105–152.

Lambert, José/Lefevere, André (Hrsg.) (1993): Translation in the development of literatures – La traduction dans le développement des literatures. Frankfurt: Lang.

Lefevere, André (1975): Translating poetry. Seven strategies and a blueprint. Assen: van Gorcum.

Lefevere, André (1978a): Translation: The Focus of the Growth of Literary factions. In: Holmes/Lambert/van den Broeck 1978: 7–28.

Lefevere, André (1978b): Translation Studies: The Goal of the Discipline. In: Holmes/Lambert/van den Broeck 1978: 234–235.

Lefevere, André (1982): Mother Courage's cucumbers: Text, system and refraction in a theory of literature. In: Modern Language Studies 12 (1982) 4: 3–20.

Lefevere, André (1985): Why waste our time on rewrites? The trouble with interpretation and the role of rewriting in an alternative Paradigm. In: Hermans 1985: 215–243.

Lefevere, André (1992): Translation, rewriting, and the manipulation of literary fame. London: Routledge.

Lefevere, André (Hrsg.) (1992a): Translation, history, culture: a sourcebook. London: Routledge.

Lefevere, André/Bassnett, Susan (1990): Introduction: Proust's grandmother and the thousand and one nights. The »cultural turn« in Translation Studies. In: Bassnett/Lefevere 1990: 1–14.

Lönker, Fred (Hrsg.) (1992): Die literarische Übersetzung als Medium der Fremderfahrung. Berlin: Schmidt.

Lotman Jurij (1990): Über die Semiosphäre. In: Zeitschrift für Semiotik 12(1990): 287–305.

Lotman, Jurij (2010a): Kultur und Explosion. Berlin: Suhrkamp.

Lotman, Jurij (2010b): Die Innenwelt des Denkens. Berlin: Suhrkamp.

Marín Presno, Araceli (2005): Zur Rezeption der Novelle »Rinconete y Cortadillo« von Miguel de Cervantes im deutschsprachigen Raum. Frankfurt: Lang.

Mueller-Vollmer, Kurt/Irmscher, Michael (Hrsg.) (1998): Translating literatures – translating cultures: new vistas and approaches in literary studies. Berlin: Schmidt.

Nord, Christiane (1998): La unidad de traducción en el enfoque funcionalista. In: Quaderns 1(1998): 65–77.

Poltermann, Andreas (1992): Normen des literarischen Übersetzens im System der Literatur. In: Kittel 1992: 5–31.

Poltermann, Andreas (1995a): Literaturkanon – Medienereignis – kultureller Text. Formen interkultureller Kommunikation und Übersetzung. In: Poltermann 1995: 1–56.

Poltermann, Andreas (Hrsg.) (1995): Literaturkanon – Medienereignis – kultureller Text. Formen interkultureller Kommunikation und Übersetzung. Berlin: Schmidt.

Poltermann, Andreas (1998): Interkulturelles Übersetzen. Das Beisp. J.G. Herder vor dem Hintergrund des post-kolonialen Diskurses. In: Heydebrand 1998: 271–296.

Prunč, Erich (1998): Semiotik. In: Snell-Hornby 1998, 122–125.

Prunč, Erich (2001): Einführung in die Translationswissenschaft. Band 1: Orientierungsrahmen. Graz: Institut für Translationswissenschaft.

Prunč, Erich (2007): Entwicklungslinien der Translationswissenschaft: Von den Asymmetrien der Sprachen zu den Asymmetrien der Macht. Berlin: Frank & Timme.

Ruhe, Cornelia (2009): Das Konzept der Übersetzung in Jurij Lotmans Kultursemiotik. Online verfügbar: http://www.translating-society.de/conference/papers/8. [letzter Zugriff am 24.03.2015]

Salevsky, Heidemarie (2002): Translationswissenschaft. Ein Kompendium. Frankfurt: Lang.

Schulte, Rainer (1997): Profile: The Göttingen approach to Translation Studies. In: Translation Review 53(1997): 1–4.

Schultze, Brigitte (Hrsg.) (1987): Die literarische Übersetzung. Fallstudien zu ihrer Kulturgeschichte. Berlin: Schmidt.

Sebeok, Thomas A. (Hrsg.) (1986): Encyclopedic dictionary of semiotics. Vol. 2. Berlin: Mouton de Gruyter.

Snell-Hornby, Mary (1988/²1995): Translation studies: An integrated approach. Amsterdam: Benjamins

Snell-Hornby, Mary/Hönig, Hans G./Kußmaul, Paul/Schmitt, Peter A. (Hrsg.) (1998/²2003): Handbuch Translation. Tübingen: Stauffenburg.

Stolze, Radegundis (1994/⁶2011): Übersetzungstheorien. Eine Einführung. Tübingen: Narr.

Toury, Gideon (1978): The nature and role of norms in literary translation. In: Holmes/Lambert/van den Broeck 1978: 83–100.

Toury, Gideon (1980): In search of a theory of translation. Tel-Aviv: Porter Institute for Poetics and Semiotics.

Toury, Gideon (1980a): Communication in translated texts. A semiotic approach. In: Wilss 1980: 99–109.

Toury, Gideon (1985): A rationale for Descriptive Translation Studies. In: Hermans 1985: 16–41.

Toury, Gideon (1986): Translation. A cultural-semiotic perspective. In: Sebeok 1986: 1111–1124.

Toury, Gideon (1995): Descriptive Translation Studies and beyond. Amsterdam: Benjamins.

van den Broeck, Raymond (1981): The Limits of Translatability Exemplified by Metaphor Translation. In: Poetics. 2/4(1981): 73–87.

Wilss, Wolfram (Hrsg.) (1980): Semiotik und Übersetzungen. Tübingen: Narr.

Zum Weiterdenken

Die Übersetzungseinheit: Wort, Satz, Text oder Kultur

Wenn man sich die Entwicklung des übersetzerischen Denkens anschaut, fällt auf, dass im Laufe der Zeit unterschiedliche Vorstellungen davon entwickelt wurden, welche Übersetzungseinheit zugrunde gelegt werden soll. Dabei ist die Tendenz festzustellen, dass als Übersetzungseinheit immer größere und umfassendere Phänomene vorgeschlagen werden. Als **Übersetzungseinheit** gilt in der Regel das kleinste Segment einer sprachlichen Äußerung, dessen Komponenten nicht getrennt voneinander übersetzt werden dürfen.

In den rund 2000 Jahren der vorwissenschaftlichen Periode galt gemeinhin das **Wort** als *die* Übersetzungseinheit. Für Ausnahmefälle (z. B. Redewendungen, Sprichwörter usw.) werden hie und da auch Syntagma oder Satz als Übersetzungseinheit diskutiert, ohne jedoch dem Wort als fundamentaler Einheit den Rang streitig machen zu können.

Die wissenschaftliche Periode – genauer: das linguistische Paradigma – übernimmt zunächst die Auffassung vom Wort als grundlegender Übersetzungseinheit. Sehr rasch kommt man jedoch zu der Erkenntnis, dass Wörter erst im Satzzusammenhang eine klar umrissene Bedeutung bekommen. Seit den 1960er Jahren gilt dann der **Satz** als grundlegende Übersetzungseinheit.

Mit dem Aufkommen der Textlinguistik kommt die Idee auf, dass auch Sätze erst im Textzusammenhang eine definitive Bedeutung erlangen, so dass seit den 1970er Jahren der **Text** als Übersetzungseinheit betrachtet wird. Dabei ergibt sich allerdings die Schwierigkeit, dass – besonders längere – Texte (im Gegensatz zu Wörtern oder Sätzen) nicht zur Gänze mental präsent gehalten werden können. Operativ muss der Übersetzer also beim Satz als Übersetzungseinheit beginnen, seinen Übersetzungsvorschlag dann aber in Hinblick auf den Gesamttext evaluieren – und ggf. abändern.

Ab Ende der 1980er Jahre und verstärkt mit dem *cultural turn* der 1990er Jahre spricht man vom interkulturellen Übersetzen oder von der kulturellen Übersetzung. Nach diesen Auffassungen wird **Kultur** zur eigentlichen Übersetzungseinheit. Damit sind zwei Schwierigkeiten verbunden: Zum einen ist es unmöglich, eine ganze Kultur mental präsent zu halten; zum anderen wird Kultur nie als »Einheit« oder Gesamtheit übersetzt, sondern nur in Form von Teilelementen, sogenannten Kulturemen.

Der interessanteste Vorschlag zum Thema Übersetzungseinheit kommt von Christiane Nord (1998). Im Unterschied zu horizontalen Übersetzungseinheiten wie Wörtern, Syntagmen oder Sätzen, die als lineare Segmente sequenziell angeordnet sind, plädiert sie für **vertikale Übersetzungseinheiten**. Das sind textkonstitutive und -strukturierende Merkmale, die im Text von Anfang bis Ende (»vertikal«) an verschiedenen Stellen auftreten, aber – bezüglich der Kommunikationsfunktion – eine funktionale Einheit bilden. Ein Beispiel wäre in instruktiven Texten die textübergreifende Verwendung des Infinitivs im Deutschen statt des im Englischen üblichen Imperativs.

Das machttheoretische Paradigma

7.1 | Die Gemeinsamkeiten der machttheoretischen Ansätze

Das machttheoretische Paradigma ist in den 1990er Jahren aus dem systemisch-kultursemiotischen Paradigma heraus entstanden. Es gliedert sich in die machtkritischen, die feministischen und die postkolonialen Ansätze, die allesamt vornehmlich produkt- und zielkulturorientiert sind. Kritische Forscher und vor allem Forscherinnen aus der Literaturwissenschaft (besonders der feministischen und postkolonialen Literaturkritik) und der Übersetzungswissenschaft (vor allem der *Descriptive Translation Studies,* aber auch der Göttinger Schule) erkannten bald, dass eine wertneutrale Beschreibung von Übersetzungen nicht zielführend ist, um die Fragen der Ethik und der Machtausübung im Bereich Übersetzen angemessen zu thematisieren. Der

Macht   zentrale Begriff dieses Paradigmas ist **Macht**.

Statt sich mit einer reinen Beschreibung des Ist-Zustandes von Übersetzungen im Rahmen des Literatursystems zu begnügen, geht es den Vertretern der machttheoretischen Ansätze um die **Kritik an den Übersetzungsverhältnissen** im Rahmen des Gesellschaftssystems. Die Analyse der übersetzerischen Tätigkeit wird auf die „Ausübung von Macht" bezogen (Hermans 1998: 97). Damit wurde der enge Rahmen der Grundannahmen der deskriptiven Übersetzungsforschung durch die machtkritischen, feministischen und postkolonialen Ansätze gesprengt und für neue Fragestellungen geöffnet. Neben dem Machtthema ist auch die Hinterfragung der statischen Grundbegrifflichkeit und die Betonung interpretativer und kreativer Prozesse von Belang.

Alle Übersetzungstheorien, die sich mit Machtfragen beschäftigen, greifen letzten Endes auf Anregungen der französischen Philosophen Jacques Derrida und Michel Foucault zurück. Die Einsicht in die übersetzungsrelevanten Machtbeziehungen ist im Übrigen eine wichtige Gelenkstelle zwischen der Kulturanthropologie, der postkolonialen Theorie und den feministischen Ansätzen (Bachmann-Medick 2004: 161).

übersetzungsrele-
vante Machtfragen

> Zu den übersetzungsrelevanten Machtfragen zählen in erster Linie:
>
> ► Wer oder was bestimmt, was übersetzt wird?
> ► Wer oder was bestimmt, aus welcher Sprache in welche Sprache übersetzt wird?
> ► Wer oder was bestimmt, wie übersetzt werden soll?

Strategien der
Machtausübung

Die **Identifikation von Strategien der Machtausübung** sowohl in den (zu übersetzenden und übersetzten) Texten selbst als auch im Umgang mit diesen Texten durch die am Übersetzungsprozess beteiligten Protagonisten ergibt sich aus der kritischen Analyse der bestehenden Verhältnisse. Dabei geht es stets um das Aufdecken struktureller Diskriminierungen. Von feministischer Seite wird beispielsweise der Verdacht geäußert, (1) dass weibliche Autoren weniger häufig übersetzt werden als ihre männlichen Kollegen; (2) dass ihre

Werke – so sie übersetzt werden – mit einem männlich-verzerrten Blick übersetzt werden. Von postkolonialer Seite heißt es u. a., (1) dass die Werke von Autoren aus postkolonialen Ländern weniger häufig in die großen Kultursprachen übersetzt werden als die Werke von englischen, französischen oder deutschen Autoren; und (2) dass die Übersetzungen ihrer Werke durch einen westlichen Blick verzerrt seien.

Die postkolonialen und feministischen Übersetzungstheorien fielen in der deutschsprachigen Übersetzungswissenschaft lange Zeit auf wenig fruchtbaren Boden, da sie in den Kontext eines »Kampfes um Anerkennung« (Honneth 1992) gehören, der im deutschsprachigen Raum nicht im Rahmen der Übersetzungswissenschaft, sondern anderer Fachdisziplinen – vor allem der Literaturwissenschaft und der Kulturanthropologie – geführt wird. Hinzu kommt, dass Deutschland seit 1918 keine Kolonialmacht mehr ist und von der Entkolonialisierungsdebatte seit der 1950er Jahre nicht direkt betroffen war. Daher ist das Interesse an postkolonialen Fragestellungen im weitesten Sinne in Deutschland eher gering. In Österreich und in der Schweiz, die nie Kolonialmächte waren, ist ein ähnlich geringes Interesse zu verzeichnen.

Im deutschsprachigen Raum waren es vor allem Vertreterinnen und Vertreter der Göttinger Schule, die sich postkolonialen und feministischen Fragestellungen wie der Repräsentation fremder Kulturen, der geschlechterspezifischen Rezeption und Produktion von Texten oder der Machtdimension beim Übersetzen geöffnet haben (vgl. Bachmann-Medick 1997).

Die machtkritischen Ansätze |7.2

Aus dem Kontext der *Descriptive Translation Studies* heraus formulierten vor allem **Susan Bassnett** und **André Lefevere** ihre Kritik an den Kontrollmechanismen des internationalen – vor allem angelsächsisch geprägten – Literaturbetriebs. Sie interessieren sich dafür, welche Kontroll- und Steuerungsmechanismen im Machtgefüge der Gesellschaften dafür verantwortlich sind, dass bestimmte literarische Werke zu Weltruhm gelangen und auf dem Weltmarkt reüssieren.

Der Übersetzer wird als einer der Akteure in diesem Machtgefüge gesehen, der am zielkulturellen Erfolg literarischer Werke mitarbeitet. Dadurch befindet er sich nicht mehr in einer Statistenrolle, sondern ist aktiver Mitgestalter, der im Rahmen seiner Rolle Verantwortung zu übernehmen hat.

Mit dem Begriff der **Patronage** fasst Lefevere (1992: 15) alle Ausprägungen der von Einzelpersonen, Gruppen oder Institutionen ausgeübten Macht zusammen, mit denen das Lesen, Schreiben und Bearbeiten (*Rewriting*) von Literatur gefördert oder behindert wird. Die drei Steuerungsinstrumente der Patronage sind Ideologie, Ökonomie und Status.

Patronage

Die dominante gesellschaftliche Weltanschauung der Machthaber, Machtmonopole, Machtkartelle und Machthierarchien im Literatursystem bezeichnet Lefevere (1985: 226) als Ideologie. Sie wird, sobald sie sich verfestigt hat, von den Akteuren nicht mehr kritisch hinterfragt. Die Ökonomie kommt vor allem dort ins Spiel, wo „Patrone als Mäzene unmittelbaren Einfluss auf die Lebensbedingungen" von Schriftstellern und Übersetzern nehmen (Prunč 2007: 281), deren gesellschaftlicher Status ebenfalls von den Patronen – z. B. durch die Verleihung von Literatur- und Übersetzungspreisen – gesteuert wird (Lefevere: 1992: 16).

Ein weiterer wichtiger Vertreter der von Poststrukturalismus und Dekonstruktivismus inspirierten Translationsforschung ist **Lawrence Venuti** (1995). Er kritisiert vor allem die **Unsichtbarkeit des Übersetzers**, „in die sich die Translatoren hineinmanövriert hätten" (Prunč 2007: 303). Venuti zufolge soll sich der postmoderne Übersetzer nicht als Diener seines Autors oder Auftraggebers verstehen, sondern sich durch ein kritisches Bewusstsein auszeichnen.

Lawrence Venuti
(*1953)

Die Unsichtbarkeit des Übersetzers sei eine Folge einer bestimmten, historisch bedingten Übersetzungsnorm, die er als *fluent translation* bezeichnet und nach der sich eine Übersetzung durch flüssige Lesbarkeit in der Zielsprache auszeichnet. Venuti orientiert sich bei seinem Übersetzungsbegriff ausschließlich am literarischen Übersetzen und berücksichtigt Fachübersetzungen nicht.

Die Übersetzungsnorm der *fluent translation* sieht eine Anpassung „an die dominanten sprachlichen und ästhetischen Standards der Zielkultur" vor, was zu verständlichen Übersetzungen führt, die „unauffällig, gefällig und domestiziert" sind, weil „jede Spur des Fremden" getilgt ist (Prunč 2007: 303). Diese domestizierende Übersetzungsmethode mache den Übersetzer unsichtbar.

Übersetzungen sind durch asymmetrische Beziehungen gekennzeichnet. Dies gilt sowohl für das Verhältnis zwischen Auftraggeber und Übersetzer als auch für das Verhältnis zwischen Ausgangstext und Zieltext (Venuti 1995: 93). Auf die romantische Unterscheidung von einbürgernder und verfremdender Übersetzungsmethode zurückgreifend, unterscheidet er zwischen der *domesticating translation* und der *foreignizing translation*. Während erstere das Fremde gleichsam domestiziert, übt letztere Widerstand gegen die literarischen und translatorischen Normen der Zielkultur.

> Foreignizing translation is a dissident cultural practice, maintaining a refusal of the dominant by developing affiliations with marginal linguistic and literary values at home, including foreign cultures that have been excluded because of their own resistance to dominant values. (Venuti 1995: 148)

Allerdings sind die Begriffe bei Venuti ideologisch aufgeladen und entsprechen nicht genau dem Schleiermacherschen Begriffspaar. Während Schleiermacher unter Verfremdung die Übernahme fremder Sprach- und Textmuster in die Zielsprache versteht, sieht Venuti seine *foreignizing translation* als Akt des Widerstands gegen zielkulturelle Machtverhältnisse. Widerstand sei vor allem im Hinblick auf den US-amerikanischen Translationsmarkt geboten, den Venuti (1995: 17) für „imperialistic abroad and xenophobic at home" einstuft.

Der **Übersetzer als Widerstandskämpfer** wird von Venuti vor die Aufgabe gestellt, die Zielkultur, die in ihr herrschenden Machtverhältnisse, deren Exlusionsmechanismen und deren Konzeptualisierung fremder Kulturen im internationalen Kontext umfassend zu analysieren, bevor er eine Übersetzungsstrategie für sein Übersetzungsprojekt festlegt (Venuti 1995: 309). Als Mittel der Verfremdung schlägt Venuti (1995: 310) Experimente mit Soziolekten, Jargonismen, Archaismen und das Spiel mit literarischen Konventionen vor. Ob diese *sprachlichen* Mittel ausreichen, um die gerade skizzierte *politische* Aufgabe des Übersetzers zu bewältigen, bleibt allerdings fraglich.

Übersetzer als Widerstandskämpfer

Venutis Begriff ist auf der Folie der alles dominierenden angloamerikanischen Kultur zu sehen, die sämtliche fremden Kulturen zu vereinnahmen droht, und stellt in gewissem Sinne eine Reaktion auf die sprach- und kulturpolitischen Nebenwirkungen der Globalisierung dar. Da stellt sich die Frage, ob Venuti einen zu ethnozentrisch geprägten angelsächsischen Blick auf den Sachverhalt hat. Ist die Dichotomie *domestication/foreignization* geeignet, um Übersetzungen aus peripheren Sprachen – z.B. aus dem Ungarischen ins Dänische – angemessen theoretisch zu konzipieren?

Venuti stellt eine Verbindung zwischen einer als allgemeingültig konstatierten Unsichtbarkeit des Übersetzers schlechthin und einer nur in einem speziellem Sprachraum und in einem bestimmten Zeitraum – nämlich im anglo-amerikanischen Raum seit dem 16. Jahrhundert bis heute – gültigen Übersetzungsnorm. Aus einer kontingenten Korrelation wird eine Schlussfolgerung gezogen, die Allgemeingültigkeit beansprucht. Dazu ist kritisch anzumerken, dass es durchaus denkbar ist, dass unter anderen gesellschaftspolitischen Voraussetzungen (zu einer anderen Zeit, in einem anderen Raum) gerade das Abfassen gut lesbarer Übersetzungen als Markenzeichen selbstbewusster Übersetzer gelten könnte. Waren und sind die deutschen Übersetzer der Romantik, die einer verfremdenden Übersetzungsmethode folgten, sichtbarer als ihre englischen Kollegen?

Die feministischen Ansätze |7.3

Erkenntnisse der Frauenforschung wurden seit ca. 1978 in den USA und Kanada für die Übersetzungstheorie fruchtbar gemacht. Seit Beginn der 1990er Jahre drang das Interesse an feministischen Fragestellungen auch in die europäische Übersetzungsforschung vor (von Flotow 1998: 130). Erst Ende des 20. und Anfang des 21. Jahrhunderts scheint die Rezeption feministischer Ansätze auch in der deutschsprachigen Übersetzungswissenschaft in Gang zu kommen (Grbič/Wolf 1997a; 1997b; 1998; Hagemann 2004).

Im Rahmen feministischer Ansätze stehen zum einen die „Frauen als Übersetzerinnen" und zum anderen die „Texte von Frauen in der Übersetzung" im Vordergrund (von Flotow 1998: 130). Es konnte gezeigt werden, dass eine „frauenfreundliche Übersetzungspraxis" dazu führt, dass „Texte anders gelesen, interpretiert und übersetzt werden" (von Flotow 1998: 130). Darüber hinaus wurden auch Fragen der gesellschaftlichen und politischen Machtausübung diskutiert (Godard 1990) sowie **ethische Fragen des Übersetzens** aufgeworfen. Zum Beispiel steht zur Debatte, inwieweit Übersetzer*innen* „dem Text »treu« bleiben" können (bzw. dürfen) oder wo die „Grenzen feministischer Verbesserung von frauenfeindlichen oder -verachtenden Textstellen" liegen (von Flotow 1998: 130 f.).

ethische Fragen des Übersetzens

Die Vertreterinnen der feministischen Ansätze stellen unbequeme Fragen zur Übersetzungspraxis und legen damit den Finger in die Wunde patriarchalischer Überheblichkeit. So stellt sich z. B. die Frage, warum die bekannteste deutsche Version von *Romeo und Julia* dem bekannten Shakespeare-Übersetzer August Wilhelm Schlegel zugeschrieben wird, obwohl sie eigentlich von seiner Frau Caroline Schlegel-Schelling stammt. Welche gesellschaftliche Praxis ist dafür verantwortlich, und wie kann sie im Sinne der Gleichberechtigung verändert werden?

Louise von Flotow
(*1951)

feministisch-gerechte Übersetzungen

Luise von Flotow behandelt Fragen der übersetzerischen Treue und Verantwortung aus feministischer Perspektive, wobei es ihr auch um Verbesserungen an frauenfeindlichen und -verachtenden Texten geht. Eines ihrer Anliegen ist die Erstellung **feministisch-gerechter Übersetzungen**, die zum Aufbrechen patriarchalischer Strukturen sowohl im Berufsfeld Übersetzen als auch in der Gesellschaft anregen sollen. Für die Praxis feministischen Übersetzens stellt sich dabei die ethische Frage, ob die übersetzerische Tätigkeit für eine bestimmte ideologische Einstellung bewusst instrumentalisiert werden darf. Eine Glättung frauenfeindlicher Textstellen mag zwar die Verbreitung frauenfeindlicher Inhalte vermeiden, dürfte aber gleichzeitig dazu führen, dass ein im Original frauen*feindlicher* Schriftsteller den Lesern und Leserinnen der Übersetzung unter Umständen als frauen*freundlich* vorgestellt wird. Eine solche Übersetzungsstrategie wäre mit dem Loyalitätsprinzip von Nord nur schwer vereinbar (allenfalls wenn sie dem zielsprachlichen Rezipienten gegenüber explizit kenntlich gemacht und hinreichend begründet wird), und zum anderen dürfte sie für das emanzipatorische Anliegen der Gleichberechtigung nicht zielführend sein.

Zu den Forschungsfeldern, die Fragestellungen im Bereich Gender und Translation angehen, gehören nach von Flotow (2001) u. a. die folgenden:

► Historische Studien: Wer übersetzte was wann wie? Welche Rolle spielte Gender dabei?
► Theoretische Überlegungen: Wie kommen verschiedene Genderzugehörigkeiten, -definitionen und -konstruktionen in der Übersetzung und Übersetzungsforschung zu Ausdruck?

► Fragen der Identität: Welche Auswirkungen hat genderspezifische Identität (oder deren Fehlen) auf die Übersetzung und Übersetzungsforschung?

► Postkoloniale Fragestellungen: Gilt der vornehmlich angloamerikanische Genderbegriff auch für andere Kulturen und deren Texte? Lässt sich Gender in andere Sprachen übersetzen? Was würde die Unübersetzbarkeit von Gender bedeuten?

► Allgemeine Fragen des Kulturtransfers: Ist der aktuell von der kanadischen Regierung geförderte Export von Frauenliteratur wirklich Ausdruck von Toleranz und Gleichberechtigung?

Die traditionell im Umfeld des Treuebegriffs benutzten Metaphern werden von **Lori Chamberlain** hinterfragt. Sie stellt fest, dass das als männlich geltende Original und die als weiblich und häufig untreu geltende Übersetzung häufig asymmetrisch bewertet werden:

Lori Chamberlain

> The terms of fidelity used in discussion of translation may differ …, but the marked term is usually gendered female. Thus, theories of translation have been peopled, metaphorically, with chaste maidens, mistresses, and unfaithful lovers. Translators have worried that the process of translation may violate the purity of the mother tongue, and that bastards would be bred. Translators have worried equally over the virility of the original, and the complaint is frequently that the original has been emasculated. (Chamberlain 1998: 94)

Die Beachtung des Genderaspekts in der Übersetzung führt zu neuen Sichtweisen auf den Übersetzungsprozess und beleuchtet die Bedeutung der Unterschiedlichkeit von Original und Übersetzung auf neue Weise. Übersetzen als bloße »Reproduktion« von Texten wird Chamberlain zufolge mit der biologischen »Reproduktion« durch die Frau verglichen und negativ besetzt. Feministische Ansätze sehen den Übersetzungsprozess weniger als Textreproduktion, sondern vielmehr als Kooperation zwischen Autorin und Übersetzerin.

> For feminist translation, fidelity is to be directed toward neither the author nor the reader, but toward the writing project – a project in which both writer and translator participate. (Simon 1996: 2)

So richtig und wichtig die Kritik der historischen Übersetzungsmetaphern auch ist, so wenig greifen sie den aktuellen, paradigmenübergreifenden Übersetzungsdiskurs auf, wie er im Rahmen der Theorien des linguistischen, verstehens- oder handlungstheoretischen Paradigmas – gerade im deutschsprachigen Raum – geführt wird. Dies gibt Anlass zu der Vermutung, dass der emanzipatorische Diskurs in der deutschsprachigen Translationswissenschaft wesentlicher weiter zu sein scheint als im angelsächsischen Raum.

Die genderbezogenen Erwartungshaltungen der verschiedenen Sprachsysteme und Kulturen, insbesondere die sprachliche Behandlung des grammatischen Geschlechts (Genus-System) und des biologischen Geschlechts (Sexus-System) weisen große Unterschiede auf. Besonders gendersensible Texte stellen eine große übersetzerische Herausforderung dar. Wie die Iranerin Behrouz Karoubi (2009) bemerkt, sind weder die dadurch auftretenden Probleme noch mögliche Übersetzungsstrategien hinreichend erforscht: „therefore, the study of »**gender translation**« seems to be an interesting area of research in Translation studies in the future."

gender translation

Im deutschsprachigen Raum gehört **Michaela Wolf** zu den profiliertesten Vertreterinnen des machttheoretischen Paradigmas, die sowohl feministische als auch postkoloniale Fragestellungen aufgreift. Sie hat u.a. eine umfassende Dokumentation zur feministischen Translation in Forschung, Lehre und Praxis im deutschen Sprachraum vorgelegt (Messner/Wolf 2001).

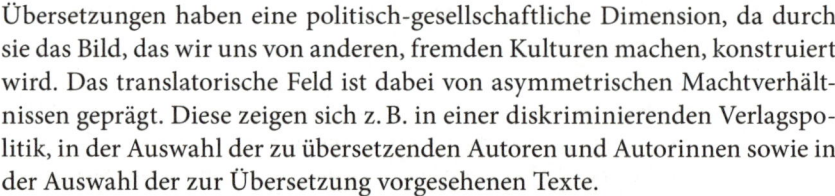

Wolf fasst „**Übersetzen als Prozess der Macht**" auf (Wolf 1997: 123).

Übersetzungen haben eine politisch-gesellschaftliche Dimension, da durch sie das Bild, das wir uns von anderen, fremden Kulturen machen, konstruiert wird. Das translatorische Feld ist dabei von asymmetrischen Machtverhältnissen geprägt. Diese zeigen sich z.B. in einer diskriminierenden Verlagspolitik, in der Auswahl der zu übersetzenden Autoren und Autorinnen sowie in der Auswahl der zur Übersetzung vorgesehenen Texte.

Michaela Wolf

Spricht man von Machtverhältnissen, geht es weniger um textorientierte Entscheidungen auf der Wort- oder Satzebene (Mikrokontext), sondern um die Einbettung von Übersetzungen in größere, vor allem politische, gesellschaftliche und kulturelle Zusammenhänge (Makrokontext).

> Für die Translationswissenschaft bedeutete die »kulturelle Wende« vorrangig eine Privilegierung makrokontextueller Bezüge des Übersetzens und Dolmetschens sowie die Einbeziehung von Übersetzungsstrategien einzelner Weltbilder (z.B. Konfliktkulturen, Zeitmuster u.a.m.) und der damit in Verbindung stehenden Praktiken. (Wolf 2010: 46)

Im Rahmen des machttheoretischen Paradigmas stehen Fremdwahrnehmungsmuster, Fragen der Repräsentation von Kulturen und der Konstruktcharakter von Translation im Mittelpunkt der Diskussion. Dies führte dazu, dass man zunehmend von der **kulturellen Übersetzung** zu sprechen begann. Wolf (2010: 46) führt neben der kulturellen Übersetzung im engeren Sinne drei weitere „Spielarten von »kultureller Übersetzung«" an, die sie als Kulturtransfer, Transkulturation und Transdifferenz bezeichnet.

kulturelle Übersetzung

Kulturtransfer

Beim **Kulturtransfer** geht es um Probleme, die bei der Begegnung von – vor allem europäischen – Kulturen entstehen. Dabei werden die transnationalen Kultureinflüsse und die sich daraus ergebenden Akkulturationsprozesse analysiert, bei denen bestimmte Kultureme von einer anderen Kultur übernommen werden.

Der Begriff **Transkulturation** entstand in den 1940er Jahren bei der Analyse von Identitätsbildungsprozessen in Lateinamerika. Er wurde von Fernando Ortiz (1940) geprägt, als er entdeckte, dass afrikanische, indigene und europäische Kultureme für die Konstruktion einer einheitlichen kubanischen Identität gleich wichtig waren. Silvia Spitta (1995: 15) greift diesen Begriff auf und arbeitet heraus, dass bei jeglicher Transkulturation Übersetzungen einen wesentlichen Teil bilden.

Der Begriff **Transdifferenz** wird im postkolonialen Kontext vor allem zur Beschreibung von Migrationsgesellschaften verwendet und betont das „Denken in Differenzen" (Wolf 2010: 48). Er gilt als Oberbegriff für Konzepte der kulturellen Vermischung, Überlagerung und Interdependenz. Transdifferenz thematisiert das „Übertreten jener Grenzlinien, auf denen Differenzkonstruktionen basieren" (Wolf 2010: 48).

Bei der **kulturellen Übersetzung** geht es um die Konstruktion von Kulturen durch Übersetzung. Konzepte kultureller Übersetzung sind vor allem in der Kulturanthropologie und Ethnografie entwickelt worden. Wolf (2005) hat dies am Beispiel der mehrsprachigen und plurikulturellen Habsburgermonarchie für den Zeitraum von 1848 bis 1918 analysiert, wobei die Ergebnisse u. a. für die Sprachenpolitik der Europäischen Union lehrreich sein könnten. Die interlingualen und interkulturellen Transferprozesse in solchen Sprachräumen sind „nicht länger als eindimensionale, lineare Vorgänge zwischen Ausgangs- und Zielkultur" anzusehen, sondern als vielgestaltige und mehrdimensionale Prozesse, „die durch ständig stattfindende Kontextwechsel charakterisiert sind" (Wolf 2010: 50). Neben einem staatlicherseits **institutionalisierten Übersetzen** (in Verwaltung, Schule, Armee) ergeben sich im Alltag auch viele Situationen des **habitualisierten Übersetzens** im zwischenmenschlichen Bereich (Wolf 2010: 50).

Der von Wolf (2010: 52) verwendete Übersetzungsbegriff ist „weit gefasst" und umfasst vielerlei Kommunikationssituationen und „verschiedene Formen des kulturellen Austauschs". Die Thematisierung kultureller Übersetzungsprozesse eröffnet ein breites Feld der gesellschaftlichen und politischen Praxis, innerhalb dessen der Translator sich etablieren und seiner Verantwortung als zentralem Akteur in der Konstruktion von Kulturen nachkommen muss. Dies führt zu einem neuen Bild des Translators. Dieser sitzt nicht mehr einsam und durch Technik abgeschottet hinter seinem Schreibtisch, sondern wirkt – möglichst reflektiert und verantwortungsbewusst – in die Gesellschaft hinein.

Transkulturation

Transdifferenz

institutionalisiertes und habitualisiertes Übersetzen

Die postkolonialen Ansätze

| 7.4

Fragen der Ethik und der Machtausübung wurden auch im Rahmen der Postkolonialismusdebatte aufgeworfen. Die postkoloniale Literaturkritik, die auf Arbeiten des französischen Philosophen Jean-Paul Sartre und des aus

Martinique stammenden Vordenkers der Entkolonialisierung Frantz Fanon[1] aufbaut sowie – in unterschiedlicher Gewichtung – Anregungen von Foucault und Derrida aufgreift, wurde vor allem von Edward Said (1981), Homi Bhabha (1994) und Gayatri Spivak (1988) vorgetragen.

Zu den führenden Vertretern postkolonialer Ansätze in der Übersetzungstheorie gehören neben Susan Bassnett vor allem indische Autoren, wie die bereits genannte Gayatri Spivak, Anuradha Dingwaney oder Harish Trivedi. Im deutschen Sprachraum haben sich besonders Doris Bachmann-Medick und Michaela Wolf mit postkolonialen Fragestellungen auseinandergesetzt.

Den Vordenkern der Postkolonialismus-Debatte ist gemeinsam, dass sie „die Differenz in der Herausbildung kultureller Identitäten in den Vordergrund stellen" (Wolf 1998: 103). Der von Bhabha geprägte Schlüsselbegriff **Hybridität** bringt zum Ausdruck, dass durch die historischen Dekolonialisierungsprozesse „kulturelle Mischformen" entstanden sind (Wolf 1998: 103), die die Vorstellung einer homogenen Kultur obsolet erscheinen lassen.

Hybridität

In diesem Zusammenhang kommt auch Bhabhas Begriff des **Dritten Raums** zum Tragen, der als eine Art Zwischenzone zu verstehen ist, in dem sich die verschiedensten Ausdrucksformen der Hybridität wie Synkretismus, Akkulturation und Kreolisierung sammeln (Wolf 1998: 103; vgl. Bhabha 1994: 125). Als Sammelort interpretativer Bezugssysteme ist der Dritte Raum auch für „postkoloniale Übersetzungsstrategien" von Bedeutung:

> It is this Third Space, though unrepresentable in itself, which constitutes the discursive conditions of enunciation that ensure that the meaning and symbols of culture have no primordial unity or fixity; that even the same signs can be appropriated, translated, rehistoricized and read anew. (Bhabha 1994: 37)

Die translatorische Auseinandersetzung beginnt mit dem Leseakt. Deshalb ist die jeweils gewählte Lesestrategie besonders wichtig, und Übersetzen wird zu einem besonderen Akt des Lesens:

> **„Translation ist the most intimate act of reading"** (Spivak 2000: 398).

Bezeichnenderweise spielt Spivak (2000: 398 und 412) mit einer doppelten Metapher: „translation as reading" – „reading as translation". Diese Doppelmetapher verweist auf die romantische Vorstellung des Übersetzens als sprachlich-kognitiver *conditio humana* (Steiner 1981: 1). Die Theoretiker postkolonialer Ansätze empfehlen daher in Anlehnung an Edward Said eine „kontrapunktisch[e] Lesestrategie" bzw. ein **Lesen „gegen den Strich"** (Kreutzer 1995: 203, 212).

---

1   Fanons (1961) Hauptwerk *Die Verdammten dieser Erde* gilt noch heute als *das* Manifest des Antikolonialismus.

Bei den postkolonialen Übersetzungstheorien geht es um die angemessene Wahrnehmung der postkolonialen Kultur durch die und in den Kulturen der ehemaligen Kolonialmächte. Daher heben zum Beispiel Cheyfitz (1991), Niranjana (1992) und Venuti (1995) bei ihren poststrukturalistisch inspirierten Ansätzen darauf ab, die aus den Texten sprechende kulturelle Hegemonie zu hinterfragen.

Tejaswini Niranjana (1992: 2) geht davon aus, dass Übersetzen während des Kolonialisierungsprozesses innerhalb der „asymmetrical relations of power that operate under colonialism" stattfand. Diese »kolonialen« Strukturen sind auch noch im postkolonialen Zeitalter nachweisbar. Die ideologischen und machtpolitischen Bedingtheiten des Übersetzens haben sich den postkolonialen Theoretikern zufolge in den letzten 60 Jahren weniger stark verändert als die politische Landkarte.

Zur Vermeidung postkolonialer Asymmetrien und Diskriminierungen fordert Niranjana (1992: 173) eine spekulative, provisorische und **interventionistische Übersetzungspraxis**. Sie kann nicht für alle Texte relevant oder gar verbindlich sein, sondern allenfalls für Texte, die im kolonialen oder postkolonialen Spannungsfeld entstanden sind oder rezipiert werden. Der Faktor »kulturelle Hegemonie« dürfte bei einer Übersetzung aus dem Italienischen ins Deutsche weitaus weniger wichtig sein als bei einer Übersetzung aus dem Englischen ins Hindi oder vom Marathi ins Englische.

Die Relevanz einer interventionistischen Übersetzungspraxis für das *Fach*übersetzen liegt leider außerhalb des Fragenkatalogs der postkolonialen Übersetzungstheorie, die sich nur um das Literaturübersetzen zu kümmern scheint. Denkt man z. B. an die zunehmende Bedeutung von Software-Programmen und -Handbüchern, die vor allem von großen US-amerikanischen und europäischen Unternehmen produziert werden, dann wäre es ein lohnendes Untersuchungsfeld, ob sich in den entsprechenden Ausgangs- und Zieltexten Hinweise auf eine wie auch immer geartete und sich ausdrückende »kulturelle Hegemonie« finden. Vielleicht drückt sich aber die kulturelle Hegemonie bei bestimmten Fachtexten gerade darin aus, dass sie nicht in sogenannte periphere Sprachen übersetzt werden.

Den meisten postkolonialen Ansätzen ist gemein, dass sie Text, Autor und Bedeutung in Frage stellen und den Übersetzer auffordern, „vor dem Hintergrund einer kulturell heterogenen Interpretation **die Stimme des Anderen im Translat** hörbar zu machen" (Wolf 1998: 104). Bezeichnenderweise heben die postkolonialen Ansätze letztlich auf das Interpretationspotenzial des Übersetzers und auf seine Kreativität ab:

> In diesem kreativen Prozeß soll die Polyphonie des ausgangskulturellen Texts in das Translat eingebracht werden und eine Multiperspektivität schaffen, die das kulturelle und sprachliche Repertoire des zielkulturellen Texts erweitert. (Wolf 1998: 104)

Tejaswini Niranjana

199

Gayatri Spivak
(*1942)

Politik der Über-
setzung

verantwortbare
Übersetzung

Die postkoloniale Diskussion wird vornehmlich von Autoren aus den ehemaligen englischen, französischen, spanischen und portugiesischen Kolonien gegen ihre einstigen Kolonialmächte bestimmt, wobei fast ausschließlich literarische Übersetzungen als Beispiele dienen. Dies bedeutet für die postkolonialen Übersetzungstheorien zweierlei: Erstens kümmern sie sich nicht um Probleme des Fachübersetzens, und zweitens kümmern sie sich nicht um didaktische Probleme.

Die aus Indien stammende **Gayatri Spivak** gehört zu den prominentesten Vertreterinnen sowohl des feministischen als auch des postkolonialen Ansatzes. Bei ihr ist die „der postkolonialen Perspektive" besonders nahe liegende „*race-gender-class*-Triade" besonders ausgeprägt (Kreutzer 1995: 206), bei der postkoloniales, feministisches und marxistisches Gedankengut zusammenkommen.

Spivaks Überlegungen laufen auf eine **Politik der Übersetzung** hinaus, der es um die „Verantwortung gegenüber der Spur des Anderen im Selbst" geht" (Spivak 1997: 66). Da sie „Sprache als Prozeß der Bedeutungskonstruktion" auffasst, kann beim Übersetzen „nicht irgendeine Bedeutungssubstanz übertragen" werden (Spivak 1997: 65 f.). Vielmehr geht es Spivak (1997: 66) darum, „die Spezifität der Sprache" zu berücksichtigen, die übersetzt wird.

Eine wesentliche Schwierigkeit des Übersetzens besteht darin, dass die dreiteilige Struktur aus Logik, Rhetorik und Schweigen für jede Sprache anders funktioniert (Spivak 1997: 76 f.). Während die Logik die syntaktischen und semantischen Verbindungen von Wort zu Wort und von Satz zu Satz regelt, arbeitet die Rhetorik auch mit dem „Schweigen zwischen und um die Wörter" herum (Spivak 1997: 68). Wer übersetzt, muss daher erstens „sich der Rhetorizität der Sprache des Originaltextes" hingeben; zweitens „einen klaren Sinn für das Terrain des Originals besitzen" (Spivak 1997: 78 f.); und drittens „mit dem rhetorischen Schweigen in beiden Sprachen zu jonglieren" wissen (Spivak 1997: 88). Wird diese dreifache Aufgabe bewältigt, führt das zu einer „**verantwortbaren Übersetzung**" (Spivak 1997: 68).

> Zunächst muss die Übersetzerin also vor dem Text kapitulieren [*surrender*]. Sie muß **mit dem Text verhandeln**, damit er die Grenzen seiner Sprache zeigt, weil dieser rhetorische Aspekt auf das Schweigen des absoluten Ausfransens der Sprache verweisen wird, das der Text, auf seine besondere Weise, abwehrt. … Hat die Übersetzerin nicht das Recht erworben, zur vertrauten Leserin zu werden, kann sie sich dem Text nicht hingeben [*surrender*], kann sie dem besonderen Ruf des Textes nicht antworten. (Spivak 1997: 70 f.)[2]

---

2   Es bleibt im Unklaren, ob die – teilweise von Benjamin inspirierte – wortspielerische Metapher des Übersetzens als Aufgeben (Kapitulieren) und Sich-Hingeben nur für weibliche oder auch für männliche Personen, die übersetzen, gelten mag. Die „Hingabe als Aufgabe der Übersetzerin" (Spivak 1997: 71) ist auf jeden Fall eindeutig positiv konnotiert.

Die eingeschränkte Thematik und die mangelnde didaktische Relevanz sind die beiden Hauptgründe dafür, dass die gerade an Fragen des Fachübersetzens und der Didaktik interessierte deutschsprachige Übersetzungswissenschaft diese Theorien kaum in produktiver Weise rezipiert hat. Dabei wäre es ein äußerst wünschenswertes und spannendes Projekt, die sprachliche und kulturelle Sensibilität von Übersetzern für die expliziten und impliziten Sinnstrukturen eines Textes mit geeigneten didaktischen Methoden zu fördern. Die Forderung, Übersetzer sollten für bestimmte Phänomene (die je nach Text variieren mögen) sensibel sein und ihre Zieltexte entsprechend verfassen, stößt ins Leere, wenn keine theoretischen, praktischen und didaktischen Anstrengungen unternommen werden, den Übersetzern die geforderte Sensibilität näher zu bringen.

Fragen und Aufgaben |7.5

1 Welche Vor- und Nachteile bringt es (a) der Übersetzungstheorie und (b) dem einzelnen Übersetzer, wenn man das Phänomen Übersetzen unter machtkritischer Perspektive betrachtet?

2 Was versteht Lefevere unter Patronage und wie wirkt sie sich auf den einzelnen Übersetzer aus?

3 Was versteht Venuti unter der Unsichtbarkeit des Übersetzers?

4 Was versteht man unter kultureller Übersetzung? Welche Spielarten von kultureller Übersetzung führt Wolf an und was ist jeweils damit gemeint?

5 Diskutieren Sie die Vor- und Nachteile der ideologischen Präskription! Warum sollen Übersetzer sich einseitig feministische oder postkoloniale Standpunkte zu eigen machen? (Siehe auch „Zum Weiterdenken", S. 205)

Verwendete und weiterführende Literatur |7.6

Bachmann-Medick, Doris (Hrsg.) (1996): Kultur als Text. Die anthropologische Wende in der Literaturwissenschaft. Frankfurt: Fischer.

Bachmann-Medick, Doris (Hrsg.) (1997): Übersetzen als Repräsentation fremder Kulturen. Berlin: Schmidt.

Baker, Mona (Hrsg.) (1998): Encyclopedia of Translation Studies. London: Routledge.

Bassnett, Susan/Lefevere, André (Hrsg.) (1990): Translation, History and Culture. London: Pinter.

Bassnett, Susan/Trivedi, Harish (1999a): Introduction. Of colonies, cannibals and vernaculars. In: Bassnett/Trivedi 1999: 1–18.

Bassnett, Susan/Trivedi, Harish (Hrsg.) (1999): **Post-colonial translation. Theory and practice. London: Routledge.**

Bermann, Sandra/Woods, Michael (Hrsg.) (2005): Nation, language and the ethics of translation. Princeton: Princeton University Press.

Bhabha, Homi (1994): The location of culture. London: Routledge.

Bhabha, Homi (2000): Die Verortung der Kultur. Tübingen: Stauffenburg.

Carbonell i Cortés, Ovidi (2002): Übersetzen ins Andere. Der Diskurs über das Andere und seine Übersetzung. Exotismus, Ideologie und neue Kanones in der englischsprachigen Literatur. Tübingen: Stauffenburg.

Chamberlain, Lori: Gender metaphorics in translation. In: Baker 1998: 93–96.

Cheyfitz, Eric (1991): The poetics of imperialism. New York: Oxford University Press.

Fanon, Frantz (1961): Les Damnés de la Terre. Paris: Gallimard.

Fanon, Frantz (2001): Die Verdammten dieser Erde. Frankfurt: Suhrkamp.

Flotow, Luise von (1991): Feminist translation: Contexts, Practices, Theories. In: TTR 4.2 (1991): 69–84.

Flotow, Luise von **(1997): Gender and Translation. Translation in an »Era of Feminism«** Manchester: St. Jerome.

Flotow, Luise von (2001): Gender in Translation: The Issues Go on. Online verfügbar: http://orees.concordia.ca/numero2/essai/Von%20Flotow.html [letzter Zugriff am 24.03.2015]

Flotow, Luise von (2004): Translation as an object of reflection in gender studies. In: Kittel u.a. 2004: 175–180.

Godard, Barbara (1990): Theorizing feminist discourse/translation. In: Bassnett/Lefevere 1990: 87–96.

Grbič, Nadja/Wolf, Michaela (1997a): Feministische Translationswissenschaft. In: Information der interuniversitären Koordinationsstelle für Frauenforschung 3 (1997) 1: 23–26.

Grbič, Nadja/Wolf, Michaela (1997b): »Gendern Sie mir den Text, bitte«. Überlegungen zur fraueneinbindenden Sprache in der Translation. In: TextconText 11 (1997) 4: 247–266.

Grbič, Nadja/Wolf, Michaela (1998): Strategien des geschlechtsneutralen Ausdrucks. In: Snell-Hornby u.a. 1998: 294–296.

Hagemann, Susanne (2004): Subversives Übersetzen: Tolkiens Frauen. In: Kohlmayer/ Pöckl 2004: 57–72.

Haverkamp, Anselm (Hrsg.) (1997): Die Sprache der Anderen. Übersetzungspolitik zwischen den Kulturen. Frankfurt: Fischer.

Hermans, Theo (1998): Artikel „Descriptive Translation Studies". In: Snell-Hornby u.a. 1998: 96–100.

Hermans, Theo (Hrsg.) (1985): The Manipulation of Literature: Studies in Literary Translation. London: Croom Helm.

Honneth, Axel (1992): Kampf um Anerkennung: Zur moralischen Grammatik sozialer Konflikte. Frankfurt: Suhrkamp.

Karoubi, Behrouz (2009): Gender and Translation. Online verfügbar: http://www.translationdirectory.com/article528.htm [letzter Zugriff am 24.03.2015]

Kreutzer, Eberhard (1995): Theoretische Grundlagen postkolonialer Literaturkritik. In: Nünning 1995: 199–213.

Lefevere, André (1985): Why waste our time on rewrites? The trouble with interpretation and the role of rewriting in an alternative Paradigm. In: Hermans 1985: 215–243.

Lefevere, André (1992): Translation, rewriting, and the manipulation of literary fame. London: Routledge.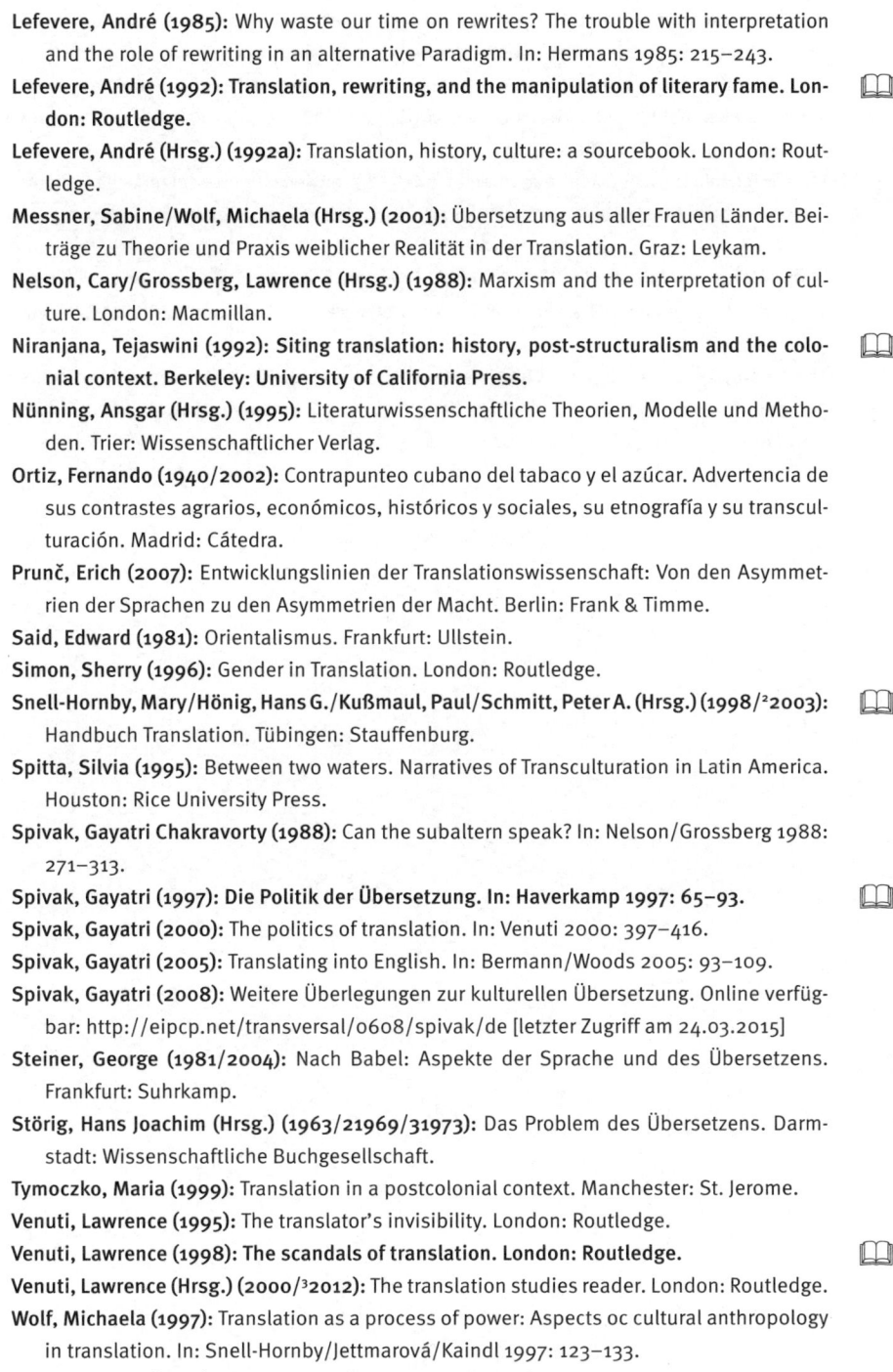

Lefevere, André (Hrsg.) (1992a): Translation, history, culture: a sourcebook. London: Routledge.

Messner, Sabine/Wolf, Michaela (Hrsg.) (2001): Übersetzung aus aller Frauen Länder. Beiträge zu Theorie und Praxis weiblicher Realität in der Translation. Graz: Leykam.

Nelson, Cary/Grossberg, Lawrence (Hrsg.) (1988): Marxism and the interpretation of culture. London: Macmillan.

Niranjana, Tejaswini (1992): Siting translation: history, post-structuralism and the colonial context. Berkeley: University of California Press.

Nünning, Ansgar (Hrsg.) (1995): Literaturwissenschaftliche Theorien, Modelle und Methoden. Trier: Wissenschaftlicher Verlag.

Ortiz, Fernando (1940/2002): Contrapunteo cubano del tabaco y el azúcar. Advertencia de sus contrastes agrarios, económicos, históricos y sociales, su etnografía y su transculturación. Madrid: Cátedra.

Prunč, Erich (2007): Entwicklungslinien der Translationswissenschaft: Von den Asymmetrien der Sprachen zu den Asymmetrien der Macht. Berlin: Frank & Timme.

Said, Edward (1981): Orientalismus. Frankfurt: Ullstein.

Simon, Sherry (1996): Gender in Translation. London: Routledge.

Snell-Hornby, Mary/Hönig, Hans G./Kußmaul, Paul/Schmitt, Peter A. (Hrsg.) (1998/²2003): Handbuch Translation. Tübingen: Stauffenburg.

Spitta, Silvia (1995): Between two waters. Narratives of Transculturation in Latin America. Houston: Rice University Press.

Spivak, Gayatri Chakravorty (1988): Can the subaltern speak? In: Nelson/Grossberg 1988: 271–313.

Spivak, Gayatri (1997): Die Politik der Übersetzung. In: Haverkamp 1997: 65–93.

Spivak, Gayatri (2000): The politics of translation. In: Venuti 2000: 397–416.

Spivak, Gayatri (2005): Translating into English. In: Bermann/Woods 2005: 93–109.

Spivak, Gayatri (2008): Weitere Überlegungen zur kulturellen Übersetzung. Online verfügbar: http://eipcp.net/transversal/0608/spivak/de [letzter Zugriff am 24.03.2015]

Steiner, George (1981/2004): Nach Babel: Aspekte der Sprache und des Übersetzens. Frankfurt: Suhrkamp.

Störig, Hans Joachim (Hrsg.) (1963/21969/31973): Das Problem des Übersetzens. Darmstadt: Wissenschaftliche Buchgesellschaft.

Tymoczko, Maria (1999): Translation in a postcolonial context. Manchester: St. Jerome.

Venuti, Lawrence (1995): The translator's invisibility. London: Routledge.

Venuti, Lawrence (1998): The scandals of translation. London: Routledge.

Venuti, Lawrence (Hrsg.) (2000/³2012): The translation studies reader. London: Routledge.

Wolf, Michaela (1997): Translation as a process of power: Aspects oc cultural anthropology in translation. In: Snell-Hornby/Jettmarová/Kaindl 1997: 123–133.

Wolf, Michaela (1998): Postkolonialismus. In: Snell-Hornby u. a. 1998: 102–104.

Wolf, Michaela (2005/²2012): Die vielsprachige Seele Kakaniens. Translation als soziale und kulturelle Praxis in der Habsburgermnarchie 1848 bis 1918. Wien: Böhlau.

Wolf, Michaela (2008): Translation – Transkulturation. Vermessung von Perspektiven transkultureller politischer Aktion. Online verfügbar: http://eipcp.net/transversal/0608/wolf/de [letzter Zugriff am 24.03.2015]

Wolf, Michaela (2010): „Kulturelle Übersetzung" – Spielwiese für übersetzerische Beliebigkeiten oder Spielarten von Übersetzung „nach Babel"? In: Yamamoto/Ivanovic 2010: 44–55.

Wolf, Michaela/Grbić, Nadja (Hrsg.) (2002): Grenzgängerinnen. Zur Geschlechterdifferenz in der Übersetzung. Graz: Institut für Theoretische und Angewandte Translationswissenschaft.

Yamamoto, Hiroshi/Ivanovic, Christine (2010): Übersetzung – Transformation. Umformungsprozesse in/von Texten, Medien, Kulturen. Würzburg: Königshausen & Neumann.

Präskription – Deskription – Prospektion

Die Ansätze des linguistischen Paradigmas sind präskriptiv ausgerichtet. Sie versuchen dem Übersetzer zu sagen, wie er aufgrund linguistischer Regeln zu übersetzen hat. Man könnte diese Art als **linguistische Präskription** bezeichnen.

Die Ansätze des systemisch-kultursemiotischen Paradigmas lehnen hingegen jegliche Präskription ab und favorisieren die reine, bewertungsfreie **Deskription** von Übersetzungen.

Mit dem begrifflichen Wechsel von der Präskription zur Deskription ist auch ein Fokuswechsel vom Übersetzen als Prozess zur Übersetzung als Produkt verbunden.

Bemerkenswert ist, dass die Ansätze des machttheoretischen Paradigmas, die Grundüberzeugung der *Descriptive Translation Studies* aufgegeben haben, nämlich die Ablehnung der Präskription zugunsten der bewertungsfreien Deskription. Die feministischen und postkolonialen Ansätze plädieren dafür, dass der Übersetzer einen ideologisch geprägten Standpunkt einnehmen soll, was teilweise bis zur Forderung einer interventionistischen Übersetzungspraxis führt. Dies könnte man als **ideologische Präskription** bezeichnen.

Die Ansätze des handlungstheoretischen und des semiotisch-interpretationstheoretischen Paradigmas favorisieren die **Prospektion**, indem sie versuchen, dem Übersetzer heuristische Werkzeuge an die Hand zu geben, um auftragsspezifisch angemessene Übersetzungen anfertigen zu können. Dem Übersetzer wird weder im Sinne einer linguistischen noch einer ideologischen Präskription vorgeschrieben, wie er zu übersetzen hat; vielmehr bleibt die Verantwortung für die einzelnen übersetzerischen Entscheidungen wie für den gesamten Zieltext beim Übersetzer. Bei der Prospektion liegt der Analysefokus auf dem Übersetzungsprozess.

Das systemtheoretische Paradigma

8.1 | Gemeinsamkeiten der systemtheoretischen Ansätze

Den systemtheoretischen Ansätzen ist gemein, dass sie sich an der Systemtheorie von Niklas Luhmann (1987) als Leitdisziplin orientieren und sie für die Translationstheorie fruchtbar zu machen versuchen. Insofern ist System der Leitbegriff dieses Paradigmas. Luhmann ist einer der bedeutendsten deutschen Soziologen des ausgehenden 20. Jahrhunderts und hat eine ausgereifte Theorie sozialer Systeme vorgelegt, die weltweit Beachtung gefunden hat. Laut Luhmann ist Gesellschaft ein autopoietisches System, das in funktionelle Subsysteme wie Recht, Wirtschaft, Politik, Wissenschaft, Kunst, Erziehung usw. ausdifferenziert ist.

Im Unterschied zur klassischen (handlungstheoretisch fundierten) Soziologie besteht Gesellschaft bei Luhmann nicht aus Individuen oder Subjekten, sondern aus Kommunikationen.[1] Gesellschaft reproduziert sich durch Kommunikationen, an die sich weitere Kommunikationen anschließen. Systeme zeichnen sich nach Luhmann durch Autopoiesis, Selbstreferentialität und operative Geschlossenheit aus. Dazu operieren sie mit einem binären Code. Das Wissenschaftssystem nutzt z. B. den Code wahr/falsch, das Rechtssystem den Code legal/illegal. Ein wesentliches Merkmal von Funktionssystemen ist, dass sie zur Komplexitätsreduktion beitragen.

Der erste, der Luhmann für die Translationswissenschaft entdeckt hat, war Andreas Poltermann (1992). Weitere Vertreter, die Luhmanns Grundideen translatologisch gewendet haben, sind Theo Hermans (1999), Sergey Tyulenev (2012) und Hans Vermeer (2006).

Die gemeinsame Grundidee des systemtheoretischen Übersetzungsdenkens ist, Translation als eigenständiges, funktional ausdifferenziertes soziales Subsystem aufzufassen, das sich selbst-referentiell durch Übersetzungen und Kommunikationen über Übersetzungen reproduziert. Luhmann selbst hat sich dem Übersetzungsthema nicht systematisch gewidmet, hätte aber wohl Bedenken, Translation als Funktionssystem zu behandeln. Er hätte Translation (im Sinne von Literaturübersetzen) wohl eher als Teilbereich des Kunstsystems analysiert.

8.2 | Allgemein systemtheoretische Ansätze

Die hier vorzustellenden Ansätze sind im Wortsinne »Ansätze« und bedürfen noch weiterer Ausarbeitung, bis man von ausgereiften Theorien sprechen kann. Sie sind produktorientiert und abstrahieren fast völlig vom Übersetzer als handelndem Subjekt. Statt dessen bieten sie Anregungen, die Luhmannschen Grundideen in den translationswissenschaftlichen Diskurs einzubringen, und den Versuch, „[to] rethink the way in which translation exists in society" (Hermans 1999: 150). Von Luhmanns Systemtheorie erhofft sich

---

1 Zum Kommunikationsbegriff bei Luhmann siehe ausführlich Siever (2001: 50–66).

Hermans eine Neuausrichtung der *Descriptive Translations Studies*, wenn nicht der gesamten Translationswissenschaft:

> What we may gain from the attempt, however, is a way of conceptualizing translation as simultaneously autonomous and heteronomous, a means of studying disputes over what is or what is not translation, a tool to think about the internal organization and evolution of the social and intellectual space we call translation. (Hermanns 1999: 138)

Ausgangspunkt der Überlegungen von **Andreas Poltermann** (1992) ist Luhmanns Diagnose, dass sich in Europa im achtzehnten Jahrhundert ein eigenständiges Literatursystem ausdifferenziert hat. Die Strukturen, die sich bei der Ausdifferenzierung gebildet haben, lassen sich „als generalisierte Verhaltensnormen definieren" (Luhmann 1987: 139). Das Pendant zu den Verhaltensnormen ist die Erwartung, dass diese eingehalten werden. Soziale Systeme stabilisieren sich selbst mithilfe von solchen Erwartungsstrukturen.

Andreas Poltermann

Die literarischen Normen, die für bestimmte literarische Genres (Gedicht, Drama, Roman) gelten, lassen sich folglich, so Poltermann, als Erwartungen reformulieren. Ebenso lassen sich die translatorischen Normen als Erwartungen reformulieren. In beiden Fällen bilden die Erwartungen die Struktur des jeweiligen Literatursystems bzw. des Translationssystems (Hermans 1999: 141).

Die Ausdifferenzierung des Literatursystems, mit der – wie bei jeder Systemdifferenzierung – eine Komplexitätsreduktion verbunden war, hat auch zu einer Veränderung der literarischen und translatorischen Normen geführt. Poltermann sieht in der Erfüllung zielkultureller Genre-Erwartungen, wie sie vor der Ausdifferenzierung u. a. für die *belles infidèles* typisch war, eine frühe Möglichkeit, Komplexität für den zielsprachlichen Leser zu reduzieren. Da nach der Entstehung des Literatursystems die Komplexitätsreduktion u. a. über den Code erfolgt, wurde es möglich, in den Übersetzungen nicht-erwartungskonforme Elemente aufzunehmen, also verfremdend zu übersetzen.

Theo Hermans (1999) wendet Luhmanns Systemtheorie auf den Bereich Translation an, allerdings geht es ihm nicht um die Entwicklung einer umfassenden systemtheoretischen Translationstheorie, sondern nur darum, neue Perspektiven zu entwickeln, aus denen Translation beschrieben, traditionelle Konzepte überdacht und neue Fragestellungen aufgeworfen werden können (Hermans 2007: 110 f.).

Theo Hermans
(* 1948)

Translation hat sich nach Hermans (2007: 131) als eigenständiges Funktionssystem in Europa ab dem 16. Jahrhundert herausgebildet. Hier liegt offensichtlich ein Widerspruch zu Luhmann vor: Es ist schwer einzusehen, dass das Literatursystem (nach Luhmann) erst im 18. Jahrhundert entstanden sein soll, während das Translationssystem (nach Hermans), das Literaturübersetzungen generiert, schon zwei Jahrhunderte früher bestanden haben soll. Dies scheint ein Hinweis darauf zu sein, dass Hermans den Systembegriff anders definiert und verwendet als Luhmann.

Translation als
System

Hermans hebt zwei Argumente hervor, die dafür sprechen, **Translation als System** zu behandeln. Zum einen finden wir seit dem 16. Jahrhundert Selbstbeschreibungen, die in der Formulierung von Translationsregeln ihren Ausdruck finden (Hermans 2007: 132), und zum anderen bildeten sich seit damals kognitive und normative Erwartungen heraus (Hermans 1999: 142), die strukturbildend wirken. Beides sind zwar nach Luhmann notwendige, aber nicht hinreichende Kriterien für das Vorliegen eines ausdifferenzierten Systems.

Das Translationssystem sieht Hermans (1999: 142) als adaptives, selbstregulierendes, selbstreflexives und selbstreproduzierendes (= autopoietisches) System. Die Elemente des Translationssystems sind die „actual translations and statements about translation" (Hermans 1999: 142). Als Code schlägt er „»valid« or »not valid« as representation" vor (Hermans 1999: 143). Seine Funktion liegt in der Erweiterung der kommunikativen Reichweite von Gesellschaft über Sprachgrenzen hinaus (Hermans 2007: 116).

Den Übersetzer verortet Hermans (2007: 112) in der Umwelt des Translationssystems: „Translators are out of it, as are their professional associations, their printed texts, their dictionaries, their mailboxes, even their memories, computerized or not."

intersemiotische
Metarepräsentation

Die Leitdifferenz des Translationssystems sieht Hermans im Begriff der Repräsentation, genauer gesagt: der **intersemiotischen Metarepräsentation**. Das Translat kann dem repräsentierten Ausgangstext entweder ähneln oder ihn ersetzen, auf jeden Fall aber ist es ein Text über einen anderen Text, der diesen anderen Text neu inszeniert und nicht notwendigerweise sprachlicher Natur sein muss (Hermans 2007: 116).

Die dreigliedrige Definition von Kommunikation bei Luhmann, wonach Kommunikation die Synthese der drei Operationen Information, Mitteilung und Verstehen ist, adaptiert Hermans (2007: 114) in folgender Weise: Der informative Aspekt translatorischer Kommunikation liegt im Verweis auf einen anderen Text, der zumeist in einer anderen Sprache verfasst ist. Der Mitteilungsaspekt besteht darin, dass etwas als Repräsentation von etwas anderem (als Translat) präsentiert wird. Der Aspekt des Verstehens liegt schließlich in der Beobachtung der ersten beiden Aspekte und in dem darauf basierenden Schluss, „that something is being said by someone to someone".

Neuinszenierung

Aus diesem Verständnis translatorischer Kommunikation folgt, dass Translation nicht mehr als Übertragung eines gegebenen Inhalts aufgefasst werden kann (Hermans 2007: 114), sondern als **Neuinszenierung** („reenactment") des Ausgangstextes in der Zielsprache.

Ein **Translat ist** eine Kommunikation über eine bereits erfolgte Kommunikation, also **Metakommunikation** und zwar in der Form intersemiotischer Metarepräsentation (Hermans 2007: 116).

Definition von Hermans

Die operative Schließung und die erforderliche Anschlussfähigkeit sieht Hermans als gegeben, wirft aber nicht die Frage auf, ob das Translationssystem nur das Literaturübersetzen oder alle Formen der Translation (also auch Fachübersetzen, Dolmetschen, Community Interpreting usw.) umfasst.

> A system can only continue to exist if communications connect. We can translate because there are translations which we recognize as translations *and* because, when we translate or speak about translation, we routinely take account of the conditioning factors governing the concepts and practices which count as »translation« in our world. This creates the necessary connectivity and a sufficient »horizon of expectations« to produce further translations and statements about translation. (Hermans 1999: 142)

Hermans greift eine weitere Grundidee von Luhmann auf, nämlich die Unterscheidung zwischen Beobachtung erster Ordnung und Beobachtung zweiter Ordnung. Auf das Übersetzen angewandt können wir das Übersetzen eines Ausgangstexts als Bobachtung erster Ordnung verstehen, während die Kommentare, die Übersetzer über den Übersetzungsprozess abgeben oder in die Übersetzung einbauen (Fußnoten, in Klammern gesetzte ausgangssprachliche Begriffe usw.) als Beobachtung zweiter Ordnung gelten können (Hermans 1999: 145). Ebenso sind die Übersetzungskommentare oder -kritiken anderer als Beobachtung zweiter Ordnung zu werten.

Legt man Luhmanns Unterscheidung von Beobachtung erster und zweiter Ordnung zu Grunde, kann es keine klare Trennung zwischen Objektebene und Metaebene mehr geben, die aber konstitutiv ist für den empirischen Ansatz der *Descriptive Translation Studies* (Hermans 1999: 146), als deren Vertreter Hermans sich versteht. Nüchtern stellt er fest: „we have a problem" (Hermans 1999: 146), denn damit fällt auch die handliche Unterscheidung zwischen Übersetzungen (Objektebene) und Übersetzungskommentaren (Metaebene).

Translate müssen Hermans zufolge Beobachtung zweiter Ordnung betreiben, weil sie die Beobachtungen des Ausgangstextes beobachten. Zudem müssen sie ihre eigenen Beobachtungen des Ausgangstextes beobachten, um aus mehreren Übersetzungsalternativen diejenige auszuwählen, die sie aktualisieren wollen (Hermans 2007: 129). Man beachte, dass es nicht die Übersetzer sind, sondern die Translate, die beobachten; das ist kontraintuitiv, entspricht aber der gewählten systemtheoretischen Sichtweise.

Als Beobachtung zweiter Ordnung vermag Translation nicht Zusammenhänge zwischen Sprachen widerzuspiegeln, vielmehr werden diese Zusammenhänge erst durch Translation erschaffen (Hermans 2007: 130). Dies zeigt sich u. a. darin, dass die Möglichkeiten der Translation vor allem durch den zielkulturellen Rahmen vorgegeben sind.

Der Ansatz der bewertungsfreien Beschreibung, wie ihn die Vertreter der *Descriptive Translation Studies* verfolgen, erfährt noch einen zweiten Dämpfer, denn **„describing is also translating"** (Hermans 1999: 148), und zwar deshalb, weil Beschreibungen von Übersetzungen oder Übersetzungsprozessen eine Form von intralingualer Übersetzung (nach Jakobson) sind: „To understand and speak about someone else's translation, we must translate that translation" (Hermans 1999: 147).

Beschreiben ist Übersetzen

Eine Gefahr der systemtheoretischen Herangehensweise an das Phänomen Übersetzen besteht darin, dass Translation und Kommunikation ununterscheidbar werden und so der Translationswissenschaft ihr spezifischer Forschungsgegenstand unter den Händen zerrinnt. Hermans (1999: 150) sieht darin weniger ein Problem als eine Herausforderung, mit den „paradoxes and entanglements of description" zurechtzukommen und sich die Lösungsansätze der Theorien selbstreflexiver Systeme anzueignen.

Sergey Tyulenev

Sergey Tyulenev (2012) vertritt eine weite Auffassung von Translation und versucht Luhmanns Systemtheorie mit der Feldtheorie von Pierre Bourdieu zu verbinden. Teilweise scheint Tyulenev (2010: 364) sogar »Feld« und »System« als Synonyme zu behandeln, was als problematisch einzustufen ist.

Für Tyulenev kann Translation hinsichtlich ihrer Systemhaftigkeit auf drei verschiedene Arten behandelt werden: (1) als ein eigenständiges Funktionssystem neben anderen, (2) als Subsystem innerhalb eines umfassenderen Systems und (3) als Grenzphänomen bei der Kopplung von System und Umwelt (Tyulenev 2009: 150 f.). Dabei geht er davon aus, dass das Translationssystem nicht bloß ein theoretisches Konstrukt ist, sondern real existiert:

> Translation, then, is shown to be a system not only as a result of an epistemological exercise, but also in the ontological sense. If translation were not a system it would be impossible to construct translation as a system. (Tyulenev 2010: 355)

Auch bei Tyulenev (2010: 351 f.) sind die Übersetzer nicht Teil des Systems, sondern Teil von dessen Umwelt. Translation habe den Charakter einer **Mediation** (Tyulenev 2010: 351). Das Grundelement der Translation ist ein Sonderfall von Kommunikationsereignissen, das Tyulenev (2010: 352) „translatorische Kommunikationsereignis" nennt.

Mediation

> In this sense, translation is not dependent on its actors: translation depends on itself as an activity with [a] difference schema (mediation) practiced in and for a society (or rather, one of its ever competing parts). This is why the translator cannot be put in the centre of sociologically informed TS. (Tyulenev 2010: 362)

Tyulenev lehnt Hermans Vorschlag »valid/invalid« als binären Code ab, da Translation immer im Dienste anderer sozialer Systeme stehe, das Translationssystem anderen Systemen somit untergeordnet sei und nicht selbst bestimmen könne, was als Translation anerkannt werde und was nicht (Tyulenev 2009: 152). Stattdessen schlägt er »Repräsentation/Nicht-Repräsentation« als Code vor, wobei die Entscheidung über die Gültigkeit der Repräsentation dem Subsystem obliege, welches das Translat in Auftrag gegeben hat (Tyulenev 2009: 153). Hier scheint jedoch eine Verwechslung von Leitdifferenz und Code vorzuliegen.

Die Selbstbeobachtung des Translationssystems erfolgt, indem es Übersetzungen in ihrer Differenz zum Original, zu nicht übersetzten Texten oder zu anderen Übersetzungen des Originals beobachtet (Tyulenev 2010: 367). Sie kann nach Tyulenev (2010: 367) als Beobachtung erster oder zweiter Ordnung erfolgen, was systemtheoretisch gesehen problematisch ist, da Selbstbeobachtung als Beobachtung eines Beobachters immer eine Beobachtung zweiter Ordnung ist. Zudem ermögliche Translation, die Informationslosigkeit der Umwelt in sinnhafte Information für das System umzuwandeln, und damit die Einführung dieser Information in die systeminterne Kommunikation (Tyulenev 2009b: 150).

Die Autopoiesis des Translationssystems ist nach Tyulenev durch die rekursiv sich wiederholende Natur von Translation gesichert, wie sie sich im translatorischen Kommunikationsereignis manifestiert (Tyulenev 2010: 352). Als soziales Subsystem geht Translation strukturelle Kopplungen mit anderen sozialen Subsystemen ein, wenn sie zwischen ihnen vermittelt (Tyulenev 2010: 365). So sei die Übersetzung eines Rechtstextes aus einer Sprache in eine andere erstens die Vermittlung zwischen zwei Sprachsystemen und zweitens die Vermittlung zwischen zwei sozialen Systemen; beide intersystemische Beziehungen sieht Tyulenev (2010: 366) als strukturelle Kopplungen. Aus systemtheoretischer Sicht ist diese Ansicht problematisch, da Luhmann Sprache nicht als System, sondern als Medium für strukturelle Kopplungen ansieht.

Die Intertheorie | 8.3

Vermeer (2006b) hat seine Skopostheorie ständig weiterentwickelt und sowohl kultur- als auch kognitionstheoretische Erweiterungen in sein Theoriegebäude integriert. Vermeer selbst hat daraus die Konsequenzen gezogen und die Skopostheorie in den letzten Jahren zu einer „**translatologischen holistischen Prozeßtheorie**" (Vermeer 2003: 241) aus- und umgebaut, die er auch als Intertheorie bezeichnet.

translatologische holistische Prozesstheorie

Das Theoriegebäude der Intertheorie ist sehr komplex und kompliziert, da es zum einen mehrere konzeptuelle Ebenen umfasst und zum anderen eine völlig neue Sichtweise in die Translationswissenschaft einführt, die die grundlegende Zeitlichkeit und Prozesshaftigkeit aller Lebensäußerungen durch die Verwendung dynamischer Begriffe berücksichtigen will. Dazu greift er auf Anregungen des Philosophen Alfred N. Whitehead (1987), des Evolutionsbiologen Richard Dawkins (1976) und des Soziologen Niklas Luhmann (1987) zurück.

Er bezeichnet seine Intertheorie als holistischen Prozesstheorie, weil er ganzheitlich *alle* Aspekte der Translation in sie einbeziehen will. Sie befasst sich also nicht nur mit Aspekten des text- oder sprachbezogenen Übersetzens, sondern auch mit Übersetzungsprozessen u. a. im physikalischen, biologischen, medizinischen oder informationstechnischen Bereich.

Entsprechend fächert Vermeer (2006b: 365) – in Anlehnung an Viaggio (2004: 116) – diesen weiten Translationsbegriff in vier Dimensionen auf:

1. vertikal: Translation im engeren Sinn:
   a) als eigentliche Translation
   b) als »erweiterte« Translation (mediale Sprachmittlung)
2. horizontal: Translation im Rahmen
   a) einer primär verbalen Textverwendung
   b) metaphorischer, nonverbaler Ereignisse

Der Umbau der Skopostheorie zu einer holistischen Prozesstheorie ist notwendig geworden, weil das handlungstheoretische Fundament zu eng geworden ist, um die zusätzlichen kultur- und kognitionstheoretischen Erkenntnisse angemessen reformulieren zu können. Hier liegt ein ähnliches Movens vor wie bei Sievers interpretationstheoretischem Ansatz. Vergleicht man Skopostheorie und Intertheorie miteinander, so stellt man fest, dass erstere einer handlungstheoretischen Begründung verpflichtet ist, während letztere systemtheoretisch ausgerichtet ist.

Handlungstheorie und Systemtheorie sind im Prinzip nur schwer miteinander vereinbar. Während für die Handlungstheorie das denkende, erkennende und handelnde Subjekt konstitutiv ist, ist das Subjekt aus der Systemtheorie verbannt. Auch der für die Skopostheorie zentrale Begriff des Zwecks ist systemtheoretisch nur als Beobachtungsleistung explizierbar. Etwas vereinfacht könnte man – auf den Phänomenbereich Übersetzen bezogen – sagen, dass die Handlungstheorie die Perspektive vom Übersetzer nach außen beleuchtet, während die Systemtheorie die Perspektive von außen auf den Übersetzer thematisiert.

Intertheorie

Mit seiner **Intertheorie** fordert Vermeer (2006b: 52) „ein Neudenken". Der Ausdruck Intertheorie steht für „interdisziplinäre Interaktionentheorie" und soll die mit diesem schwerfälligen Wortungetüm verbundene „Kakophonie" vermeiden (Vermeer 2006b: 7). Was zunächst auffällt, ist, dass Vermeer auch weiterhin den Grundbegriff der Interaktion zur Darstellung des translatorischen Handelns verwendet. Seine Intertheorie will Vermeer nicht als Abkehr von der Skopostheorie verstanden wissen, im Gegenteil: sie „zielt auf eine *komplexe* funktionale Skopostheorie" (Vermeer 2006b: 23; Hervorh. H. S.). Den Unterschied zwischen Intertheorie und Skopostheorie sieht Vermeer also nicht in der Änderung der theoretischen Fundierung (Paradigma), sondern in einer Steigerung des Komplexitätsgrades, die durch den Gegenstand selbst vorgegeben ist.

> Die Komplexität der für eine Interaktion und hierin z. B. das Dolmetschen und Übersetzen in Frage kommenden Faktoren/Parameter wächst so schnell an, daß nur Andeutungen und reichlich chaotische Skizzierungen versucht werden können. Obgleich jede „Generalisierung" reduktionistisch verfahren muß, bleibt die Komplexität einer Translation indefinit groß und keineswegs exhaustiv darstellbar. (Vermeer 2006b: 43)

Die Steigerung der Komplexität zeigt sich auch darin, dass Vermeer (2006: 23) „Interaktion, Kommunikation und Translation … als holistisches Handeln" versteht. Die drei Begriffe sind hierarchisch geordnet, insofern als Translation für Vermeer eine spezifische Form der Kommunikation und Kommunikation eine spezifische Form der Interaktion ist.

Vermeer (2006b: 54) selbst erwähnt, dass er die Gedanken anderer Autoren auf seine Zwecke hin verändert und *vereinfacht*. Dies gilt auch für die grundlegenden Ideen, die er Luhmanns Theorie sozialer Systeme entnimmt. Für Luhmann ist Kommunikation *der* Grundbegriff seiner Theorie. Er konzipiert Gesellschaft als aus Kommunikationen bestehend: „Der basale Prozeß sozialer Systeme, der die Elemente produziert, aus denen diese Systeme bestehen, kann … nur Kommunikation sein" (Luhmann 1987: 192). Kommunikationen stimulieren weitere Kommunikationen. Insofern könnte man Luhmanns Gesellschaft mit einem Diskursuniversum vergleichen.

Kommunikation wird von Luhmann nicht wie im Shannon-Weaver-Modell als Informationsübertragung aufgefasst, sondern als das „Prozessieren von Selektion" definiert (Luhmann 1987: 194). Als „Einheit aus Information, Mitteilung und Verstehen" (Luhmann 1987: 202) ist Kommunikation ein dreistelliger Selektionsprozess, wobei die Selektivität der Information „selbst ein Moment des Kommunikationsprozesses" ist (Luhmann 1987: 194 f.).

Luhmanns Systemtheorie lässt weder „eine subjekttheoretische (handlungstheoretische)" noch eine „zeichentheoretische (sprachtheoretische, strukturalistische)" Fundierung zu (Luhmann 1987: 203). Wer auf Luhmann Bezug nimmt, ist gezwungen, seine gesamte Theorie auf die Luhmannsche Begrifflichkeit umzustellen. Dies tut Vermeer nicht, was an einigen Grundbegriffen zu zeigen ist.

Während Luhmann auf den Grundbegriff der Kommunikation abstellt, baut Vermeer seine Intertheorie auf den Grundbegriff der **Interaktion** auf. Vermeer selbst weist darauf hin, dass Kommunikation „Luhmanns Terminus für das hier sonst Interaktion Genannte" ist (Vermeer 2006b: 128). So leicht lassen sich aber beide Begriffe nicht einfach in eins setzen!

Interaktion

215

Kommunikation definiert Vermeer (2006a: 64) als „interaction by signs". Zudem fasst Vermeer (Vermeer 2006a: 39; 2006b: 128) Kommunikation als System auf. Luhmann sieht Kommunikation jedoch nur als Grundelement sozialer Systeme an und nicht als eigenständiges System, weil der Code, der darüber entscheidet, was bei einer Kommunikation als zugehörig betrachtet wird (oder nicht), nicht in der Kommunikation selbst angelegt ist, sondern vom jeweils kommunizierenden Funktionssystem festgelegt wird.

Der Clou der Luhmannschen Systemtheorie besteht gerade darin, dass keine Subjekte erforderlich sind, um zu kommunizieren. Da Vermeer auf den Grundbegriff der Interaktion abstellt, ist das von ihm beschriebene Universum zwangsläufig mit Subjekten bevölkert. Explizit schreibt er, dass er bei seinem Versuch einer Intertheorie von einer momentanen, individuellen Prozesstheorie ausgeht, wobei der Fokus „auf dem Menschen" liegt (Vermeer 2006b: 75). Eine auf Menschen oder Subjekte bezogene Systemtheorie ist aber nicht möglich, zumindest ist es keine Systemtheorie à la Luhmann. Die Vermischung der Theoriearchitektur kommt deutlich zum Ausdruck, wenn Vermeer von „menschlichen sozialen Systemen" spricht (Vermeer 2006a: 90), weil hier gleich drei Luhmannsche Systemarten (organische, psychische und soziale) vermischt werden.

Auch den Systembegriff definiert Vermeer grundlegend anders. Während bei Luhmann Autopoiesis, Selbstreferentialität und operative Geschlossenheit definitorische Merkmale von Systemen sind, werden bei Vermeer (2006b: 42) einfach alle „komplexe strukturierte Entitäten … »Systeme« genannt". Aus der Umdefinition ergibt sich auch, dass Vermeer keine Angaben zur Leitdifferenz oder zum binären Code »seines« Translationssystems macht.

Bei der terminologischen Umstellung von Kommunikation auf Interaktion und der Umdefinition des Systembegriffs wird deutlich, dass es sich bei der Intertheorie nicht um eine Umsetzung der Luhmannschen Systemtheorie auf den Bereich Translation handelt, sondern um eine eigenständige Entwicklung, die systemtheoretische Überlegungen übernimmt und bedarfsgerecht anpasst.

drei Weltebenen · Vermeer unterscheidet **drei Weltebenen**: Mikrokosmos, Mesokosmos und Makrokosmos. Der **Mikrokosmos** ist die Ebene der Mikrophysik (physikalische Welt). Der **Mesokosmos** ist die Welt, die von Menschen und allen anderen Lebewesen als die ihre wahrgenommen und konstruiert wird (Lebenswelt). Der **Makrokosmos** ist für Vermeer (2006b: 11, Fn. 11) die menschengeschaffene Welt der Memetik, also vereinfacht gesagt: die Welt komplexer Gedanken und Ideen (Ideenwelt). Anhand der drei Weltebenen kann man besser klären, worauf sich einzelne Wörter beziehen. So bezieht sich das Wort »System« auf der Ebene des Makrokosmos auf den Begriff »System«, auf der Ebene des Mesokosmos auf den Begriff-in-Gebrauch und auf der Ebene des Mikrokosmos als Bezeichnung für physikalische Prozesse.

Auf allen drei Weltebenen treten Translationsprozesse auf, die nicht ausschließlich sprach- oder textgebunden sind. Insofern fasst Vermeer (2006b: 23) Translation als probabilistisches und holistisches Handeln auf. Probabilistisch bedeutet hier soviel wie nicht von vornherein festgelegt (der Ausgangstext determiniert nicht die konkrete Auswahl der Formulierungen für den Zieltext). Holistisch bedeutet, dass sich Translation nicht nur auf die Erstellung von Zieltexten beschränkt, sondern viele verschiedene weitere Prozesse umfasst.

Das Gegebene analytisch in mehrere Ebenen aufzugliedern, ist eine Grundfigur der Intertheorie, so dass Vermeer (2006b: 319) nicht nur drei Weltebenen, sondern auch **drei semantische Ebenen** ansetzt: (1) den methodologisch isolierten »Inhalt« eines Sprachelements (Worteintrag im Wörterbuch), (2) die kotextuelle »Bedeutung« (eines Wortes im Satzzusammenhang) und (3) den kontextuellen »Sinn«, der sich aus einem Text in einer bestimmten Rezeptionssituation ergibt.

drei semantische Ebenen

Wenn Vermeer von **Translation als System** spricht, meint er ein Konglomerat von Systemen und Subsystemen, die – anders als bei Luhmann – nicht nur Kommunikationen (Texte), sondern auch Funktionsrollen (Menschen) und Praktiken bzw. Interaktionen (*acting*) als Elemente aufweisen:

> For our present purpose we understand a general translation system as a special type of social system comprehending a translator (including an interpreter) and her/his acting (with [sub]systems, e.g. oral interpretation and written translation), the results of the translator's or interpreter's work (the translations), the intended or not intended (casual) recipient(s) and, as far as necessary, other entities, e.g. a commissioner, a source-text author or sender, etc. (Vermeer 2006a: 5 f.)

Definition von Translationssystemen

Vermeer klärt nicht das Verhältnis zwischen seinen zentralen Begriffen Prozess und Interaktion (Handlung), sondern definiert sie zirkulär, wenn er Handlung als „a structured communicative process assumed to be meaningful by intention or interpretation" (Vermeer 2006a: 40) definiert. Auch die Begriffe Bedeutung und Funktion werden nicht klar voneinander geschieden, wenn er Bedeutung definiert „als das, was ein Gegenstand »besagt«, das, wozu er möglicherweise gebraucht werden kann: seine Funktion" (Vermeer 2006b: 379).

Bedeutung hat nach Vermeer keine eigene Form, bedarf aber auf der mesokosmischen Ebene einer solchen, um wahrnehmbar zu sein. Die Form (z.B. die Schreibweise eines Wortes) ist bestimmt, die Bedeutung jedoch nicht. Die Formgebung erfolgt Vermeer zufolge durch Benennung, die Bedeutungszuschreibung durch Translation: „Meaning ist undetermined. That is the secret of translation" (Vermeer 2006a: 35). Translation bearbeitet „die Unbestimmtheit von Bedeutung zwischen sozialen Systemen" (Vermeer 2006a: 35).

Vermeer stellt sich hier wohl das Translationssystem als Dienstleister für die anderen sozialen Funktionssysteme (Recht, Wirtschaft, Kunst usw.) vor.

Wenn das Translationssystem Bedeutung in irgendeiner Weise für andere Systeme prozessiert, dann liegt aber gerade keine operative Geschlossenheit der Systeme vor, die nach Luhmann in der eigenständigen Prozessierung von Kommunikationen besteht. Andere Systeme sind aus der Sicht eines bestimmten Systems stets Umwelt, die das System allenfalls irritieren, also zu Kommunikationen anregen kann. Die Umwelt kann aber für ein System keine systemrelevanten Aufgaben übernehmen, wie z.B. erklären, was eine bestimmte Kommunikation bedeuten soll.

Während Luhmann von der operativen Geschlossenheit autopoietischer Systeme ausgeht, postuliert Vermeer deren „Semi-Geschlossenheit" (Vermeer 2006a: 6), da Systeme von ihrer Umwelt abhängig seien (Vermeer 2006a: 20). Die Umweltabhängigkeit von Systemen betrifft nach Luhmann die *Strukturen* von Systemen, nicht jedoch deren *Operationen*.

Auch den Begriff der Autopoiesis versteht Vermeer nicht als selbstreferentielle Reproduktion von Systemen, sondern so, „daß ein System sich skoposadäquat verhalten kann und muß, nicht aber, daß es sich erhält, sondern daß etwas Funktionierendes entsteht" (Vermeer 2006b: 121).

Von dem Evolutionsbiologen Dawkins übernimmt Vermeer den Begriff **Mem**, der entfernt an das griechische Wort *Mimesis* (Nachahmung) erinnern soll. Meme sind nach Dawkins (1989: 192) Einheiten der Nachahmung, während sie Vermeer unspezifischer als „**Informationsstimulanten**" sieht (Vermeer 2006b: 93). „Meme sind Gedanken", die in einer Gesellschaft zu kulturspezifischen Konventionen gerinnen (Vermeer 2006b: 289). Ihre Funktion ist es, „zu einer Information zu stimulieren" (Vermeer 2006b: 278). Dies tun sie, indem sie die Wahrnehmung des Rezipienten (Translators) zu einer Interpretation anregen (Vermeer 2006b: 252).

Für Vermeer besteht jeder Text aus formalen Elementen (z.B. Schallwellen) und funktionalen Elementen (z.B. Informationen), wobei eine gegenseitige Abhängigkeit besteht, da die Formen funktional gebraucht werden und die Funktionen einer Form bedürfen. „Wir nennen die Einheit von Form und Funktion »Mem«" (Vermeer 2006b: 312).

> Die Größe und Art des Mems ist relativ zu seinem Gebrauch. Zusammenfassend kann gesagt werden, daß ein Text (Text-im-Gebrauch, nicht Textem!) in der Produktion bzw. Rezeption aus Memen zu einem Mem ... wird. (Vermeer 2006b: 312)

Der Zusammenhang zwischen Memen und Translation besteht darin, dass durch Translation Meme verbreitet werden, „indem sie Meme zu Memen umwandelt" (Vermeer 2006b: 288). Meme sind auch für die kulturelle Tradierung von großer Bedeutung (Vermeer 2006b: 167), da sie die Wahrnehmung zu einer Interpretation stimulieren (Vermeer 2006b: 252). Sie können nicht gespeichert werden und „müssen jedesmal, wenn eine Information ge-äußert [sic!] werden soll, neu produziert werden" (Vermeer 2006b: 281).

(Marginalien:) Informationsstimulanten

Mem

Meme haben auch keine Bedeutung, da sie nur zur Information stimulieren können.

> Ein „innerer Dialog" ist eine Zellteilung der Memetik. Ein Mem, wenn produziert, wird wichtiger als sein Produzent. Es löst sich von ihm und wird im „Zwischen" der Organismen selbständig. Meme sind, einmal produziert und solange sie nicht (wieder) in neurophysische Aktivitäten umgewandelt werden, nicht lokalisierbar. (Vermeer 2006b: 291)

Kultur wird für Vermeer (2006b: 160) zum „Oberbegriff für regelhaftes Verhalten", hat Memcharakter und ist daher **als „Mempool beschreibbar"** (Vermeer 2006b: 161). Kultur ist im Makrokosmos angesiedelt und kann aber nur auf der Mesoebene – umgesetzt in Verhalten – funktionieren.

Vermeer wendet sich entschieden gegen den irrigen Glauben der meisten Rezipienten, sie bekämen mit dem Translat „den Ausgangsautor zu lesen" (Vermeer 2006b: 339). Statt dessen sollte den Rezipienten bewusst sein, „daß der von T produzierte Zieltext … nicht mit dem von P produzierten Ausgangstext(em) identisch ist, nicht einmal gleich sein kann (!) und ihm nicht einmal annähernd ähnlich sein muß" (Vermeer 2006b: 361).

Vermeer unterscheidet zwischen **Text und Textem**. Zudem unterscheidet er zwischen dem vom Autor intendierten Text (Text_P) und dem vom Rezipienten interpretierten Text (Text_R), so dass gilt „$\text{Text}_R \neq \text{Text}_P$" (Vermeer 2006b: 324). Während Texte real (als Interpretationskonstrukte) vorliegen, sind Texteme nur virtuell oder potenziell vorhanden. Hinzu kommt, dass Texte Phänomene der individuellen, Texteme hingegen der gesellschaftlichen Ebene sind (Vermeer 2006b: 350). Ein Textem ist „wegen seiner Potentialität nur unter der Form von Schallwellen, Druckerschwärze usw. eines zuvor in einer bestimmten Weise fixierten Texts wahrnehmbar" (Vermeer 2006b: 325). Mit anderen Worten: „Schallwellen etc. können für jemanden auf ein Textem hinweisen" (Vermeer 2006b: 325). Das Textem ist „gegenüber dem Text_P und jedem Text_R" eigenständig (Vermeer 2006b: 326).

Schallwellen oder Druckerschwärze sind Formen, die „als »textemhaltig« identifiziert werden" können (Vermeer 2006b: 325). Ein Rezipient muss somit (1) diesen Formen „Memcharakter zumuten" und (2) kulturspezifisch gelernt haben, wie er mit diesen Formen umzugehen hat, „um daraus ein Textem zur Rezeption eines Texts zu interpretieren" (Vermeer 2006b: 325). Daran schließt Vermeer (2006b: 349) die Beobachtung an, dass weder Sinn noch Wirkung „*im* Textem liegen, sondern von einem Text und hierin seiner Form evoziert werden".

Vermeer (2006b: 305) versteht Translation grundlegend als Interaktion und fasst seine im Rahmen der Intertheorie erweiterte **Definition von Translation** wie folgt zusammen:

Text und Textem

Definition von
Translation

> Translation sei ein holistischer Prozeß, der in einem teilweise als überlieferte Gesetze, Normen und Konventionen, also Regeln, vorgegebenen idio-, dia- und parakulturspezifischen Medium durch Abstraktion (Ausfilterung zur Prägnanzerzeugung) auf jeweils durch die Zielintention (den Skopos) als relevant erscheinenden Teilen von Prozessen von Umwandlungen im Austausch mit einem aktuellen Zeit-Raum-Umfeld in einem sozio-biologischen Umfeld zu gegebenem intentionalem Ziel von Ereignissen von Symbolstrukturen aus dem Symbolismus ener strukturiert gedachten Idio-, Dia- und Parakultur in andere Symbole des Symbolismus einer anderen anders strukturiert gedachten Idio-, Dia- und Parakultur derart mit Hilfe von Memen stimulieren soll, daß die momentane Intention des Ziels potentiell für einen intendierten Rezipienten in Z hinreichend apperzibierbar[2] wird. (Vermeer 2006b: 308 f.)

Diese umfassende und sehr komplexe Definition verkürzt Vermeer zu der Forderung, dass ein Translator so zu interagieren bzw. translatieren hat, dass jeder intendierte Rezipient möglichst gut und genau verstehen kann, was der Textproduzent stimulieren wollte (Vermeer 2006b: 330).

> **Ein unreflektiertes Austauschen von Wörtern ist somit ausgeschlossen und berufsethisch auch nicht (mehr) vertretbar.**

Den Translator konzipiert Vermeer (2006b: 372) als selbstreferenten Selbstbeobachter und somit als geschlossenes System, der „sich weder den Autor noch dessen Text bzw. Textem aneignen" kann (Vermeer 2006b: 373). „In einem Translat spricht/schreibt der Translator in eigener Verantwortung im »Kleid« des Ausgangstextemautors" (Vermeer 2006b: 10). Insofern ist er ein „eigenständig Handelnder" (Vermeer 2006b: 362). Das geht nur, wenn „der Translator die »Regie« seiner translatorischen Interaktion übernimmt" (Vermeer 2006b: 338). Deshalb wird von „jedem Translator translatorische und … translatologische Professionalität gefordert" (Vermeer 2006b: 337). Auch von den Lehrkräften, die Translation unterrichten, fordert Vermeer eine translatologische Ausbildung, was in der Vergangenheit nicht die Regel war.

Trotz aller Reflektiertheit, professionellen Analyse und Interpretation erkennt Vermeer (2006b: 372) den hypothetischen Charakter jeden Übersetzens an:

> **„Translation ist Annahme. Glücken auf Widerruf."**

Dabei hängt das Glücken oder der Fehlschlag der Translation für Vermeer vom Skopos ab. Aufgrund der Komplexität des Translationsprozesses macht

---

2   Der von Kant entlehnte Begriff Apperzipieren bedeutet bei Vermeer (2006b: 238) „unter einer Perspektive und darin Fokussierung auf Grund angenommener Relevanz(en) über die Perzeption hinaus analysieren, verstehen, interpretieren".

es Vermeer (2006b: 360) zufolge „keinen Sinn, generell von Verlust und Gewinn durch Translation zu sprechen". Die Abfolge einer Übersetzungskritik beschreibt Vermeer wie folgt:

> Bei einer Translatkritik (Evaluierung) ist vom Translat auszugehen, es als eigenständigen Text des Beobachters/Kritikers zu betrachten, hernach das Ausgangstextem ebenfalls als Text des Beobachters/Kritikers zu analysieren und erst danach einen Vergleich der beiden Seiten unter kritischer Beachtung des Skopos, der das Translat bestimmt hat, anzustellen. (Vermeer 2006b: 364)

Die Intertheorie von Vermeer stellt die Summe einer über vierzig Jahre währenden Auseinandersetzung mit dem Themenkomplex Translation dar und ist die zur Zeit komplexeste (und komplizierteste) Translationstheorie weltweit. Sie stellt auch den Versuch dar, zu einer „Transsubstantiation der Translation" zu gelangen (Vermeer 2006b: 412).

Fragen und Aufgaben | 8.4

1 In welchem Verhältnis stehen Skopostheorie und Intertheorie zueinander?

2 Was ist ein Mem und welche Funktion haben Meme im Translationsprozess?

3 Erläutern Sie Vermeers Begriffe »Text« und »Textem«!

4 Erläutern Sie, was unter translatorischer und translatologischer Professionalität zu verstehen ist!

5 Welche Begriffe verwendet Vermeer anders als Luhmann und in welcher Weise?

Verwendete und weiterführende Literatur | 8.5

Baecker, Dirk (⁵2009): Niklas Luhmann – Einführung in die Systemtheorie. Heidelberg: Auer.

Baraldi, Claudio/Corsi, Giancarlo/Esposito, Elena (1997): GLU. Glossar zu Niklas Luhmanns Theorie sozialer Systeme. Frankfurt: Suhrkamp.

Dawkins, Richard (1976/²1989): The selfish Gene. Oxford: Oxford University Press.

Hermans, Theo (1999/²2009): Translations in systems. Descriptive and system-oriented approaches explained. Manchester: St. Jerome.

Hermans, Theo (2007): The conference of the tongues. Manchester: St. Jerome.

Kittel, Harald (Hrsg.) (1992): Geschichte, System, Literarische Übersetzung. Berlin: Erich Schmidt.

Luhmann, Niklas (1982): Autopoiesis, Handlung und Kommunikation. In: Zeitschrift für Soziologie 4 (1982): 366–379.

Luhmann, Niklas (1987): Soziale Systeme. Grundriß einer allgemeinen Theorie. Frankfurt: Suhrkamp.

Luhmann, Niklas (1990): Die Wissenschaft der Gesellschaft. Frankfurt: Suhrkamp.

Luhmann, Niklas (1997a): Die Gesellschaft der Gesellschaft. Frankfurt: Suhrkamp.

Luhmann, Niklas (1997b): Die Kunst der Gesellschaft. Frankfurt: Suhrkamp.

Poltermann, Andreas (1992): Normen des literarischen Übersetzens im System der Literatur. In: Kittel 1992: 5–31.

Tyulenev, Sergey (2009): Why (not) Luhmann? On the applicability of social systems theory to translation studies. In: Translation Studies 2(2009)2: 147–162.

Tyulenev, Sergey (2010): Is translation an autopoietic system? In: Monografías de Traducción e Interpretación 2 (2010): 345–371.

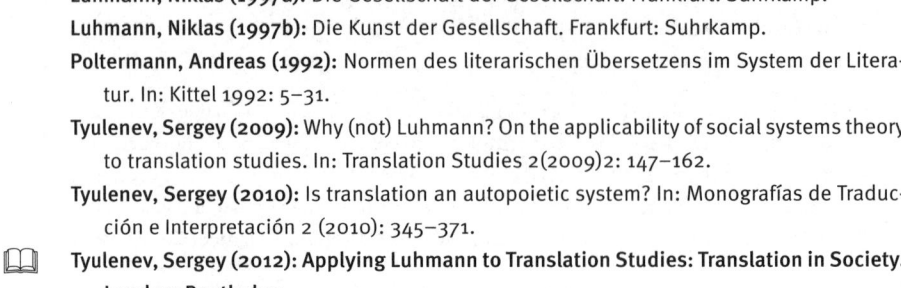 **Tyulenev, Sergey (2012): Applying Luhmann to Translation Studies: Translation in Society. London: Routledge.**

Vermeer, Hans J. (2002): Erst die Unmöglichkeit des Übersetzens macht das Übersetzen möglich. In: Renn/Straub/Shimada 2002: 125–143.

Vermeer, Hans J. (2003): Versuch einer translatologischen Theoriebasis. In: Nord/Schmitt 2003: 241–258.

Vermeer, Hans J. (2006a): Luhmann's "Social Systems" theory. Preliminary fragments for a theory of translation. Berlin: Frank & Timme.

Vermeer, Hans (2006b): Versuch einer Intertheorie der Translation. Berlin: Frank & Timme.

Viaggio, Sergio (2004): Teoría general de la mediación interlingüe. Alicante: Publicaciones de la Universidad de Alicante.

Viaggio, Sergio (2006): A General Theory of Interlingual Mediation. Berlin: Frank & Timme.

Whitehead, Alfred North (1987): Prozess und Realität. Entwurf einer Kosmologie. Frankfurt: Suhrkamp.

Definitionen: Übersetzen als...?

Im Laufe der letzten siebzig Jahre wurden unzählige Versuche unternommen, Übersetzung zu definieren, und dabei verschiedene Aspekte des Übersetzens betont. Die folgenden **16 Oberbegriffe**, die der Definition von Übersetzung dienen, zeigen nicht nur die Vielfalt der Definitionsversuche, sondern deuten auch auf die dem Phänomen ‚Übersetzen' innewohnende Komplexität hin.

Die linguistischen Theorien haben vorgeschlagen, Übersetzung als **Rekodierung** im Rahmen eines Kommunikationsprozesses zu definieren. Dies führte dazu, Übersetzung grundsätzlich als vermittelte **Kommunikation** zwischen AT-Sender, Übersetzer und ZT-Empfänger aufzufassen.

Ein anderer Vorschlag besteht darin, Übersetzung allgemein als **Texttransformation** zu definieren, was den Vorteil hat, dass Übersetzungen, Bearbeitungen, Paraphrasen, Nachdichtungen usw. unter dem gemeinsamen Oberbegriff der Texttransformation zusammengefasst werden können. Im Rahmen der *Descriptive Translation Studies* wurde eine ähnliche Idee als **Manipulation** thematisiert, die Lefevere zum Begriff des *Rewriting* umformte.

Skopostheorie und Funktionalismus haben dafür plädiert, Übersetzung als intentionale **Handlung** oder Tätigkeit zu betrachten. Da der professionelle Übersetzer in berufliche Handlungsbezüge mit anderen Personen eingebettet ist, liegt es nahe, dieses Miteinander begrifflich aufzugreifen und Übersetzen als **Interaktion** zu fassen. Eine bestimmte Form der Interaktion stellt die Verhandlung dar. In diesem Sinne definiert Eco Übersetzen als **Verhandeln** zwischen dem Übersetzer und verschiedenen textinternen und textexternen Rollen.

Von hermeneutischer Seite gilt Übersetzen als **Verstehen**, was die textrezeptive Komponente betont. Von Abel, Siever, Vermeer u. a. wurde Übersetzung als **Interpretation** definiert, womit sowohl die textrezeptive als auch die textproduktive Seite mitgemeint ist.

Im Zuge der kognitionswissenschaftlichen Forschung und der Beschäftigung mit den mentalen Prozessen beim Übersetzen wurde es populär, Übersetzen als **Prozess** zu definieren. Diese Auffassung mündete dann bei den systemtheoretischen Ansätze darin, die Gesamtheit der Übersetzungsprozesse als **System** zu thematisieren.

Schon bei Kade findet sich die Idee, Übersetzen als **Sprachmittlung** aufzufassen. Göhring und Vermeer griffen sie in den 1970er Jahren auf und erweiterten sie zu der Auffassung von Übersetzung als **Kulturmittlung**. Die anthropohagischen Ansätze radikalisierten diese Idee und fassten Übersetzung als **Einverleibung von Kultur** auf. Im Zuge der kulturellen Wende in den 1990er Jahren entstanden dann verschiedene Vorstellungen von kultureller Übersetzung oder Übersetzung als uni- oder bidirektionaler **Kulturtransfer**.

Schluss

Die Übersetzungswissenschaft bietet inzwischen ein recht uneinheitliches Bild, obschon durch das Paradigmenkonzept mit seinen sieben Paradigmen eine gewisse Vernetzung und Bezogenheit der Theorien aufeinander deutlich wird. In der Entwicklung der Übersetzungstheorien lassen sich drei Phasen festmachen: eine Anfangsphase, eine Auffächerungsphase und eine Weiterentwicklungsphase.

Die **Anfangsphase** ist durch das linguistische Paradigma geprägt, das bis heute besteht und im Laufe der Zeit unterschiedliche Anregungen aufgenommen hat. Hier wurden die Grundlagen der modernen Übersetzungswissenschaft gelegt, auf die alle anderen Theorien mit ihren Ideen – zustimmend oder ablehnend – zu reagieren hatten.

Zur **Auffächerungsphase** gehören das verstehenstheoretische, das handlungstheoretische und das systemisch-kultursemiotische Paradigma. Sie sind im Laufe der 1970er Jahre zunächst als Gegenentwürfe zum linguistischen Zugriff auf das Phänomen Übersetzen entstanden, wobei sie je eigene Forschungsakzente setzten, wie an den Leitbegriffen Verstehen, Handlung und Beschreibung deutlich wird.

Zur **Weiterentwicklungsphase** gehören die übrigen drei Paradigmen. Beim semiotisch-interpretationstheoretischen Paradigma führen die semiotischen Ansätze das linguistische Erbe auf neuer Grundlage weiter, während die sozialkonstruktivistischen und interpretationstheoretischen Ansätze die Grundüberzeugungen von Skopostheorie und Funktionalismus weiterentwickelt haben. Das machttheoretische Paradigma entstand aus dem systemisch-kultursemiotische Paradigma (besonders den *Descriptive Translation Studies*), durch Abkehr von der wertneutralen Beschreibung und Hinwendung zu Machtfragen, die die Einnahme eines Standpunkts fordern. Das systemtheoretische Paradigma ist das jüngste Paradigma, das zwei Stränge vereint. Der eine Strang (Hermans) entsteht wieder aus den *Descriptive Translation Studies* heraus durch Anleihen bei Luhmanns Systemtheorie. Der andere Strang (Vermeer) verfolgt die Weiterentwicklung der Skopostheorie zu einer holistischen Prozesstheorie.

Nachdem auf den vorangegangenen Seiten eine Vielzahl von Namen, Begriffen und Themenfelder erwähnt, dargestellt und diskutiert wurden, bleibt festzuhalten, dass bei weitem nicht alle Personen und nicht alle Themen besprochen werden konnten, die heute in der Übersetzungswissenschaft tätig sind. Es ist die Hoffnung des Autors eine nicht nur idiosynkatisch, sondern vor allem sachlich begründete Auswahl getroffen zu haben, die dem Kriterium der Relevanz gerecht wird.

Anfangsphase

Auffächerungsphase

Weiterentwicklungsphase

Zum Weiterdenken

Paradigmen der Übersetzungswissenschaft

A. Prozessorientierte Theorien

1. Das linguistische Paradigma (Äquivalenz)

    1.1 kontrastiv-stilistische Ansätze (Vinay/Darbelnet, Malblanc, Jumpelt, Newmark, García Yebra)

    1.2 systemlinguistische Ansätze (Leipziger Schule, Kade, Jäger; Koller, Albrecht, Wilss, Schreiber; Nida, Catford, Mounin, Fedorov)

    1.3 textlinguistische Ansätze (Reiß, Neubert, Wotjak)

    1.4 Sonstige linguistische Ansätze (Gutt, König, Krings, Lörscher)

2. Das handlungstheoretische Paradigma (Zweck)

    2.1 Skopostheorie (Vermeer)

    2.2 Theorie des translatorischen Handelns (Holz-Mänttäri)

    2.3 Funktionalismus (Hönig, Kußmaul, Kupsch-Losereit, Nord, Snell-Hornby, Göpferich, Risku)

3. Das semiotisch-interpretationstheoretische Paradigma (Interpretation)

    3.1 semiotische Ansätze (Gorlée)

    3.2 sozial-konstruktivistische Ansätze (Kiraly)

    3.3 semiotisch-interpretationstheoretische Ansätze (Siever)

B. Produktorientierte Theorien

4. Das verstehenstheoretische Paradigma (Sinn)

    4.1 hermeneutische Ansätze (Paepcke, Stolze, Steiner, Ladmiral, Cercel)

    4.2 dekonstruktivistische Ansätze (Derrida, Arrojo)

    4.3 Théorie du Sens (Seleskovitch, Lederer)

    4.4 Übersetzen als Verhandeln (Eco)

    4.5 anthropophagische Ansätze (De Campos, Pires)

5. Das systemisch-kultursemiotische Paradigma (Deskription)

    5.1 Descriptive Translation Studies (Holmes, Hermans, Toury, Bassnett, Lefevere, Lambert, Even-Zohar, van den Broeck, Tymoczko)

    5.2 Göttinger Schule (Frank, Kittel, Bachmann-Medick)

    5.3 Kultursemiotischer Ansatz (Lotman)

6. Das machttheoretische Paradigma (Macht)

    6.1 machtkritische Ansätze (Lefevere, Venuti, Wolf)

    6.2 feministische Ansätze (Spivak, von Flotow)

    6.3 postkoloniale Ansätze (Spivak, Niranjana)

C Holistische Theorien

7. Das Systemtheoretische Paradigma (System)

    7.1 Allgemein systemtheoretische Ansätze (Hermans, Tyulenev)

    7.2 Intertheorie (Vermeer)

Literaturverzeichnis

Handbücher, Einführungen, Überblicksdarstellungen

Baker, Mona/Saldanha, Gabriela (Hrsg.) (2011): Routledge Encyclopedia of Translation Studies. London: Routledge. [zuerst: Baker, Mona (Hrsg.) (1998): Encyclopedia of Translation Studies. London: Routledge.]

Cercel, Larisa (2013): Übersetzungshermeneutik. Historische und systematische Grundlegung. St. Ingbert: Röhrig.

Gambier, Yves/van Doorslaer, Luc (2010): Handbook of Translation Studies. Amsterdam: Benjamins.

Gentzler, Edwin (1993/²2001): Contemporary Translation Theories. London: Routledge.

Gile, Daniel (2005/²2009): La traduction: La comprendre, l'apprendre. Paris: Presses Universitaires de France.

Guidère, Mathieu (2010): Introduction à la traductologie. Penser la traduction: hier, aujourd'hui, demain. Bruxelles: DeBoeck.

Hurtado Albir, Amparo (2001): Traducción y traductología. Introducción a la traductología. Madrid: Cátedra.

Kautz, Ulrich (2000): Handbuch Didaktik des Übersetzens und Dolmetschens. München: Iudicium.

Kittel, Harald/Frank, Armin Paul/Greiner, Norbert/Hermans, Theo/Koller, Werner/Lambert, José/Paul, Fritz (Hrsg.) (2004): Übersetzung/Translation/Traduction. An international Encyclopedia of Translation Studies/Encyclopédie internationale de la recherche sur la traduction/Ein internationales Handbuch zur Übersetzungsforschung. 1. Teilband. Berlin und New York: de Gruyter.

Kittel, Harald/Frank, Armin Paul/Greiner, Norbert/Hermans, Theo/Koller, Werner/Lambert, José/Paul, Fritz (Hrsg.) (2007): Übersetzung/Translation/Traduction. An international Encyclopedia of Translation Studies/Encyclopédie internationale de la recherche sur la traduction/Ein internationales Handbuch zur Übersetzungsforschung. 2. Teilband. Berlin und New York: de Gruyter.

Koller, Werner (1979/⁸2011): Einführung in die Übersetzungswissenschaft. Tübingen: Francke.

Munday, Jeremy (2009): The Routledge companion to translation studies. London: Routledge.

Prunč, Erich (2001): Einführung in die Translationswissenschaft. Band 1: Orientierungsrahmen. Graz: Institut für Translationswissenschaft.

Prunč, Erich (2007): Entwicklungslinien der Translationswissenschaft: Von den Asymmetrien der Sprachen zu den Asymmetrien der Macht. Berlin: Frank & Timme.

Pym, Anthony (2010): Exploring translation theories. London: Routledge.

Salevsky, Heidemarie (2002): Translationswissenschaft. Ein Kompendium. Frankfurt: Lang.

Schreiber, Michael (2006): Grundlagen der Übersetzungswissenschaft. Französisch, Italienisch, Spanisch. Tübingen: Niemeyer.

Siever, Holger (2010): Übersetzen und Interpretation – Die Herausbildung der Übersetzungswissenschaft als eigenständige wissenschaftliche Disziplin im deutschen Sprachraum im Zeitraum von 1960 bis 2000. Frankfurt: Lang.

Snell-Hornby, Mary (Hrsg.) (1986): Übersetzungswissenschaft – Eine Neuorientierung. Tübingen: Francke.

Snell-Hornby, Mary/Hönig, Hans G./Kußmaul, Paul/Schmitt, Peter A. (Hrsg.) (1998/²2003): Handbuch Translation. Tübingen: Stauffenburg.

Stolze, Radegundis (¹1994/⁶2011): Übersetzungstheorien. Eine Einführung. Tübingen: Narr.

Venuti, Lawrence (Hrsg.) (2012): The translation studies reader. New York: Routledge.

Anthologien klassischer Texte zum Übersetzen

Lefevere, André (Hrsg.) (1977): Translating literature: the German tradition From Luther to Rosenzweig. Amsterdam: Rodopi.

Lefevere, André (Hrsg.) (1992): Translation – History – Culture. A sourcebook. London: Routledge.

Santoyo, Julio C. (Hrsg.) (1987): Teoría y crítica de la traducción: Antología. Barcelona: Universidad Autónoma de Barcelona.

Schulte, Rainer/Biquenet, John (Hrsg.) (1992): Theories of translation. An anthology of essays from Dryden to Derrida. Chicago: University of Chicago Press.

Störig, Hans Joachim (Hrsg.) (1963/²1969/³1973): Das Problem des Übersetzens. Darmstadt: Wissenschaftliche Buchgesellschaft.

Vega, Miguel Ángel (Hrsg.) (1994): Textos clásicos de teoría de la traducción. Madrid: Cátedra.

Geschichte des Übersetzens

Albrecht, Jörn (1998): Literarische Übersetzung. Geschichte, Theorie, kulturelle Wirkung. Darmstadt: Wissenschaftliche Buchgesellschaft.

Ballard, Michel (1992): De Ciceron à Benjamin: Traducteurs, traductions, réflexions. Lille: Presses Universitaires de Lille.

D'Hulst, Lieven (1990): Cent ans de théorie française de la traduction. De Batteaux à Littré (1748–1847). Lille: Presses Universitaires de Lille.

Dotoli, Giovanni (2010): Traduire en français du Moyen-Age au XXIᵉᵐᵉ siècle: théorie, pratique et philosophie de la traduction. Paris: Hermann.

Frank, Armin Paul/Kittel, Harald (2015): Auch eine kopernikanische Wende?: Übersetzungspoetiken französisch, englisch, deutsch – 1740er bis 1830er Jahre. Göttingen: Vandenhoeck & Ruprecht.

Kelly, Louis Gerard (1979): The true interpreter: A history of translation theory. Oxford: Blackwell.

Klöpfer, Rolf (1967): Die Theorie der literarischen Übersetzung. Romanisch-deutscher Sprachbereich. München: Fink.

Mounin, Georges (1967): Die Übersetzung. Geschichte, Theorie, Anwendung. München: Nymphenburger. [Frz. Original: Mounin, Georges (1963): Les problèmes théoriques de la traduction. Paris: Gallimard].

Renner, Frederick M. (1989): Interpretatio. Language and Translation from Cicero to Tytler. Amsterdam: Rodopi.

Ruiz Casanova, José Francisco (2000): Aproximación a una historia de la traducción en España. Madrid: Cátedra.

Steiner, George (1981/2004): Nach Babel: Aspekte der Sprache und des Übersetzens. Frankfurt: Suhrkamp [engl. Original: Steiner, George (1975): After Babel: Aspects of language and translation. Oxford: Oxford University Press].

Steiner, Thomas Robert (1975): English Translation Theory 1650–1800. Amsterdam: Van Gorcum.

Van Hoof, Henri (1986): Petite histoire de la traduction en occident. Louvain: Cabay.

Vermeer, Hans J. (1992): Skizzen zu einer Geschichte der Translation. 2 Bände. Frankfurt: Verlag für Interkulturelle Kommunikation.

Vermeer, Hans J. (1996): Das Übersetzen im Mittelalter (13. und 14. Jahrhundert). Band 1: Das arabisch-lateinische Mittelalter, Band 2: Deutsch als Zielsprache, Band 3: Literaturverzeichnis und Register. 3 Bände. Heidelberg: TextconText-Verlag.

Vermeer, Hans J. (2000): Das Übersetzen in Renaissance und Humanismus (15. und 16. Jahrhundert). Band 1: Westeuropa, Band 2: Der deutschsprachige Raum. Heidelberg: TextconText-Verlag.

Lehrbücher zum Übersetzen

Baker, Mona (1992/2010): In Other Words: A Coursebook on Translation. London: Routledge.

Gile, Daniel (2009): La traduction: la comprendre, l'apprendre. Paris: Presses Universitaires de France.

Göpferich, Susanne (1998): Interkulturelles Technical Writing: Fachliches adressatengerecht vermitteln. Ein Lehr- und Arbeitsbuch. Tübingen: Narr.

Hagemann, Susanne (2011): Translationswissenschaftliches Arbeiten: ein Lehr- und Übungsbuch. Berlin: Saxa.

Kadrić, Mira/Kaindl, Klaus/Kaiser-Cooke, Michèle (⁴2010): Translatorische Methodik. Wien: Facultas.

Nord, Christiane (2001): Lernziel: Professionelles Übersetzen Spanisch-Deutsch. Ein Einführungskurs in 15 Lektionen. Wilhelmsfeld: Egert.

Nord, Christiane (2010): Fertigkeit Übersetzen. Ein Kurs zum Übersetzenlehren und -lernen. Berlin: BDÜ Fachverlag.

Nord, Christiane (2014): Hürden-Sprünge. Ein Plädoyer für mehr Mut beim Übersetzen. Berlin: BDÜ Fachverlag.

Robinson, Douglas (2009): Becoming a translator: an introduction to the theory and prac-tice of translation. London: Routledge.

Übersetzen als Beruf

Best, Johanna/Kalina, Sylvia (Hrsg.) (2002): Übersetzen und Dolmetschen. Tübingen: Francke.

Bundesverband der Dolmetscher und Übersetzer (BDÜ) ([4]2009): Erfolgreich selbständig als Dolmetscher und Übersetzer. Ein Leitfaden für Existenzgründer. Berlin: BDÜ Fach-verlag.

Golms, Birgit ([2]2014): Marketing für Dolmetscher und Übersetzer. Wie Sie sich als Freibe-rufler optimal vermarkten und Kunden gewinnen. Berlin: BDÜ Fachverlag.

Kurz, Ingrid/Moisl, Angela ([2]2001): Berufsbilder für Übersetzer und Dolmetscher: Perspek-tiven nach dem Studium: Wien: WUV.

Neidhardt, Miriam ([2]2014): Überleben als Übersetzer: Das Handbuch für freiberufliche Übersetzerinnen. Oldenburg: Selbstverlag.

Sachregister

Personenregister

Bildnachweis

Der Autor und der Verlag danken den Translationswissenschaftlern bzw. den Rechteinhabern für die freundliche Überlassung der Porträtabbildungen für dieses Buch.
Weitergehende Nachweise zu einzelnen Abbildungen finden sich im Folgenden aufgeführt.
Trotz intensiver Bemühungen war es leider nicht möglich, die Rechteinhaber aller Abbildungen ausfindig zu machen und zu kontaktieren. Diejenigen, deren Rechte ggf. berührt sind, werden deshalb gebeten, sich mit dem Verlag in Verbindung zu setzen.
Seite 54: Eugene Nida, © Sociedade Bíblica do Brasil (SBB) | S. 85: Hans Vermeer, © Bahadir/Dizdar | S. 102: Hanna Risku, © Photo Simonis | S. 153: Umberto Eco, © akg images/Doris Poklekowski | S. 157: Jacques Derrida, © akg images/ Marion Kalter | S. 172: Gideon Toury, © wikimedia commons/Monini89 | S. 175: André Lefevere, © University of Texas at Austin | S. 192: Lawrence Venuti, © Karen van Dyck | S. 200: Gayatri Spivak, © wikimedia commons/Robert Crc.

Holger Siever

Übersetzen Spanisch – Deutsch

Ein Arbeitsbuch

narr STUDIENBÜCHER
3., durchgesehene und aktualisierte Auflage 2013
176 Seiten
€[D] 18,–
ISBN 978-3-8233-6789-5

Wer aus dem Spanischen ins Deutsche übersetzt, bemerkt bald, dass es für bestimmte typisch spanische Satzkonstruktionen keine direkte Entsprechung im Deutschen gibt. Für andere gibt es zwar Entsprechungen, diese sind aber im Deutschen oftmals unüblich, weil sie holprig und schwerfällig klingen. Dieses Arbeitsbuch rückt aus der Übersetzerperspektive genau solche Unterschiede auf der Satzebene zwischen den beiden Sprachen in den Mittelpunkt.

Für die Konstruktionen, deren elegante Übersetzung Deutschen erfahrungsgemäß besonders schwer fällt, zeigt es grundlegende Lösungsmöglichkeiten auf. Diese bilden den Ausgangspunkt für eine stilistische und textsortenadäquate Optimierung. Das Buch festigt den übersetzerischen Umgang mit grammatikalischen Strukturen und liefert den Studierenden damit grundlegende Fertigkeiten für den weiteren Studienverlauf.

Narr Francke Attempto Verlag GmbH+Co. KG \ Dischingerweg 5 \ 72070 Tübingen \ Germany
Tel. +49 (07071) 97 97-0 \ Fax +49 (07071) 97 97-11 \ info@narr.de \ www.narr.de
Stand: September 2015 · Änderungen und Irrtümer vorbehalten!

Paul Kußmaul

Verstehen und Übersetzen

Ein Lehr- und Arbeitsbuch

narr STUDIENBÜCHER
3., überarbeitete und erweiterte Auflage 2014
229 Seiten
€[D] 24,99
ISBN 978-3-8233-6877-9

Bewusst verstanden – besser übersetzt! Das bewährte Lehr- und Arbeitsbuch mit Aufgaben widmet sich einem Kernthema des Übersetzens: es geht um das Verstehen der Wörter des Ausgangstextes. Auf diesen Aspekt wird in der Übersetzer-Ausbildung großer Wert gelegt, da garantiert eine Fehlübersetzung herauskommt, wenn ein Übersetzer ein Wort der Ausgangssprache nicht richtig verstanden hat – mit z.T. amüsanten, z.T. aber auch gravierenden Folgen. Erfahrungsgemäß sind Wörter für Studierende das größte Problem – größer noch als Syntax und Stil. Dies zeigt sich u.a. darin, dass die Studierenden beim Übersetzen eines Textes zunächst einmal viele Wörter nachschlagen. Ziel des Studienbuches ist es, den StudentInnen Verstehenstechniken und -strategien auf kognitionslinguistischer Grundlage an die Hand zu geben, mit deren Hilfe sie professionell übersetzen lernen. Die Neuauflage enthält bibliographische Aktualisierungen und inhaltliche Präzisierungen.

Narr Francke Attempto Verlag GmbH+Co. KG \ Dischingerweg 5 \ 72070 Tübingen \ Germany
Tel. +49 (07071) 97 97-0 \ Fax +49 (07071) 97 97-11 \ info@narr.de \ www.narr.de
Stand: September 2015 · Änderungen und Irrtümer vorbehalten!

Radegundis Stolze

Übersetzungstheorien

Eine Einführung

narr STUDIENBÜCHER
6. überarbeitete und erweiterte Auflage 2011
IX, 311 Seiten
€[D] 24,90
ISBN 978-3-8233-6679-9

Das seit vielen Jahren bewährte Studienbuch stellt die einzelnen wissenschaftlichen Schulen in ihren Kernaussagen mit zentralen Modellen und Anwendungsbeispielen vor. Auf Querverbindungen und Gegensätze wird hingewiesen. Die Neuauflage wurde wiederum durchgesehen, überarbeitet und um fünf Unterkapitel erweitert.

»Ein didaktisch überlegt aufgebautes, von fundierter Kenntnis der Diskussion getragenes Buch, das dank seiner guten Lesbarkeit sich vorzüglich eignen dürfte, Studierenden einen soliden Einstieg in die Thematik zu ermöglichen und ihnen von da ausgehend eine verlässliche Grundlage für weitere Beschäftigung zu liefern.« Info DaF

Narr Francke Attempto Verlag GmbH+Co. KG \ Dischingerweg 5 \ 72070 Tübingen \ Germany
Tel. +49 (07071) 97 97-0 \ Fax +49 (07071) 97 97-11 \ info@narr.de \ www.narr.de
Stand: September 2015 · Änderungen und Irrtümer vorbehalten!

Norbert Greiner

Übersetzung und Literaturwissenschaft

Grundlagen der Übersetzungsforschung: Band I

narr studienbücher
2004, 173 Seiten
€[D] 17,90
ISBN 978-3-8233-6074-2

Einleitend setzt sich der Band mit der Ontologie eines übersetzten sprachlichen Kunstwerks auseinander. Er zeigt,
wie unterschiedliche Kulturen und Epochen je nach den
vorherrschenden ästhetischen Parametern Übersetzungen
bewertet und Übersetzungskonzepte und -methoden angeregt haben. In einem weiteren Teil wird die Entwicklung
der Übersetzungsforschung im 20. Jahrhundert dargestellt,
soweit sie sich auf literarische Texte bezog. Die maßgeb-
lichen Fragestellungen und Ergebnisse werden in jeweils
eigenen Fallstudien erläutert, die so gewählt sind, dass
sich zugleich ein kulturhistorischer Horizont öffnet, der die
historische und ästhetische Leistung des Übersetzens und
der Übersetzung im intertextuellen und interkulturellen Be-
ziehungssystem bezeugt.
Komplementär zu Norbert Greiners Übersetzung und Literaturwissenschaft führt ein zweiter Band von Jörn Albrecht
in die sprachwissenschaftlichen Grundlagen der Übersetzungswissenschaft ein. Siehe auch Band II: Albrecht, Jörn,
Übersetzung und Linguistik, ISBN 3-8233-6075-2

Narr Francke Attempto Verlag GmbH+Co. KG \ Dischingerweg 5 \ 72070 Tübingen \ Germany
Tel. +49 (07071) 97 97-0 \ Fax +49 (07071) 97 97-11 \ info@narr.de \ www.narr.de
Stand: September 2015 · Änderungen und Irrtümer vorbehalten!

Jörn Albrecht

Übersetzung und Linguistik

Grundlagen der Übersetzungsforschung: Band II

narr STUDIENBÜCHER
2. überarbeitete Auflage 2013
XVI, 312 Seiten
€[D] 24,99
ISBN 978-3-8233-6793-2

Der Band *Übersetzung und Linguistik* besteht aus drei Teilen. Im ersten wird die allgemeine Übersetzungstheorie behandelt, wobei die Frage nach dem Anteil der Sprache am Übersetzungsvorgang und analog dazu der Sprachwissenschaft an der Übersetzungsforschung im Mittelpunkt steht. Im zweiten Teil werden die verschiedenen Disziplinen der „Systemlinguistik" knapp vorgestellt, nicht um ihrer selbst willen, sondern in ihrer Funktion als mögliche Hilfsdisziplinen der Übersetzungsforschung. Entsprechend wird im dritten Teil mit der Linguistik im weiteren Sinn (Semiotik, Varietätenlinguistik, Textlinguistik und Fachsprachenforschung) verfahren. Der Band ist nicht nur als Hilfe beim Studium, sondern auch als Anregung für die Forschung und die Lehre gedacht: Einzelprobleme, die in den zahlreichen Unterkapiteln oft nur aufgezeigt werden, könnten in Seminar- oder Examensarbeiten auf theoretischer, im Rahmen von problembezogenen Übersetzungsübungen auf praktischer Ebene weiterverfolgt werden.

Für die Neuauflage wurde der Text durchgesehen und korrigiert, die Lektürehinweise und das Literaturverzeichnis wurden aktualisiert.

JETZT BESTELLEN!

Narr Francke Attempto Verlag GmbH+Co. KG \ Dischingerweg 5 \ 72070 Tübingen \ Germany
Tel. +49 (07071) 97 97-0 \ Fax +49 (07071) 97 97-11 \ info@narr.de \ www.narr.de
Stand: September 2015 · Änderungen und Irrtümer vorbehalten!

Heike E. Jüngst

Audiovisuelles Übersetzen

Ein Lehr- und Arbeitsbuch

narr STUDIENBÜCHER
2010, IX, 197 Seiten
€[D] 19,90
ISBN 978-3-8233-6502-0

Die audiovisuelle Übersetzung erfreut sich im Übersetzungsunterricht zunehmender Beliebtheit. Viele Studierende haben Interesse daran, selbst einmal Untertitel zu einem Film zu erstellen oder einen Film zu dolmetschen. Die einzelnen Kapitel dieses Buches befassen sich mit den gängigen Verfahren der audiovisuellen Übersetzung wie intralingualer und interlingualer Untertitelung, Voice-over-Übersetzung, Synchronisation, Audiodeskription für Blinde und Filmdolmetschen. Der Leser wird über die Entwicklung dieser Verfahren ebenso informiert wie über die derzeit gängigen technischen Möglichkeiten und die eigentlichen Aufgaben des Übersetzers in den jeweiligen Arbeitsabläufen. Der didaktische Teil besteht einerseits aus Übungen, mit denen diese Aufgaben eingeübt werden können, andererseits aus Hinweisen zu aktuellen Forschungsfragen.
Das Buch eignet sich sowohl zum Selbststudium als auch zum Einsatz im Unterricht.

Narr Francke Attempto Verlag GmbH+Co. KG \ Dischingerweg 5 \ 72070 Tübingen \ Germany
Tel. +49 (07071) 97 97-0 \ Fax +49 (07071) 97 97-11 \ info@narr.de \ www.narr.de
Stand: September 2015 · Änderungen und Irrtümer vorbehalten!

Christiane Driesen, Haimo-Andreas Petersen

Gerichtsdolmetschen

Grundwissen und -fertigkeiten

narr STUDIENBÜCHER
2011, X, 229 Seiten
€[D] 19,90
ISBN 978-3-8233-6477-1

Dieses Handbuch bereitet auf die Zulassung für die Beeidigung bzw. Vereidigung vor und ist sowohl zum Selbststudium als auch für Teilnehmer eines Lehrgangs geeignet.. Es besteht aus einzelnen (translationswissenschaftlichen und rechtswissenschaftlichen) Modulen, die jeweils zum Erwerb einer bestimmten für das Gerichtsdolmetschen und -übersetzen erforderlichen Kompetenz führen. Die Module demonstrieren die Notwendigkeit der jeweiligen Kompetenz, führen in ihre Anwendung ein und bieten dann Übungsvorschlage.

Diese Übungen sind als Eigenübungen, Gruppenübungen und Anregung der Dozenten im Rahmen von Weiterbildungsmaßnahmen konzipiert. Kriterien für die Selbstbewertung, Gruppenbewertung und Bewertung durch Dozenten werden jeweils angegeben.

Narr Francke Attempto Verlag GmbH+Co. KG \ Dischingerweg 5 \ 72070 Tübingen \ Germany
Tel. +49 (07071) 97 97-0 \ Fax +49 (07071) 97 97-11 \ info@narr.de \ www.narr.de
Stand: September 2015 · Änderungen und Irrtümer vorbehalten!

Mira Kadric, Klaus Kaindl

Berufsziel Übersetzen und Dolmetschen

Grundlagen, Ausbildung, Arbeitsfelder

utb 4454 M
2015, ca. 275 Seiten
€[D] 22,99
ISBN 978-3-8252-4454-5

ERSCHEINT:
HERBST 2015

Dieser Band liefert ein differenziertes und aktuelles Panorama des Praxisfeldes Translation: der tätigkeitsspezifischen Kompetenzen und Anforderungen sowie der didaktischen Anforderungen und Möglichkeiten. Ausgangspunkt ist ein sehr breites Verständnis von Translation. Dieses umfasst nicht nur das traditionelle Übersetzen und Dolmetschen, sondern meint grundsätzlich Textproduktion für fremden Bedarf über Sprach- und Kulturgrenzen hinweg. Zunächst werden ausgehend vom neuesten Forschungsstand ein Verständnis von Translation als soziale Praxis geschaffen sowie die grundlegenden Anforderungen, Ausbildungsmöglichkeiten und Arbeitsmittel dargelegt. Danach erfolgt ein umfassender Einblick in die Tätigkeitsfelder, die von den klassischen Aufgabengebieten über neueste Berufsfelder (wie multimediales Dolmetschen und Videogame-Übersetzung) bis hin zu verwandten Tätigkeitsbereichen (wie Softwarelokalisierung und technische Redaktion) reichen. Im dritten Teil werden exemplarisch in Form reflektierter Erfahrungsberichte die praktischen Abläufe in verschiedenen Berufsfeldern vermittelt.

Narr Francke Attempto Verlag GmbH+Co. KG \ Dischingerweg 5 \ 72070 Tübingen \ Germany
Tel. +49 (07071) 97 97-0 \ Fax +49 (07071) 97 97-11 \ info@narr.de \ www.narr.de
Stand: September 2015 · Änderungen und Irrtümer vorbehalten!